第二部 宛如梦幻

战国风雨

赤军 著

厦门大学出版社
XIAMEN UNIVERSITY PRESS
国家一级出版社
全国百佳图书出版单位

图书在版编目(CIP)数据

宛如梦幻.战国风雨/赤军著.—厦门:厦门大学出版社,2017.9
("宛如梦幻"三部曲)
ISBN 978-7-5615-6481-3

Ⅰ.①宛…　Ⅱ.①赤…　Ⅲ.①日本-历史-通俗读物　Ⅳ.①K313.09

中国版本图书馆 CIP 数据核字(2017)第 205071 号

出 版 人	蒋东明
责任编辑	牛跃天　冀　钦
封面设计	李夏凌
版式设计	蒋卓群
技术编辑	朱　楷

出版发行　*厦门大学出版社*

社　　址　厦门市软件园二期望海路 39 号
邮政编码　361008
总 编 办　0592-2182177　　0592-2181406(传真)
营销中心　0592-2184458　　0592-2181365
网　　址　http://www.xmupress.com
邮　　箱　xmup@xmupress.com
印　　刷　厦门市金凯龙印刷有限公司

开本　720mm×1000mm　1/16
印张　23.5
插页　1
字数　246 千字
版次　2017 年 9 月第 1 版
印次　2017 年 9 月第 1 次印刷
定价　50.00 元

本书如有印装质量问题请直接寄承印厂调换

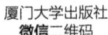
厦门大学出版社
微信二维码

厦门大学出版社
微博二维码

序

在本书第三版的序言中，我曾经写过"第一稿是从1997年左右开始写的，由我和驰骋两人合作"的话，其实是我记错了。

《宛如梦幻》的第一稿，我经过仔细检索，最终在一本名叫《电玩通信》的杂志上找到了，连载的首期在1999年的3月号上，也就是说，开始动笔的日期不会早于1998年。本意是要写一部完整的日本古代史通俗读物，但因为我们两人工作、生活的变更而被迫中断，大概也就连载到了南北朝时代吧。

然后我就把驰骋给踢开了……原因是当时我们两人的写作方式是一人一篇，各自的笔法大相径庭，很难统合成一部完整的书稿。很多朋友都劝我完成这项工作，我被迫删去了驰骋所写的大部分篇章，从头梳理日本两千余年的漫长古代史。

2005年8月，陕西师范大学出版社推出了一本《宛如梦幻——日本战国乱世中的"菊与刀"》，虽然冠着《宛如梦幻》之名，其实只是节选了战国时代的部分内容——这可以算是此书的第二个版本。

第三个版本是2008年7月由现代出版社推出的两卷本《宛如梦幻——日本人的历史》，这是一部完整的作品（封面上就标注着"最新完全版"），但实话说，我对这个版本并不是很满意，因为书中超过一半的篇幅描写了战国加织丰时代短短一百五十年的历史，就好像一个大肚腩，头小、脚轻,比例太过失衡。所以此书出版后不久,我就开始了再次修订。

但在修订版完成之前,2014年4月又出了第四个版本,可以称之为《宛如梦幻》十五周年的纪念版。驰骋提出建议,把我们最初的版本连缀成篇,加上大量的图片,印制了三百本在淘宝上售卖。初版自然极其粗糙,错误也比比皆是,但是根据驰骋的想法,除了太过明显的硬伤外,书稿基本上不作改动,这个版本完全卖的是情怀,卖的是记忆。

当然啦,初稿只写到南北朝,后面的篇章都是我截取最新修订版的内容添上的。

所以这回推出的可以算是《宛如梦幻》第五个版本,也基本上可以确定为最后一个版本。与第三版的区别,主要是大大扩充了头部,也就是传说时代、飞鸟时代、奈良时代、平安时代,以及镰仓、室町这两个幕府时代的内容;也大大扩充了脚部,也就是江户幕府时代和明治维新时期的内容,战国和织丰期虽然仍是重头戏,篇幅所占比例却被稀释到了三分之一强。

作为一本总览日本古代史的通俗读物,我觉得这就足够啦。从与驰骋联合创作初稿开始,至今已将近二十个年头了,这部书可以就此画上句号了。我也不可能总躺在一部书上,活到老,改到老……

创作《宛如梦幻》的初衷,没有什么伟大情怀,说白了就是两个字:"喜欢"。首先是因为大量日本古代史题材或背景的游戏、动漫、影视作品流入国内,我们这一代人,也包括下一代年轻人,很多都是浸润在这种文化氛围中成长起来的。其次呢,日本历史和传统文化本身确实也存在着相当吸引中国人的特质。

日本文化属于东亚文化圈，但是游离于占主导地位的中华文化圈之外，既深受大陆文化的影响，又保留着很多岛国独有的特质。尤其日本历史是多段跳跃式的，每一个阶段都保留着上一个阶段大量的遗存，无论从中国文明的角度还是从西洋文明的角度来看，都是一头四不像。但即便四不像也不是什么神力随意捏成的，自有其本身合理的流变过程，而就在这似与不似之间，才最能吸引改革开放以后放眼异国的中国年轻人们。

只是，我终究不是什么专业的历史研究人员，我只是一个日本历史文化的爱好者而已，想要梳理日本古代史，创作一部通俗读物以飨同好，自然不可能对某一段历史进行太过深入的解剖和阐述，对于史学界最前沿的发现也大多无从取舍，只能暂且遵从传统观点，所以切莫把我这部小书当作教材。我相信一般的爱好者，读过这部小书，有一个基本的概念，那便足矣，有志于深入研究的，可以把它当作垫脚石，再去进行专业的学习。

令我欣慰的是，当初因为喜欢日本历史文化而在网络上召聚同好，创建了一个名为"新·战国联盟"的网站联合体，吸引了不少年轻人的加入，而其中多有从此走上专业历史研究道路的。从某种意义上来说，被后人踩在脚下并不难受，相反还非常快乐呐！

赤军

2017年4月

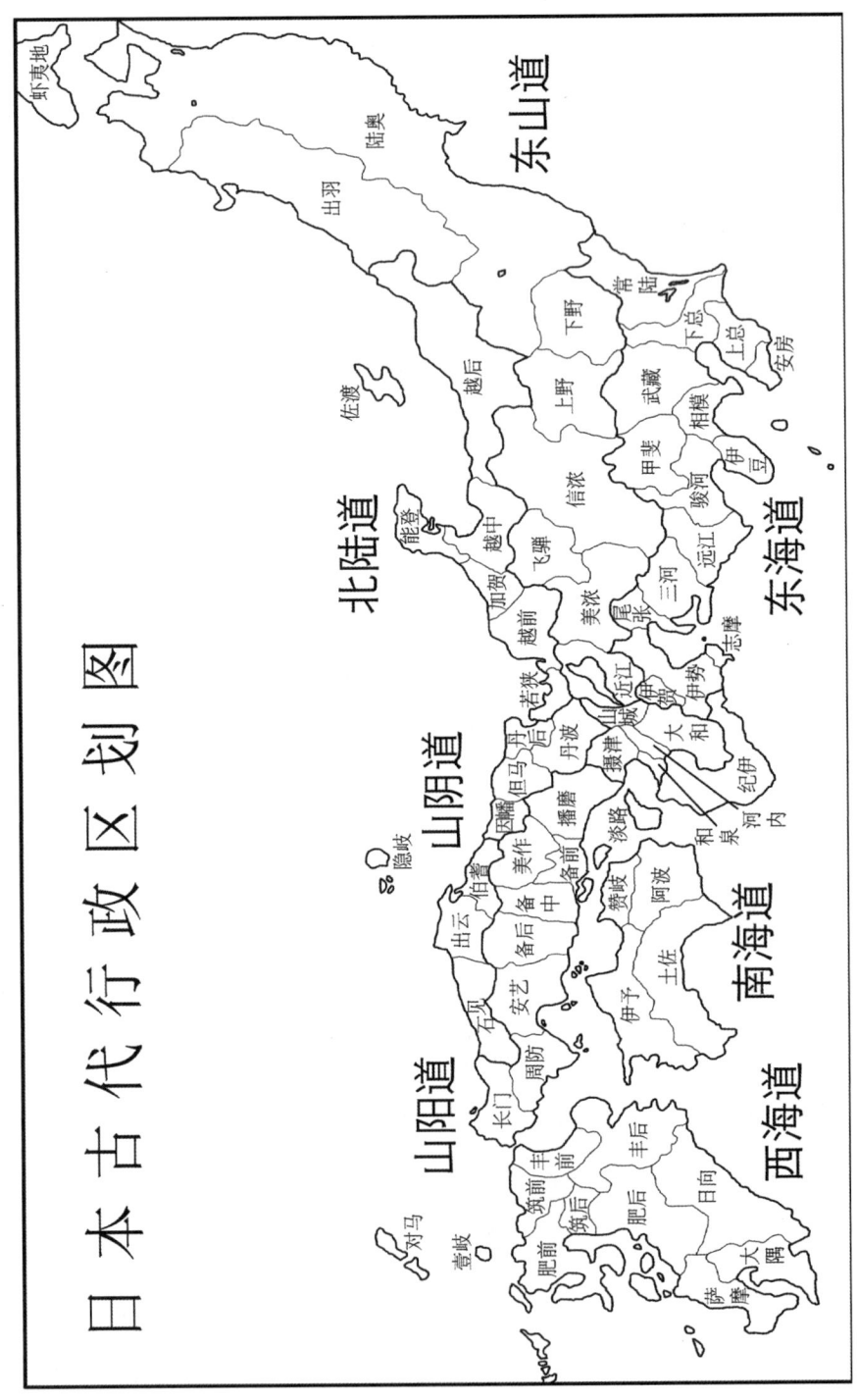

人間五十年
下天のうちを比ぶれば
夢幻の如くなり
一度生を享け
滅せぬもののあるべきか

总目录

苇原露华

- 传说时代　日本的起源
- 古代　飞鸟时代·奈良时代·平安时代
- 中世　镰仓幕府与室町幕府的两度兴衰

战国风雨

- 近世开端的织丰时代和中世终末的战国时代

江户烟岚

- 近世的开端　江户幕府之创建
- 近世　江户幕府初期和前期
- 近世　江户幕府中期和后期
- 近代　明治初期

本册目录

近世开端的织丰时代和中世终末的战国时代

- 初章　川中岛龙虎相斗　03
- 次章　关东独立王国　33
- 三章　风雨濑户内　61
- 四章　霸主之路　89
- 五章　信长包围网　119
- 六章　平安乐土　145
- 七章　敌在本能寺　169
- 八章　『天下人』秀吉　203
- 九章　南海风起，西海浪涌　235
- 十章　关东之城，奥北之月　265
- 十一章　文禄之役　307
- 十二章　庆长之役　339

五章 信长包围网

- 金崎的撤退
- 织田、德川 VS. 浅井、朝仓
- 第六天魔王
- 三方原合战
- 打破包围网
- 大屠杀

六章 平安乐土

- 最后的长筱
- 平安乐土
- 再建包围网
- 御馆之乱
- 铁甲船诞生

七章 敌在本能寺

- 松永和荒木的谋叛
- 危机初露端倪
- 灭却心头火自凉
- 兵粮攻
- 宇喜多的崛起
- 阴谋家直家
- 御马揃
- 烈火中的本能寺

八章 『天下人』秀吉

- 十日天下
- 『猿』或者『秃鼠』
- 清洲会议
- 贱岳合战
- 天正壬午之乱
- 『猿』与『狸』
- 分久必合

九章 南海风起，西海浪涌

- 从『姬若子』到『鬼若子』
- 无鸟岛之蝙蝠
- 一领具足
- 切支丹大名
- 红炉上一点雪
- 耳川合战
- 征伐九州之阵

十章 关东之城，奥北之月

- 名胡桃城夺取事件
- 小田原评定
- 后北条氏的末日
- 奥北的新月
- 天文年间父子相争
- 『独眼龙』政宗
- 喋血晋州城
- 统一奥州的障碍
- 『伊达幕府』的幻梦
- 枭雄义光

十一章 文禄之役

- 桃山时代大名配置
- 壬辰倭乱
- 暹罗兵何在
- 沈惟敬赴朝
- 平壤大捷
- 册封闹剧

十二章 庆长之役

- 疯狂
- 太刀向天抛去
- 杀生关白
- 手书退倭兵
- 海岸边的厮杀
- 最后的露梁

中世终末的战国时代和近世开端的织丰时代

初章 川中岛龙虎相斗

- 甲斐的饿虎
- 兵贵胜，不贵久
- 武田 VS. 村上
- 长尾氏霸图的幻灭
- 争夺奥信浓
- 龙虎军略
- 血战川中岛

次章 关东独立王国

- 三岛神社的瑞梦
- 对战关东副帅
- 河越夜战
- 新的关东管领
- 刀剑与食盐
- 宇都宫和佐竹

三章 风雨濑户内

- 大内 VS. 尼子
- 西国桶狭间
- 智将的诞生
- 百万一心
- 毛利元就的谋略
- 运数天定

四章 霸主之路

- 东海道的巨人
- 花仓之乱
- 从松平到德川
- 弑杀强情公方
- 信长上洛
- 伊势的平定

初章　川中岛龙虎相斗

提起日本战国时代，最为人津津乐道的便是武田信玄、上杉谦信在川中岛地区的五次对战，那就让我们从这对东国双雄开始，逐渐展开战国那浩大、激烈、血腥的画卷吧。

甲斐的馁虎

从日本本州中部的关东山地一直向北，经过丘陵、盆地密布的长野县，翻过挺拔的越后山脉，即可到达广阔的越后平野。这一大片地区，在日本古代史上主要为甲斐、信浓和越后三国的领域，统称甲信越地区。

信浓和越后都是富饶的稻米产地，之间虽然有越后山脉相隔，但自古以来的联系就非常紧密。源平争战的时候，源义仲便是在信州木曾谷起兵，然后直捣北陆的越后，进而西取京都的。而甲斐土地贫瘠，河川长年泛滥，所以室町幕府把它作为关东的附属品，统归镰仓公方管辖，或许只是将其作为军事门户使用，而对其生产能力并不抱期望。

甲斐国境内多山，平地很少，农民们只能开垦一些旱田，种植一些粗粮，每天生活在半饥饿状态，生活极其艰辛。然而甲斐却产良马（虽然日本当时的马种普遍低矮，即便桀子里拔将军，实在也好不到哪里去），传说当圣德太子在世的时候，甲斐土著曾经献上过一匹黑色骏马，深得太子的喜爱，获颁重赏。

且说平安晚期，源氏一门总领为前面提到过的源义家，义家有弟为新罗三郎义光，义光有子为刑部三郎义清，因为尊卑分脉的原则（非一门总领的兄弟分家出去，另立苗字），被分封在常陆国那珂郡的武田乡，遂以武田为苗字。后来义清、清光父子因为与常陆本地在乡武士的矛盾而被转移到甲斐国的市河庄居住，从此就在那里落地生根了，并成为甲斐国内诸源氏后裔的领袖。

源平合战的时候，武田信义、安田义定兄弟跟随源赖朝参加了富士川合战，受封骏河、远江两国，信义之子五郎信光被转封甲斐国，后加安艺国。南北朝时代，武田氏作为源氏同族跟随足利尊氏南征北战，成为室町幕府的重要支柱，同族先后担任多国守护职，最主要的便是甲斐、安艺和若狭，家系也因此三分，主枝是在甲斐（一说在安艺）——咱们在本章就单说甲斐武田氏。

应永二十三年（公元1416年），关东地区爆发"上杉禅秀之乱"，甲斐守护武田信满因为与禅秀是甥舅关系，于是也被卷入，并在战争中丢掉了性命。室町幕府任命信满之孙信元为新任守护，却遭到甲斐国人们的一致抵制，最后武田信元在同源的信浓守护小笠原政康的帮助下，才勉强在国内站稳了脚跟。

武田信元死后，其叔父信重继为一门总领和甲斐守护，守护代迹部氏利用甚嚣尘上的反守护国人势力驱逐了信重的重臣、其弟武田信长，把持了国中实权——武田信长被迫逃往上总国，是为上总武田氏的始祖。

守护代迹部氏大有下克上的意味，如果不是出了一个武田五郎信昌，大概守护大名武田氏也无法逃避衰亡的命运吧。武田信昌乃是武田信重的孙子，他在担任一门总领和守护的时候，恰逢迹部氏家督明海去世，于是在宽正六年（公元1465年）联合不满守护代统治的国人们，发兵讨灭迹部氏，重新掌握了甲斐国的实权。

信昌死后，嫡子武田信绳和其弟油川信惠争夺家督之位，爆发战争，甲斐国人众因此一分为二，史称"油川氏之乱"。明应七年（公元1498年），两家重修和睦，信惠承认了信绳的一门总领地位。永正四年（公元1507年），信绳去世，纷乱再起，油川信惠立刻发兵进攻信绳之子、继承人武田信直。

当时油川信惠拉拢了甲斐国内势力最强的国人众小山田氏，兵马强盛，而武田信直继承家督的时候还未成年，毫无威望，势单力薄，所能调动的兵马不足千人，似乎完全无力与信惠抗争，只能乖乖交出一门总领的位置。然而这位武田信直却是个不甘屈居人下的狠角色，永正五年（公元1508年），年仅十五岁的信直悍然发兵，趁着暴雨奇袭油川信惠的居城胜山，油川信惠、岩手绳美兄弟或战死，或自杀，困扰武田氏三代的"油川氏之乱"就此合上终幕。

此后武田信直或拉拢或战降了穴山、小山田、大井等有力国人众，强化统治模式，使大批国人众转化为武田氏的家臣，也即使武田氏从守护大名成功转化为战国大名。永正十六年（公元1519年），武田信直将主城从石和馆转移到甲府（即甲斐国的国府，一国国府亦称府中）的踯躅崎馆（"踯躅崎"意为"杜鹃花"），并于不久后改名为武田信虎——人称

"甲斐之虎"。

还有一种说法，武田信虎的外号中还必须增加一个"馁"字，是为"甲斐的馁虎"，这是因为他对领土有着近乎变态的执着，贪得无厌，并且为此穷兵黩武。甲斐国内尚未彻底平定，他便率军东进，突入了关东平原。

话说甲斐以南是今川氏统治的骏河国，东南是后北条氏统治的相模国。当甲斐国内纷争之际，这两家都曾经与妄图割据、独立的甲斐国人众相勾结，发兵入侵，武田信虎花费了很大力气才将之击退。本来此番东进，主要目标是攻打后北条氏，然而双方在小猿桥地方大战一场，信虎眼看胜算渺茫，竟然瞬间转身，反而北上去攻打与后北条为敌的关东管领上杉氏。

关东平原开发较晚，在平安时代本属边远蛮荒之地，朝廷公卿若被任命为关东各国的国司，莫不哭天抹泪，如同遭到流放一般。然而时移世易，关东地区的人口日益繁盛，土地逐渐开发，成为全日本数一数二的大粮仓。对于领内土地贫瘠、作物产量很低的武田信虎来说，那真是一块使人垂涎的肥肉啊。故此——谁管他后北条还是上杉，只要能够战而胜之，割取他们肥沃的领土，便是吾挥刀所向的目标！

武田信虎就这样如没头苍蝇一般在关东平原上乱窜，虽然他是一名优秀的战术指挥官，甲斐武士又皆勇猛善战，直杀得后北条、上杉等家族全都惊怕，最终却没能取得寸土，被迫悻然而归。随着年岁渐长，信虎的社会经验逐渐丰富起来，不再一味猛冲，而开始考虑以外交策略解决问题。于是在大永四年（公元1524年），他首先与关东管领山内上杉家达成了和睦协议，接着在天文五年（公元1536年），他利用今川家督氏辉去世、骏河国内爆发"花仓之乱"的机会，协助扶持今川义元继位，并将长女嫁与义元为妻，与今川氏结成盟友。

如此，则保障了甲斐的南线和东线，信虎可以全力杀向东南方向，与相模后北条氏见个输赢高下。然而可惜的是，在与今川氏结盟之前，武田信虎却又一度挥师北进，与信浓国内豪族接上了仗。甲斐，仍然是两线作战，其势危如累卵……

兵贵胜，不贵久

信浓国的疆域，大致等同于今天的长野县，相比如今名为山梨县的甲斐国来说，要广大将近三倍，并且信浓北部、西部多山，东南部却有大片平原，也是当时著名的粮食产地。故而，既然已与上杉氏达成和议，又暂时无力彻底击败后北条氏，东出关东平原之路基本断绝，武田信虎即将主攻目标转向了信浓国。

信虎最初的攻击目标是诹访——诹访是信浓东南部的一个郡，公元8世纪初曾一度从信浓国内单分出来，称为诹方国。此郡因为寺社林立，所以也被称为"神国"，由世袭的诹访大社大祝及其同族管理。

武田信虎与诹访的领主诹访满赖进行过多次交锋，诹访军的战力虽然不过尔尔，但人心还算凝聚，对于外来势力的排斥力非常之强，信虎使尽浑身解数，也未能取得胜利。于是他被迫暂时放弃诹访，挥师指向诹访东面的佐久郡——佐久郡内国人林立，缺乏一个如同诹访满赖那样威望素著的联盟首领，应该比较好打一点了吧。

据说天文五年（公元1536年）冬季，武田信虎亲率大军杀入佐久，团团围困住了要隘海之口城——名虽为"城"，其实应该叫砦，只是建造在险要地形上的简陋碉堡群而已。周边国人领主纷纷赶来增援，守军数量很快突破三千，使得并不擅长攻城战的武田军百计莫克。

进入十二月以后，天气越发寒冷，并且纷纷扬扬飘起了大雪，使得武田军不但更难攻陷城池，后方的运补通路也有被阻断之虞。信虎无奈之下，只得下令退兵，并且命令年仅十六岁的嫡子晴信担任殿后之职。

但是他料想不到的是，晴信在确定主力已尽数退出佐久郡以后，不但并未就此撤离，反而突然反身杀回，趁着国人众因为围困已解纷纷散去的机会，竟然一举攻克了海之口城，斩杀城将。信虎得报大喜，就待增兵派将，守备海之口城，谁想晴信竟又放弃城池，坦然返回甲斐来了。

若无最初的希望，或许信虎还不会如此时般失望吧，他忍不住把晴信唤来，怒声呵斥。但晴信却回复父亲说："孙子曰：兵贵胜，不贵久。我军士气已挫，只是侥幸得胜而已，若再守城，徒陷死地！"

据说，这便是一代枭雄武田信玄（晴信）的初阵。

传说不可尽信，但信虎之厌恶嫡子晴信，认为他悖逆、怯懦，只懂得耍弄小聪明，却是历史的真实。应当就是在进攻佐久的前后，父子之间开始产生巨大的裂隙，信虎甚至想要废黜晴信的继承人地位，而以次子信繁代之。但他召来重臣板垣信方、甘利虎泰等人商议，却遭到了委婉的拒绝。不但如此，板垣、甘利掉过头来，反而把消息透露给了晴信知道……

当时的武士家族，多采用重臣合议制。在那些传统的守护大名体系当中，重臣们联合起来，甚至有能力彻底架空或者废立主君；即便在开始"领国一元化"改革的战国大名体系当中，重臣们的势力也皆不可小觑。板垣信方、甘利虎泰乃是武田家中号称"两职"的最高臣属，他们的意见是信虎不能随意忽视的，于是信虎只得另谋良策。

有何良策呢？他不禁想到了自己的女婿今川义元。于是天文十年（公元1541年），信虎借机训斥晴信，要他前往骏河，向姐夫义元学习治国之道，同时暗中致信义元，请他扣押晴信，或直接将其流放。

在此之前，信虎便已经将三女嫁与诹访新领主赖重，与诹访亦结成盟约，就此可以放心大胆地攻略佐久了。此时正当他出征佐久归来，此番灭亡和降伏了多个家族，几乎将佐久全郡都攫入掌中，信虎志得意满之际，却突然被板垣、甘利的兵马团团包围起来。随即今川的兵马也到了，但他们不是来迎接晴信的，却是来迎接信虎本人的……

原来就在老子谋算儿子的同时，儿子也在觊觎老子的地位。武田信虎穷兵黩武，使得领内荒芜、民不聊生，更重要的是，他所费甚多却所得甚少，使麾下武将和国人们既疲于奔命，又难得恩赏，全都怀恨在心。因而便在板垣、甘利等重臣的牵头下，在今川义元别有用心的怂恿下，臣子们一致决定放逐信虎，拥戴少主晴信继位——从此，猛将信虎就在远离家乡的骏府和京都，度过了他漫长而凄苦的余生。

武田晴信，幼名胜千代，通称太郎，元服后得到幕府将军足利义晴赐以偏讳，定名晴信。他是当时首屈一指的策谋家、战略家，与父亲信虎不同，晴信的对外征战目标因应形势，从来都是非常单一而明确的。

放逐了父亲以后，晴信得以继任武田家督、甲斐守护，这就引起了妹夫诹访赖重的憎恨。据说信虎才遭流放，诹访军便汹涌攻入甲斐国内，前来讨伐晴信，但被击退了。于是当地位稳固以后，晴信便暂且放弃了继续巩固佐久郡的努力，将主攻目标再度转向诹访。

他首先策动诹访赖重的同族高远赖继等人反叛，随即联兵向诹访发起了猛烈的进攻。天文十一年（公元1542年）七月，诹访赖重在桑原城之战中败北，被押送至甲府软禁，不久后自杀。晴信随即娶赖重之女（非晴信之妹所生，但按辈分仍是晴信的甥女）为侧室，稳定了诹访的人心，然后逐一消灭高远赖继、笠原清繁等割据势力，完全吞并了诹访郡。

吞并诹访之后，他开始向其东的佐久和其西的伊那两郡挺进。天文十六年（公元1547年）闰七月，他在围攻志贺城之时，以寡击众，大败关东管领上杉氏派发的援军（小田井原合战），随即将所斩获的三千颗首级排布在城下，以恐吓守军——是为"生首战法"。最终，志贺城被攻陷了，为了弥补此番出征的损耗，晴信竟然将所有俘虏都公开发卖给部下为奴，卖不出去的则押往矿山充作苦役。

武田军的猛进之势和残暴举动，使得整个信州人心浮动。国人们部分望风而降，更多则聚拢在奥信浓（奥为深幽之意，信浓北部多山，故得此名）第一豪强村上义清旗下，准备对武田晴信发起全面反击……

武田 VS. 村上

武田晴信在位前期，因为重臣合议更改了主君，国人们的势力又有所坐大，板垣信方和甘利虎泰更趋强势，但即便如此，领国一元化的进程并未就此停滞不前。天文十六年（公元1547年）六月，晴信完成了分国法《甲州法度之次第》的制定，严格规定封建秩序和义务。同时，他还大力提拔一批中小国人出身的武士作为自己的亲随，此后他们多数成长为著名的大将，如春日虎纲、教来石景政等等。对比其父信虎来说，晴信更注重内政的建设，嗣位之初就开始大规模兴建釜无川的治水工程——釜无川长年泛滥，可谓是甲斐贫弱之源。

内政的进步，支撑着武田军频繁地对外作战，他很快便攫取了近半个信浓国，甚至轻松击败信浓守护小笠原长时。然而信浓国内豪族林立，小笠原氏早就无法控制局面了，真正强悍的家族，乃是雄踞北部信浓、以村上兵部大辅义清为首的村上、屋代、岛津、高梨、栗田等七家豪族。于是在天文十七年（公元1548年），村上义清尽搜领内，甚至还召来了越后的部分援军，以无比迅猛之势，南下攻略依附武田的小县、佐久两郡豪族。

武田晴信急忙率军从甲府出征，与村上军在千曲川畔的上田原列阵相对，板垣信方、甘利虎泰率领前军奋战，很快便将村上军击退了。二将即在河岸上端坐，检视所斩获的首级，谁料却被村上义清杀了一个回马枪，竟然双双战死在乱军之中。

前锋受挫，武田晴信不予救援，却勒兵缓缓退却——这可以说是为了保存实力，避免遭受更大的损失，然而也可以看作是晴信故意要铲除板垣、甘利这两个碍手碍脚的老家伙，真相为何，就没有人知道了。

退回甲府以后，晴信重组家臣团，再整军势。他一方面继续打击小笠原氏，镇压因此而反叛的新征服领地内各豪族，另一方面搬出姐夫今川义元来，与村上义清展开和谈。但他其实并没有议和之心，只是趁机拖延时间和麻痹义清而已，据说眼看盟约签订在即，武田方谈判代表穴山信友却突然酒醉不醒，使得和议搁浅——信友并非颟顸无能之辈，若无晴信暗中指使，他又岂敢如此妄为？

天文十九年（公元1550年）七月，武田军再侵信浓，首先攻克小笠原长时的林城，迫其北逃，随即趁着村上、高梨两家争斗之机，主力直逼村上方的重要支城——小县郡户石城。户石城又称砥石城，本属海野氏统辖，天文十年（公元1541年）海野氏相助武田信虎与小笠原、村上作战，战败被逐，此城遂被村上义清所吞并。

户石城城防坚固，号称"难攻不落"，武田军围攻将近两个月却毫无进展，遂于十月初被迫解围退去。然而就在撤退的时候，村上义清看准机会，突然与高梨氏谈和，随即率军从后猛追，武田军全面崩溃，名将横田高松、一族的武藤信尧等纷纷战死，此战即被称为"户石之崩"。

武田氏受此重挫，本来很可能一蹶不振，然而七家豪族间矛盾重重，使得村上义清无力深入追击，彻底击溃武田军主力，使其再也不敢踏入奥信浓一步。而武田信玄则总结失败的教训，在不久以后便诱使户石城主动开城投降——因此事而声名鹊起的，乃是武田家臣真田幸隆。

真田弹正忠幸隆本名幸纲，出身海野氏，乃是小县郡真田庄松尾城的国人海野栋纲之子（一说为其外孙）。天文十年（公元1541年）海野一族战败后，栋纲父子丢弃了领地，流亡至上野国，后来幸隆辗转来到甲斐，投在武田晴信麾下。此将智勇双全，尤其对佐久、小县等地的天候地理、风土民情都非常熟悉，于是晴信便以恢复真田旧领为条件，派他潜入户石城，煽动海野旧臣反抗村上义清的统治，转而归降武田氏。户石城的易主，给村上义清造成了异常沉重的打击。

天文二十二年（公元1553年）三月，武田晴信以旧小笠原领内的深志城为前线基地，开始全面攻略奥信浓。原本就时而联合，时而内讧的七家豪族就此彻底分裂，部分家族彻底归降武田氏，部分家族则一分为二，或降或战。村上义清被迫放弃主城葛尾城，撤入北部山区，但随即又卷土重来，在更科郡的八幡地方击败武田前军。晴信因为母丧而暂且退兵，当年七月又从东线的佐久郡二度出师，再克葛尾。面对辖下城砦大多不经抵抗便主动打开城门，或者因有武田军的内应而被迫打开城门，村上义清不禁慨然长叹："就算我多次在战场上打败晴信，在谋略上还是输给他了呀！"

于是村上义清、高梨政赖等将被迫逃出信浓，前往北面的越后国，去向新任越后守护代长尾景虎求救——川中岛长达十一年的血战，就此拉开序幕。

长尾氏霸图的幻灭

从公元14世纪中期开始，越后国的守护职便由上杉氏所世袭，然而实权逐渐被守护代长尾氏篡夺。桓武平氏控制关东的时候，有所谓的镰仓党也即"坂东八平氏"等同族豪强存在，越后长尾氏即"八平氏"之一长尾氏的分支。南北朝时代，足利尊氏派关东执事山内上杉宪显进攻南朝势力占优的北陆地区，长尾景忠作为上杉宪显的执事从行，与新田义贞方的风间氏对战。此后上杉宪显就任越后守护职，长尾景忠被授予守护代的重任。

长尾氏有很多分支，比如古志长尾氏、三条长尾氏、上田长尾氏等等，其中三条家世袭守护代。且说长尾景忠的侄子高景就任守护代的时候，势力开始膨胀，他迎接关东执事山内上杉宪方的次男房方为越后守护，居住在府内，自己则在附近的钵之峰建城，实际管理国中事务——钵之峰城，也就是后来长尾氏的世代居城春日山城。康应元年（公元1389年），勇将长尾高景在进攻北方佐渡岛的时候战死。

越后国虽属北陆，但守护却是关东管领山内上杉氏的同门，而实际掌权的守护代也出自山内上杉门下，因此数度关东变乱，比如"应永之乱"、"永享之乱"，长尾家督都曾率领越后兵出征，越后和关东，可谓密不可分。

享德三年（公元1454年），关东战乱又起，山内上杉氏的家宰长尾景仲在上野起兵，攻击镰仓公方足利成氏，受此牵连，越后长尾家督邦景（高景之子）被守护上杉房定勒令切腹自裁，邦景之子实景逃到信浓，上杉房定任命长尾分家的赖景接任守护代一职。此后相当长一段时间内，守护、守护代之间其乐融融，互为奥援。

长尾赖景传子重景，重景传子能景，长尾能景在永正三年（公元1506年）出征西面的越中国，讨伐一向一揆，结果在般若野中伏战死。这个时候，越后上杉氏通过检地等措施，正一步步地朝向战国大名的格局迈进，长尾能景对此态度极为顺从，但继其担任守护代的儿子长尾为景却反其道而行之，竭力阻止上杉氏的领国一元化政策。永正四年（1507年），长尾为景放逐守护上杉房能，改立房能的养子上杉定实，房能于逃亡途中自杀——是为下克上的"永正之乱"。

占据阿贺野川以北的北越后国人众，俗称"扬北众"，其中有力者如本庄、色部等人以吊祭上杉房能为名，起兵攻击长尾为景，却被为景逐一击破。与此同时，上杉房能的兄长、关东管领山内上杉显定与其养子宪房率八千关东军杀入越后，降伏了坂户城主上田长尾房长，并以坂户城为基地，对长尾为景发起猛攻。永正六年（公元1509年）八月，长尾为景战败退往越中，其后又逃往佐渡。

重新整合兵马以后，长尾为景于翌年渡海回归越后，在蒲原津登陆，经过寺泊、椎屋等战役，将上杉显定赶出越后府中。坂户城主长尾房长一看情势不妙，转过头来归降长尾为景，切断了上杉显定退往关东的后路。当年六月，两军在长森原展开激战，关东管领上杉显定被杀，养子宪房狼狈而逃，长尾为景重新控制了越后一国。

长尾为景竟敢当阵斩杀关东管领，胆子实在是不小，这也是战国乱世下克上的一个典型范例。然而长尾为景却并没有因此得以安居春日山城，傀儡守护上杉定实送密书给上条上杉定宪、古志长尾房景、琵琶岛城主宇佐美房忠等人，要他们合兵讨伐长尾为景。在扬北众中条、新发田等家族的协助下，长尾为景最终获胜，将上杉定实送往荒川馆幽禁起来。永正十一年（公元1514年），守护方军队彻底败灭，宇佐美房忠自杀，长尾房景等人被迫表示臣从于长尾为景。

就这样，以春日山长尾为景为领袖，以三条、上田、古志的长尾三家为核心，以扬北众为辅翼的新的战国大名诞生了。然而长尾为景的统治仍然并不稳固，领国一元化政策只是行至半途，享禄三年（公元1530年），上条上杉定宪掀起"上条之乱"，长尾为景率古志长尾景信等将前往征伐，上杉定宪开城投降。然而，随即因为和长尾为景关系亲密的幕府管领细川高国兵败自杀，他的威望一落千丈。天文二年（公元1533年），上杉定宪再次举兵，长尾房长、宇佐美定满（房忠之子）等越后豪族纷纷倒戈，长尾为景节节败退。

到了天文五年（公元1536年）四月，宇佐美、柿崎等军和长尾为景在三分一原展开决战，长尾为景虽然获得了最后的胜利，却已感心力交瘁。无奈之下，他只好把傀儡守护上杉定实又抬了出来，跟上杉定宪、长尾房长达成妥协，随即把家督之位传给长子长尾晴景，自己出家隐居去了，希望可以借此举动消除部分越后豪族对自己的怨恨。当年十二月，长尾为景去世。

从长尾为景艰难奋斗的一生可以看出，越后的国人势力非常强大，很难在短期内将其聚拢起来，开展真正的领国一元化改革——长尾为景做不到这点，他的儿子晴景更做不到。传说中长尾晴景是个胆怯无能之辈，好女色也好男色，他甫一继位，家老（总揽具体事务的重臣）黑田秀忠就发动兵变，晴景恓恓惶惶逃出主城春日山。

幸亏有老爹留下的"府中守护·春日山守护代"这一双头政治格局存在，长尾晴景才最终在上杉定实的协助下，复夺春日山，赶走了黑田秀忠——不过这个时候，所谓的守护代长尾家，实际掌控地域收缩到原来的一半还不到。

就在这种背景下，陆奥"天文之乱"爆发了，起源正与越后相关，并且因此使得越后国改朝换代，迈向了新的辉煌。

争夺奥信浓

越后守护上杉定实没有子嗣，于是决定从陆奥国迎接外曾孙时宗丸到越后，作为养子和继承人。时宗丸乃是陆奥守护伊达稙宗的儿子，伊达稙宗生子无数，惯于通过送子出继来控制别国。不过越后乃是大国，时宗丸即便当上越后守护，也终究无法使伊达家的势力深入北陆地区，说不定反而会成为争夺稙宗继承人伊达晴宗一门总领权的强大对手。晴宗本人正是这样认为的，故此他不但坚决反对父亲的决定，还在劝说无效后掀起反旗，这就是席卷整个陆奥地区的大动乱——"天文之乱"。

而就越后国来说，在是否迎立伊达时宗丸为守护继承人的问题上也引发了激烈的争论，因为时宗丸的母亲乃是扬北众中条藤资的妹妹，中条藤资一力撑掇，扬北众其余势力怕中条家因此会逐步坐大，威胁到自己的利益，故而大多表示反对。长尾晴景旗帜鲜明地站在反对者一方，导致守护定实一怒之下，干脆隐居起来不问国事。就这样，双头政治被打破了，越后国内战乱又起。

在这新的战乱中，一个人脱颖而出，那便是长尾为景的幼子平三景虎。据说长尾景虎从小就被送去林泉寺出家，得到名僧天室光育的教导，学问非常优秀，他十四岁的时候，被兄长晴景命令还俗，任其为枥尾城主——枥尾是中越后的名城，也是守备春日山城的重要门户。长尾景虎凭借其出色的野战能力，迅速平定周边叛乱，压制反抗国人，瞬间便几乎统一了整个中越后。

长尾景虎的声望日隆，使得长尾晴景心生不安，于是着力压制兄弟的功勋。就这样，守护代长尾家一分为二，越后也随之一分为二，正因守护继嗣问题和晴景严重对立的中条藤资趁机拥戴长尾景虎为新的守护代，本庄实乃、大熊朝秀、直江实纲、山吉行盛、古志长尾景信（乃景虎嫡亲的娘舅）等也都群起响应。

晴景暴怒之下，竟然发兵讨伐亲兄弟景虎，结果被景虎杀得大败，景虎趁势反攻，顺利夺取了春日山城……

关于越后长尾家世代交替的过程，其中掺杂了很多后人编造的内容，不可尽信。首先，长尾晴景未必有多不堪，但他因为生来体弱，难以亲自上阵，更无统驭群豪的威望，却是事实；其次，景虎和晴景兄弟之间，可能并未爆发大规模战斗，顶多也就是双方各自的支持者之间有过几次小冲突而已。基本上，世代交替问题可以算是和平解决的。

因为无论是政治影响力，还是军事实力，长尾景虎都占有绝对的优势，晴景根本无法与之相抗。于是为了避免再起战祸，守护上杉定实出面调停，于天文十七年（公元1548年）十二月让长尾景虎进驻春日山城，以兄长养子的身份继承守护代和长尾家督之职，长尾晴景则体面地退往府中，陪着守护大人一起隐居去了。

天文十九年（1550年），上杉定实去世，没有继嗣，越后守护一职就此空缺，同年，一直希图利用守护的旗号与长尾景虎对战的上田长尾政景、宇佐美定满等人前往春日山，表示臣服。至此，长尾景虎完全统一越后国，成为越后实际上的一国之主，并且成为新的实力强大的战国大名。

到了天文二十二年（公元1553年），武田晴信进攻北信浓，一直杀至川中岛地区，村上、高梨等北信浓七家豪族派使者向越后求救，提出以北信浓高井、水内等四郡，以及村上义清所保有的小块越后领地作为酬谢。于是景虎发兵进入奥信浓，与武田军对战——是为第一次川中岛合战，又名布施之战，或者更科八幡之战。

长尾军来势汹汹，武田晴信不欲与其主力决战，却分遣别动队欲袭景虎之后，景虎闻报只得后撤，武田军也不追击，主动退去——不过考虑到此后不久，即有景虎上洛拜谒后奈良天皇的记载，或许此次交锋，他并没有亲自领军。

长尾景虎从天皇处获得了镇定越后及其周边地区的圣旨，等于得到了与武田军对战的大义名分，于是两年后，即弘治元年（公元1555年），他终于亲自统领大军，发动了对川中岛地区的攻略。

武田晴信调兵来迎，在初战不利的情况下，接受部将春日虎纲"避战"建议，坚守不动。两军对峙竟长达两百余日，最终由于骏河守护今川义元从中调解，方才各自罢兵归去——这是第二次川中岛合战，又名犀川之战。

弘治三年（公元1557年），爆发了第三次川中岛合战，又名上野原之战，同样稍一接触、长期对峙、各自撤兵，已经成为定式，乏善可陈。这种战法大合武田晴信的脾胃，却把长尾景虎憋个半死，他在战后稍加修整，便西去击破与武田氏相互策应的越中诸豪族联军，斩断晴信的一条臂膀。

翻过头来说说川中岛初次合战的前一年，也即天文二十一年（公元1552年），关东管领上杉宪政受后北条氏所迫，离开居城平井逃往越后。因为山内上杉家本是长尾氏世代主家，因此宪政受到了隆重的欢迎和款待。上杉宪政提出，希望长尾景虎出兵关东，攻灭后北条氏，恢复关东的秩序，并且承诺事成以后即以上杉家名、关东管领之职，以及世传的御旗、文书相赠，他自己只求上野一国养老足矣。

上杉宪政一直在春日山城吃了九年的客饭，直到永禄三年（公元1560年）八月，也即织田信长在桶狭间斩杀今川义元的三个月后，长尾景虎才终于得到机会，开始关东攻略。他联络关东各地豪族，围攻后北条氏的主城小田原，但迟迟不能攻克。次年闰三月，长尾景虎在镰仓鹤冈八幡宫正式继承关东管领之位，改苗字为上杉，并且拜领上杉宪政的"政"字，更名上杉政虎。当年夏末，上杉政虎回归春日山，随即修书请庄内的大宝寺义增和会津的芦名盛氏协助出兵，秋八月十九日又来到了川中岛……

龙虎军略

上杉政虎官至从四位下近卫少将，担任关东管领，其后又得将军足利义辉下赐一字，更名辉虎，出家入道后法名"不识庵谦信"，习惯上称为上杉谦信——人称"越后之龙"、"毗沙门天神之剑"、"北陆的守护神"、"军神"。武田晴信则最高做到从四位下大膳大夫，出家入道后法名"德荣轩信玄"，习惯上称为武田信玄——人称"甲斐之虎"、"战国第一军事家"。

上杉谦信和武田信玄在信浓川中岛地区的对战，就是日本战史上有名的"川中岛合战"，长达十一年，先后爆发五次大规模战役，但始终维持不胜不败的局面。仔细剖析两个人的个人性格和双方实力的对比、战略的运用，应该就可以体会到这种均势产生的根源了。

武田信玄和上杉谦信，这两个人在个人性格和生活作风方面迥然相异。信玄好色，而且据说还喜欢男风；谦信似乎天生对男女情爱甚为反感，终生未娶（当然也有他其实是同性恋的说法），继承人从养子之中挑选。信玄无坚定的信仰，虽然他信奉佛教净土真宗，但总给人感觉是为了防止连襟本愿寺显如（一向宗本愿寺派总本山石山本愿寺的住持）来给他捣乱；谦信则师从禅宗，受其母影响也笃信真言宗，反感净土真宗，因此一向一揆总是在其领内如火如荼地蔓烧着。

信玄毕生为了家族的存续而战，在甲斐的经济没有达到令他满意的程度、在釜无川治水工程没有完成前，即使没有谦信掣肘，他也未必会有攻上京都，夺取天下之心。谦信则号称是为了正义而战：平定越后，是恢复北陆的秩序；川中岛合战，是应村上等豪族所请；关东攻略，是应管领上杉宪政的哀求；发兵越中，是为祖父报仇；其后吞并能登、进入越前，则是响应将军足利义昭讨伐织田信长的诏令。

由于性格使然，两人的军略也截然不同。信玄是静，他把孙子四如真言（疾如风、徐如林、侵略如火、不动如山）搬上军旗，自身常稳坐阵后指挥。他认为："对于胜利，取五分为上，七分为中，十分为下。五分可以激励斗志，七分则生惰性，十分则骄傲忘形。"谦信则为动，以"毗"字为军旗，乱"龙"为突击信号，凡战阵必冲锋在前，很少后退。他曾引用《吴子》的话说："舍生去战则生，怕死去战则死。"

因此两军相遇，信玄总是躲避，要寻找最好的战机予敌以重创，而谦信则勇往直前，甚至露出满身破绽，引诱对方主力前来决战。川中岛的五次会战，往往都会产生这样一种局面，一方攻，一方守，攻的不得其门而入，守的找不到机会反攻，旷日持久，终于各有损伤，罢战归去。

上杉谦信的兵法，后世称为越后流，分为泽崎景实的"要门"和宇佐美良贤的"神德"两个支派。而武田信玄的兵法，后来被"兵家之凤"小幡景宪所整理和继承，史称"甲州流"。

传统上认为，信玄是个阴谋家，而谦信则是义士，然而仔细考究两人的人生历程，却很难将这种评价冠之于上。首先，乱世用谋本是常理，信玄不但擅长战略、战术两道，也非常重视内政发展，其实可称为"名君"。而谦信隐藏在"义"的旗号后面的，也很可能是另外一副面孔：夺取越后守护代之位，或许是为了争夺权势；阻拦武田氏吞并信浓，或许是为了保障越后不受侵扰；关东攻略，或许是垂涎关东管领的名号；吞并能登、进入越前，或许是妄图夺取天下……

总之，站在战国大名的角度来看，武田信玄和上杉谦信都没有明确的上洛目标，他们一直扎根本乡本土，逐渐扩展势力，他们之间的碰撞只是双雄势力接壤后的必然结果。所以他们最终选择上洛的时机也都不算好，在势力发展到顶峰的时候双双逝去，或许正是他们最好的结局。这两个人，从根本上来看，也许倒是同一类型也说不定。

若再对比双方的实力和环境，谦信的处境比信玄可就要险恶多了。首先，信玄继位时已与南方的骏河今川氏结为同盟，其后又联合相模后北条氏，并最终于天文二十三年（公元1554年）促成甲骏相三国同盟，彻底保障了自己的侧翼。不仅如此，他还用十余年辛苦布置，为上杉谦信张开了一张庞大的包围网：谦信南有武田氏，东南是因为关东攻略而势同水火的后北条氏，西方的越中、飞驒诸豪强时常受信玄策反而背弃谦信，北方还有佐渡的本间氏和水匪……只有东面若即若离的芦名、大宝寺等诸侯，偶尔还能够帮上谦信一点忙。

然而，上杉谦信通过毕生的努力，冲破了这张巨网：向南，阻扼武田氏于川中岛地区；向东南，数次击败关东霸者后北条氏；向北，围剿水匪取得了卓越的成效；向西，攻破椎名康种、神保良春、铃木国重等，基本吞并越中国。直到武田信玄、北条氏康先后去世，东国已经没有人能够阻挡毗沙门天神之剑了……

武田信玄的谋略共分两手，一手在外，一手在内，他在越后国内部给上杉谦信制造的麻烦，比外部有过之而无不及——传统认为，那是因为武田氏基本完成了守护大名向战国大名的转化，而越后基本上是个豪族联合体，缺乏足够的向心力，因此大熊朝秀、北条高广、本庄繁长等将领，都曾有过多次反叛记录。

然而这种认识未必准确，起码是不全面的。武田氏领国一元化的改革终究并未彻底达成，也很难称得上完善，真正牢不可破的核心力量只有两部分：一是父亲信虎遗留下来的谱代（世代家臣）老将，譬如前面提过的板垣、甘利，以及原（虎胤、昌俊）、诸角（虎定）、饭富（虎昌），等等，还有信玄两个智勇双全的兄弟——武田信繁和武田信廉，但即便如此，信玄也要在"二职"同日阵亡后，才能真正掌握家中实权。

二是信玄从下级侍从里亲自选拔并培养起来的年轻将领，最重要的有所谓"四名臣"：仁智勇俱全的"鬼美浓"马场美浓守信春（又名信房，本名教来石民部少辅景政）、深谙信玄兵法之要的"避战将军"高坂弹正忠昌信（本名春日虎纲，有关昌信继承高坂家一事，日本史学界很多人仍持否定态度)、代替其兄虎昌和信玄嫡子太郎义信统领无敌军团"赤备"的山县昌景(本名饭富源四郎),还有在武田信繁死后成为信玄副将的内藤昌丰(本名工藤祐长)。

此外甲斐国内,还有被称为"郡内领主"的小山田氏、被称为"河内领主"的穴山氏,皆为源氏同族,世代与武田家联姻,具有相当的独立性;甲斐之外,武田信玄将所征服的豪族编为各路"先方众",以谱代将领监护之,比如来自信浓的真田氏、保科氏,木曾氏(木曾与诹访、小笠原、村上,并称为信浓四大豪族)等等。相比较而言,这两部分的分离倾向是相对严重的。其实武田家与上杉家相比,同样可称为豪族联合体,不过向心力略胜一筹罢了。

这是因为上杉谦信的父亲长尾为景一力摧垮了即将成为战国大名的越后上杉家,然而奋战毕生也无法彻底压服国内大小林立的国人众们,谦信继位还不久,立刻就遭遇到来自南方的武田氏的强大压力,他根本没有时间去进行更为有效的统合。弘治二年(公元1556年),也即第三次川中岛合战的前一年,因为重臣大熊朝秀、本庄实乃之间爆发冲突,谦信调解无效,愤懑之下,竟然独自离开春日山城,意欲前往比睿山出家隐居。家臣们驱逐了大熊朝秀,然后联署效忠誓书,好不容易才把他劝了回来。倘以阴谋论来考究此事,或许谦信是以退为进,借此来凝聚越后的人心吧——则越后人心之散乱,由此亦可见一斑。

因为谦信的本家(三条长尾家)一门众寥寥无几,谱代家臣数量也很少,可以说他缺乏最稳固的核心力量,只得依赖国内各路豪族,并且做一定程度的妥协。故此越后国内各族仍具备相当的独立实力和分离倾向，如长尾房景、柿崎景家、北条高广等名将，无不仅仅慑伏于谦信的威名，而并不具备真正意义上的忠诚心。真正对谦信死心塌地，坚贞不二的，恐怕只有传说中的鬼小岛弥太郎和宇佐美定行两人而已吧。

鬼小岛弥太郎，本名小岛贞兴，据说他从小就跟随谦信左右为侍从，力大无比，曾经徒手打死过野熊，因此人送外号"鬼小岛"。而宇佐美定行，据说便是琵琶岛城主宇佐美定满的异名，与谦信一直保持着亦师亦友的关系。永禄七年（公元1564年），宇佐美定满邀请长尾政景游览野尻湖，二人在湖上对刺而死，时人揣测，定满大概是怕谦信无后，一旦撒手西去，长尾同族、素有威望的政景将会乘乱夺取越后，因此才设计除之吧。

然而这都只是后世的演义而已，事实上，鬼小岛之名并不见于上杉家各种传世文件，而宇佐美定满，则在谦信麾下无论战功大小还是领地广狭、权柄高低，都根本排不上号。

其实无论武田还是上杉，作为战国大名，其领地一元化进程都是逐渐完善的，并且不能说已经彻底完成，两者的家臣团既有相异之处，又有乱世中难以逃避的共性。若将越后国内的多次叛乱，以之相比武田信玄新征服的信浓领地上的多次叛乱，其共性便可一目了然了——只是越后的叛乱，背后往往都隐藏着信玄的黑手，而除奥信浓部分家族朝秦暮楚外，武田家中之乱，则似乎与谦信并无关系。

血战川中岛

武田信玄与上杉谦信的战争，是战国时期战略、战术运用的极致，也是旧时代战争的最后终结。信玄最早将南蛮（即指从东南亚航至日本的欧洲传教士、商贾，主要为西班牙人、葡萄牙人和荷兰人）传来的铁砲（火绳枪）大规模运用到实战中去，并且发明了攻城战中的铁砲密集射击战术；谦信也非常注重火器的使用，在春日山城建立了自己的铁砲作坊。要说双雄不接受新生事物，恐怕不确，但他们的战术思想没有革命性的突破，却是不争的事实。

且说永禄四年（公元1561年），就在上杉谦信关东攻略的同时，武田氏在川中岛地区修筑了一座可容纳上万兵马的大城——海津城，以春日虎纲为守将。倘若海津城能够在川中岛站稳，将对上杉氏造成巨大的威胁，因此谦信从关东归来后，未及歇鞍便又火速南下，希图一举攻克海津城。

然而当率兵来到川中岛的时候，上杉谦信却发现尚无大军进驻海津，于是不去围城，重施故伎，东上死地妻女山扎寨，引诱武田军前来围山，以便主力决战。

第二日，即八月二十日，武田信玄统带两万大军进驻了海津城。诸将纷纷请令，包围妻女山，困死越后军。但是，信玄一眼便看透了谦信之所想，谦信又不是马谡，故意陷身死地，岂能没有后着？于是他带兵绕过妻女山，翻上了更西边的茶臼山，与海津呈夹击妻女山之势，给越后军以巨大的压力，逼迫谦信下山。

然而，这回轮到谦信以静制动了，整天饮酒练兵，"我自岿然不动"，就是不下山。信玄一计不成，又生一计，装作失去了耐心，分道返回海津城，却于途中设下埋伏，引诱上杉军前来阻击。谦信虽然渴望主力决战，但是没有胜算的决战是没兴趣的，信玄的"移营之计"依旧没能骗过他，就像刘备骗不过陆逊一样。

恰在此时，军师山本勘介献上了"啄木鸟战法"——这位山本勘介（或写作勘助）晴幸入道道鬼，据说本是骏河人，五短身材，独眼、瘸腿，相貌丑陋，因此不被家主今川义元重用，遂流浪四方，来到了甲斐，经板垣信方的推荐出仕信玄，受到重用，担任军师。不过山本勘介此人只出现在真伪难辨的《甲阳军鉴》一书中，虽然后来发现了姓名接近（山本菅助）的其他一些记载，但其身份地位似乎并没有那样重要。

且说所谓"啄木鸟战法"，不管是山本勘介提出的，是马场信春提出的，还是信玄本人想到的，它都立刻被圈定下来。此战法即将两万大军分为两路，一路一万三千，以马场、春日、饭富、真田等将统带，从背后趁大雾夜袭妻女山，认为谦信见不到信玄本阵，必然避战下山，而信玄便可将本阵八千人埋伏在必经之路的八幡原上，前后夹击上杉军。

当日黄昏，上杉谦信在妻女山上遥望海津城，得见炊烟两度燃起，立刻判断出武田军夜间将有所行动。于是他先发制人，除留下部分兵力断后外，抢先率领主力潜下妻女山，夜渡千曲川，于黎明时分赶到了八幡原。

时逢大雾，上杉军以两倍兵力汹涌杀来，武田信玄仓促应战，急忙排布鹤翼之阵，坚固防守，等待奇袭别动队前来。而上杉谦信则布置车悬之阵（车轮战术），向信玄本阵展开不停息的轮番进攻。这一仗惨烈异常，武田方因为少主太郎义信中了谦信诱敌之计，不守反攻，破坏了阵势的完整性，几乎一败不可收拾。这是武田氏最大的两次危机之一（第二次为长篠之战），名将死伤无数，如军师山本勘介、副将一门众武田典厩信繁、老臣诸角丰后守虎定、初鹿野源五郎等，全都战死沙场。

激战至午前，武田军已在全面崩溃的边缘，马场信春等人终于赶到了战场，上杉军腹背受敌，只好停止进攻，向善光寺平方向撤退。传说上杉谦信就是在此时演出了著名的单骑闯阵的活剧——

谦信分派好撤兵事宜，单人匹马闯入武田本阵，所向披靡，直至信玄面前。当时，信玄正端坐阵后，手持军配（军扇）指挥战事，眼见谦信催马挥刀而来，急忙用军配格挡。第一刀，被军配格住；第二刀，正中肩头，幸好不是重伤；第三刀，武田氏护卫蜂拥赶来，扶走了信玄，挡住谦信。三刀砍罢，谦信仰天大笑，拨马离开了战场。

不过细考整个战役的过程，颇有很多不可思议之处，比如说，武田军为何将三分之二的兵力作为奇袭别动队，而置本阵于悬危呢？故此比较合理的猜测是，根本就没有什么"啄木鸟战法"，乃是武田信玄亲率八千兵马进攻驻扎在善光寺平附近保障退路的三千上杉军，上杉谦信看破武田军的动向，遂率主力夜下妻女山，在八幡原赶上信玄并与之交战。等到武田主力闻讯前来增援，上杉谦信料想难敌数量庞大的生力敌军，这才转身退去。

是为第四次川中岛合战，也是最惨烈的一场大战，又名八幡原之战。据说双方战死兵数都达两成以上，这在军队组织力非常低下、绝大多数都是临时征召的农民兵和亦耕亦战的下级武士的战国时代，确实是非常罕见的。

此后的永禄七年（公元1564年），又发生了第五次也是最后一次川中岛合战，又名盐崎的对阵，依旧是不胜不负的局面。三年后，武田信玄统率甲相联军进攻上野，包围箕轮城。箕轮守将乃是旧管领上杉宪政的重臣长野业正之子业盛，业盛勇猛可比乃父，智谋却差得太远，最终箕轮失陷，长野一族灭亡，上杉谦信失去了半个上野国。

对应信玄的策略，三年后，上杉谦信击灭椎名康胤，又三年完全吞并了越中国。

番外篇

关于骑和骑马军团

在日本古代史料中，经常可以看到数千骑、上万骑的说法，比如上杉谦信夜下妻女山，就有所谓的"飞越千曲八千骑"的记载。然而事实上，这八千之数指的乃是步骑混编的军队，并不是真的有八千骑兵。

日本古代战马很少，质量也次，这也就是相当长时间内只有上位武士才能骑马，下级武士和杂兵都只能徒步的原因之一。越后、甲斐，都号称是著名的战马产地，因此上杉和武田的骑马军团闻名天下，然而根据资料记载，上杉家全盛时期的骑马武士不过一千三百名左右，约占总兵力的

10%，武田家则比例略少，数量大致相等。

据说武田信玄麾下有著名的骑马军团"赤备"，由饭富虎昌和信玄长子义信统带，虎昌和义信谋反被杀后，这支部队便交给了虎昌的兄弟（一说侄子）饭富源四郎（山县昌景）。然而这很可能只是一个传说罢了，首先当时很多将领的麾下武士为了便于查认和指挥，更为了震慑敌胆，统一铠甲或装具颜色，比如后北条家就有所谓的"五色备"，织田信长麾下也有"赤母衣众"和"黑母衣众"，饭富兄弟所部统一把甲胄漆成红色，并非独特之举。

当然啦，也就只有具备定制铠甲实力的中上级武士才能如此，大批下级武士和农兵所能够统一的，也只有旗号罢了。

其次，所谓骑马军团，与近现代的骑兵部队并不是一个概念，那仍然是步骑混编的军队，只不过其中骑马武士的数量较多，威力较强，故而得享此名而已。当时国人众大多被收编为战国大名的家臣，但仍享有领地，必须自己出钱组织武装跟随大名上阵。逢有战事发生时，大名会给各家臣派发"兵役账"，规定出兵数目，很多时候连兵种都详细道明，战国大名的部队就是这样组成的，根本不存在大量骑兵单独成军、集合训练，成为独立兵种的可能。

当然，具体到了战场上，因应形势的需要，各将麾下的骑马武士有可能被单独挑选出来统一执行某种任务。比如越后骑兵之所以威震天下，就因为上杉谦信善于将骑马武士统合起来，集结成数十支骑兵小队，互相配合以冲击和削弱敌军。

总体而论，战国时代的战争规模扩大，步兵集群的运用是第一位的，骑马武士的作用大为下降，而真正意义上的骑兵部队，则几乎不存在。

战国群雄概略（一）

所在地	家名	结局
越后国	三条长尾/上杉氏	1578年为上田长尾氏所继承
	古志长尾氏	1579年灭于"御馆之乱"
	上田长尾/上杉氏	江户幕府米泽藩
	新发田氏	1581年背叛上杉氏，1587年被灭
佐渡国	本间氏	1589年从属于上杉氏
甲斐国	武田氏	1582年为织田氏所灭
	迹部氏	1465年为武田氏所灭
	大井氏	1517年从属于武田氏
	穴山氏	1582年从属于织田氏，后归德川氏
	小山田氏	1582年为织田氏所灭
信浓国	小笠原氏	1550年为武田氏所灭
	诹访氏	1542年为武田氏所灭，家名被篡夺
	真田氏	江户幕府松代藩
	村上氏	1553年为武田氏所败，此后从属于上杉氏
	高梨氏	1553年为武田氏所败，此后从属于上杉氏
	仁科氏	1550年从属于武田，旋因内通上杉而遭改易，家名被篡夺
越中国	椎名氏	1573年为上杉氏所败，旋没落
	土肥氏	1582年为佐佐成政所败，旋没落
	神保氏	1578年从属于织田氏，旋遭改易

次章　关东独立王国

> 室町时代，习惯将本州岛中西部地区和四国称为"都"（理论上由幕府将军管辖），而将九州探题所领称为"镇西"，将本州岛东部的关东、甲斐、陆奥、出羽称为"鄙"，由镰仓公方统领。而从"鄙"崛起的战国大名，除武田外，最强大的便是后北条氏了……

三岛神社的瑞梦

日本古代所谓"关东"的概念，并不属于"五畿七道"之划分，在律令制下，习惯上将三关（伊势铃鹿关、美浓不破关和越前爱发关）以东的东日本全土，都称为关东地区。平安以降，则以东海道的相模足柄坂和东山道的上野碓冰峠以东地区称为关东，又名坂东。到了室町时代，以镰仓公方镇守镰仓府，把甲斐、伊豆、相模、武藏、安房、上总、下总、上野、下野、常陆十州作为其管辖领地。到了江户时代，去除甲斐和伊豆，将剩下的德川家康之起家根本，也即广袤的关东平原，总称为"关八州"——也就是我们即将谈到的"关东"地区。

战国时代纵横伊豆国和关八州的，乃是以坚固的小田原为主城的后北条氏——所以称为"后北条"，是为了与原本的镰仓幕府执权北条氏相区分，并且也就此说明，这后北条氏与前北条氏，其实并没有明确的传承关系。后北条氏的始祖，史称"北条早云"，然而早云终其一生，其实并没有给自己冠上过"北条"的苗字。

北条早云本名伊势新九郎盛时（或名长氏、氏茂、氏盛等），伊势氏与北条氏同出桓武平氏，但分流已久，传统认为伊势盛时本是一介素浪人（或云做过狱卒），其实他的身份并不低微，很可能是伊势氏备中分家出身，族亲伊势贞亲乃足利义政将军的宠臣，担任过幕府政所执事，而盛时之父盛定亦为义政将军的"申次众"（向将军传报拜谒者姓名及处理相关杂务的职位，足利义教以后由伊势、上野、大馆、畠山四家子弟充任），属于高级武士。

"应仁之乱"中，骏河国守护今川义忠曾经统率千骑入洛，加入东军阵营，或许便是在此前后吧，他迎娶了伊势盛时之妹北川殿为继室（旧说为侧室），生下嫡子龙王丸。文明八年（公元1476年），义忠在讨伐远江国人一揆时不幸中流矢而死，龙王丸尚且年幼，导致家中动乱，伊势盛时遂自京都赶到骏河，协助调解纠纷。在嫡亲娘舅盛时的辅佐下，龙王丸得以安然元服、继位，定名为今川氏亲。

为了酬答舅父的功劳，今川氏亲任命伊势盛时为骏河守护代，并赐以骏河、伊豆国境的兴国寺城（一说善得寺城）——此即北条早云发家的开端。

倘若仍然留在洛中，跟随一门辅佐将军，盛时或许会在即将到来的诸般纷扰中丢了性命吧，即便不死，也被迫要追随反复遭废黜、挟持、驱逐、流放的将军四处流窜，恐怕难寻出头之机。然而因缘巧合，伊势盛时来到了骏河国，成为一城之主，很快便因其智谋、勇略、野心，而掀起了滔天巨浪。

且说堀越公方足利政知病殁于延德三年（公元1491年）四月，临终前他幽禁了嫡子茶茶丸，而欲将大位传于继室圆满院所生的润童子。谁料老头才刚闭眼，茶茶丸即脱出牢笼，杀死了继母和异母兄弟，顺利夺得堀越公方之位。

如前所述，镰仓公方早已分裂为二，堀越公方势穷力蹙，偏居一隅，故此茶茶丸弑母夺位之事，本来无人理会。然而两年之后，京都突然爆发了"明应之变"，管领细川政元放逐足利义材（义稙）将军，拥立足利义遐（义澄）继位——而这位义遐将军，正是足利政知之子、润童子的同胞兄弟，故此甫一接位，立刻发布敕命，讨伐异母兄长茶茶丸。

敕命传到东国，此时伊势盛时已然出家入道，法号"早云庵宗瑞"，他接命之后，当即向外甥今川氏亲商借兵马，得三百人，并自家两百人，于当年秋季突入伊豆国，攻破了堀越御所。茶茶丸退至伊豆南部，继续与伊势宗瑞相抗争，双方激战了整整五年之久，最终伊势军获得胜利，控制了整个伊豆国，茶茶丸兵败自杀——堀越公方家就此灭亡。

据说从一城之主跃居为一国之主以后的伊势宗瑞，施政非常清明，课税较低，深得领民爱戴。当时关东诸国的税率，法定是五公五民，早云改为四公六民，另外每户多缴一钱作为公益。他还明确规定米价为百文一斗二升，规定田（水田）一反（日本古代土地面积单位）课税五百文，畑（旱地）一反课税一百六十五文，即平均每反田缴米六斗，这对当时的农民来说，负担要减轻很多。这一善政，一直延续到后北条氏的灭亡。

稳固了伊豆国以后，伊势宗瑞便将目光转向广袤的关东平原。如前所述，关东管领为上杉氏，这一家族分家很多，主要为山内、犬悬和扇谷，山内和犬悬原本迭为关东管领，但后来犬悬衰落，扇谷抬头，渐有觊觎一门总领之势。

事情要从文明八年（公元1476年）说起，当年六月，山内上杉的家臣长尾景春（即导致镰仓公方足利成氏被追讨的元凶长尾景仲的孙子）发动叛乱，并于次年元月击败关东管领上杉显定，迫使显定走逃上野。次年五月，扇谷上杉氏的家宰太田道灌（资长）迎回显定，消灭长尾景春。

为了削弱日益膨胀的扇谷之势，山内上杉显定暗耍阴谋，使离间计使扇谷上杉定正于文明十八年（公元1486年）七月在相模的糟屋馆诛杀了太田道灌，自毁长城。到了长享元年（公元1487年），两上杉氏正式兵戎相见，是为关东"长享之乱"。因为以太田道灌之子资康为首的大批原属扇谷的国人众倒戈，临阵归附山内家，上杉定正节节败退。

定正无奈之下，只得向西方的伊势宗瑞求救，宗瑞正是得其所哉，趁机将势力伸入相模国，并于明应五年（公元1496年）从伊豆的韭山城出兵，奇袭相模名城小田原，把从属于扇谷上杉氏的大森氏一族从城中驱逐出去。此后宗瑞即以小田原为主城，经过前后三代的修葺和完善，建成为天下闻名的"难攻不落"的金池汤城。

到了永正元年（公元1504年），骏河守护今川氏亲发兵援助上杉定正的继承人上杉朝良，伊势宗瑞此时尚未彻底摆脱今川氏的从属地位，于是随同进军，进攻以武藏为根据地的上杉显定。联军一开始势如破竹，在武藏立河原之战中击败山内上杉军，但随着今川和后北条的退兵，上杉显定卷土重来，迫使扇谷一门臣服——两上杉氏近二十年的争乱，就此画上句号。

前面提到过，永正七年（公元1510年），上杉显定在攻击越后守护代长尾为景的战争中败死，因为伊势宗瑞与长尾为景遥相呼应，遂遭到已服从于山内上杉的扇谷上杉朝良的攻击。宗瑞发兵攻打东相模，逼近镰仓，却遭到扇谷麾下名将三浦义同父子的顽强抵抗，被迫议和退兵。

伊势宗瑞秣马厉兵，终于在永正九年（公元1512年）再次东进，率军突袭了三浦义同的居城冈崎城。三浦义同猝不及防，仅仅防守了一天就被迫弃城而走，退守住吉城。这场战争一直持续了四年，最终伊势氏获得胜利，永正十三年（公元1516年）七月，相模国三浦半岛最南端的新井城被攻克，三浦义同、义意父子自杀，伊势宗瑞占据了整个相模国。

当年八月，流亡将军足利义澄（当时正式居留京都的是足利义稙）下诏，任命伊势宗瑞为伊豆守护，这标志着伊势氏正式脱离今川阵营，成长为独立的战国大名。三年后，宗瑞去世，享年八十八岁。

据传，伊势宗瑞曾与重臣六人夜宿三岛神社，议论历史与现实。宗瑞说："昔年源平二氏共立朝廷；保元、平治之乱，源氏衰弱，平氏掌权；治承、养和年间，源氏重新抬头；源氏三代而亡，平的北条代之治理天下；北条氏传了九代而灭，源的足利取得天下。由此可见，武家政权是天命由源平二氏轮流执掌的。而镰仓的持氏殿下去世后，关东实权掌握在上杉氏手中，上杉出于藤原氏，他们有什么资格成为武家领袖？！"

宗瑞言中之意，伊势氏属于平氏，理当代替上杉家统治关东地区。当夜，他做了一个奇怪的梦：广袤的平原上有两株巨大的杉树，一只小老鼠在啃杉树的树根，啃着啃着，竟然膨胀起来，化作一条斑斓猛虎。宗瑞认为梦中那两株杉树，指的就是关东山内、扇谷两上杉氏，而小老鼠，就是生于壬子年属鼠的自己——这是上天预示，他要代上杉氏而兴，成为关东新的统治者！

对战关东副帅

伊势宗瑞半生戎马，不近女色，直到五十出头，才迎娶了小笠原氏，并在两年后产下长男、继承人氏纲；又两年，次男氏时诞生，小笠原氏去世；翌年，他于六十岁高龄续娶葛山氏为正室，并得到了三男长纲——也即战国时代最为长寿的武将北条幻庵。

伊势氏冒充平氏名门北条氏，并以北条氏的鳞形为家纹，以"虎之判印"为一门总领的签押，历史上有据可查的最早记录，是在二代目氏纲当政的大永二年（公元1522年）——伊势宗瑞也因此以北条早云之名享誉后世。为了和镰仓幕府执权北条氏区别，这一族习惯上被称为"后北条氏"或"小田原北条氏"。

北条氏纲的目标，乃是位于关东平原中部的广袤而富庶的武藏国。大永四年（公元1524年），他攻击太田道灌在世时修建的江户城，扇谷上杉朝兴（上杉朝良侄）弃城而走，逃往河越。翌年，氏纲又攻克了岩付城，使扇谷上杉氏的势力继续向北收缩。

大永六年（公元1526年），北条氏纲的后台、姑表兄弟今川氏亲去世，从此骏相两国的关系日趋恶化。根源在于后北条氏一直与甲斐武田氏交战，但今川氏亲的继承人今川义元却迎娶了武田信虎之女，双方联姻和睦，这使北条氏纲有如芒刺在背。于是氏纲先发制人，于天文六年（公元1537年）率兵进攻骏河，是为"河东一乱"。

天文七年（公元1538年）十月，著名的"第一次国府台合战"爆发了，北条氏纲及其嫡子氏康挥师南下，迎战小弓御所足利义明和安房豪族里见义尧。

在此，咱们先简单介绍一下里见氏的由来，据说里见氏出自河内源氏，其始祖乃是新田家始祖新田义重的庶长子义俊，通称大新田里见太郎。镰仓幕府灭亡的时候，里见氏跟随本家新田氏攻略过镰仓，战后被任命为越后守护代。南北朝中，里见宗家归属南朝，导致最终没落，分家跟从北朝，但参与了足利直义的"观应之扰乱"，照样站队失败，几乎覆灭。

一直到镰仓公方足利满兼妄图觊觎幕府将军之位而大肆扩充势力的时候，才召上来一位名叫里见家兼的武士。然而接着就是"永享之乱"，里见家兼战败自杀，"结城合战"，家兼之子家基也死于战阵之上……里见家可谓是历程坎坷，多灾多难了。

其后，里见家基之子义实（一说为宗家嫡流美浓里见氏之后）流亡到安房国，成为安房里见氏的始祖，重振家势。义实将主城定于安房馆山城，其子成义（"成"字，为拜领古河公方足利成氏的名讳）将势力扩展到上总，逐渐成长为战国大名。第三代当主里见义通完全确立了家族在安房和上总的第一豪门地位，并修筑鹤谷八幡宫以彰显自己的权威。据说他在祭文中自称为"镇守府将军源朝臣政氏"（指古河公方足利政氏）麾下的"副帅源义通"——"关东副帅"本为关东管领的俗称，如今里见义通要来抢这个位子了。

永正十五年（公元1518年），里见义通病殁，遗命传位于才刚元服的嫡子竹若丸（义丰），而暂时让兄弟实尧代领家督之位。天文二年（1533年）七月，义丰急袭实尧的居城稻村，迫使实尧自杀。次年，实尧的嫡子、得到北条氏纲支持的里见义尧在泷田·犬挂之战中击破里见义丰，义丰退入稻村，和叔父实尧落得同样的下场——史称"天文的内讧"。

此前不久，上总真里谷武田氏（即前文所述武田信长的那一支）为了攻击割据下总千叶郡的豪族原氏，当主武田信保千里迢迢从奥州找来放浪的足利义明作为大义旗帜——义明出自古河公方家，因与其兄高基夺位失败而北逃。有了武田氏的撑腰，足利义明野心重燃，于大永四年（公元1524年）攻克原氏的本据小弓城，即在此地建起御所，称为小弓公方。

小弓城之攻克，使得足利义明权威大盛，反过头来压制扶持他上台的武田信保。天文三年（1534年），武田信保受排挤而被迫出家，同年病殁。信保一死，他的两个儿子——庶出的长子信隆和嫡出的次子信应——开始争夺家督之位，整个关东南部都被卷入战乱。房总诸将大多奉戴足利义明，支持武田信应，而正在武藏扩展势力的北条氏纲则援助武田信隆。

就在大战一触即发之际，后北条氏的老盟友里见义尧却突然撕毁盟约，转而加入小弓方阵营。形势急转直下，武田信隆的居城峰上失陷，信隆逃往武州金泽。基本扫清房总内忧的义明、义尧势力，遂北向追入武藏。

天文七年（公元1538年）春，足利义明为主将，义明弟基赖与里见义尧二人为副将，总兵力约一万，进驻下总国西部的国府台地区。北条氏纲匆忙向古河公方足利晴氏求得讨伐御内书，十月二日，命其子氏康率军两万进驻江户，六日，氏纲本人也正式领兵来到前线。

据目前发现比较可靠的《小弓御所样御讨死军物语》中记载：足利义明在国府台正面渡河，通过国府台与松户台中间的低地前进；北条氏纲则从江户出发，渡浅草川，在松户对岸的金町布阵。十月七日凌晨，后北条军与小弓方的预想相反，从金町直接渡河发起攻击。在松户台发现这一敌情的椎津隼人祐急忙要求义明驱动全军急进迎敌，然而遭到拒绝。

午前九时，大战正式爆发，后北条军士气旺盛，锐不可当，于午后四时击破椎津隼人祐等敌方前军，直面坚固的国府台小弓军本阵。北条氏纲先做出迂回侧击的假象，随即突然正面直插敌阵，小弓势大乱，足利基赖和足利义明先后战死。正在和北条旗本（直属武士）军激战的里见义尧见势不妙，匆忙向船桥方向退却。

里见义尧于退却途中，在救出足利义明的遗孤后，放火烧毁了小弓御所。从此，小弓公方家灭亡，其遗臣逐渐都变成了里见氏家臣团的重要组成部分，里见氏的势力不但没有衰退，反而更可以放胆在房总地区继续膨胀了。十月十日，后北条氏进军上总，武田信隆夺取小弓城，原胤荣夺取峰上城。次年，北条氏纲侵入安房，被里见义尧击退——第一次国府台合战至此终结。

河越夜战

北条氏纲死于天文十年（公元1541年）七月，其子氏康继承一门总领和守护之位。古语有云："将门不过三代"，而北条氏在第三代氏康的领导下，却达成了前所未有的辉煌胜利。首要一提的，就是与"严岛"、"桶狭间"并称为日本"三大奇袭战"的"河越之夜战"。

且说天文十四年（公元1545年），北条氏康进攻骏河，与今川义元对战于长久保城下，失败退兵。关东管领山内上杉宪政利用这个机会，以古河公方足利晴氏为号召，联络关东各路诸侯兵马八万，号称二十万，攻击后北条氏在武藏的重要据点——河越城。联军主将是宪政本人，副将则由扇谷上杉朝定担任。

河越城守将，乃是后北条氏第一名将，以"地黄八幡"为旗印的北条纲成。纲成本姓福岛，是今川氏辖下远州土方（一说高天神）城主福岛正成之子。正成在与甲斐武田信虎的合战中阵亡，"花仓之乱"后今川、武田和睦，于是家臣们保护正成之子前往小田原依附北条氏纲，氏纲以女妻之，准其拜领北条苗字，列为一门众，并赐"纲"字，遂称北条纲成。

北条纲成所部不足千人，无法抵抗数十倍于己的关东联军的猛攻，只得加固城防，严守不战，一方面快马前往小田原，请求家主北条氏康派发援军。然而氏康刚从骏河败回，深知此时出击，肯定败多胜少，于是派遣使者卑躬屈膝地请求和谈。上杉宪政虽然不允议和，但见后北条氏不敢援救河越之围，也就并不着力攻打，只将城池团团围住，想等其粮尽兵疲，自然开城投降。

就这样，河越城守了整整半年，毫无落城迹象。围城联军的士气逐渐涣散，据说阵中商人来往穿行，妓女开张接客，仿佛城下町（战国时代的城池大多等于城堡，商业区在城池之外，称为城下町）一般，哪里还有一点打仗的样子？

北条氏康侦查到联军这种状况，认为时机成熟了，于是在次年的四月二十日，亲率八千精兵，趁着夜色奇袭河越。关东联军猝不及防，乱成一团，北条纲成也开门杀出，于是一夜之间，八万联军全线崩溃，副将上杉朝定也死于乱军之中。

河越之夜战，策划时间之久，一击而破之速，以及双方兵数对比之悬殊，在"三大奇袭战"中首屈一指。此战正式决定了关东地区的命运，从此八州之内，再没有力量可以抵挡后北条氏疾风烈火般的侵攻了。管领上杉宪政先是北逃到上野的平井城，随即平井城亦遭攻击，据说后北条方名将北条氏繁（北条纲成之子）身着尊胜陀罗尼母衣，挥舞沉重的铁棒，冲锋陷阵，敌军无不望风而逃。宪政心惊胆战之下，干脆亡命越后。其子龙若丸被家臣目加田新介、长三郎兄弟，以及九里采女正等人胁迫着打开城门，向后北条氏降伏。然而北条氏康却丝毫不留情面，一方面怒斥目加田、九里等人为"不义不忠的逆贼"，处以磔刑，另一方面也将龙若丸押至主城小田原附近的一色松原海岸，斩首示众——此乃天文二十一年（公元1552年）之事。

两年后的十一月，北条氏康又攻克古河，废黜古河公方足利晴氏，而以其次子，同时也是自己亲外甥的足利义氏继位，就此基本确立了关东支配体制。

简单而言：北条早云从伊豆起家，并且进取相模；二代氏纲站稳了相模，以相模小田原为主城，进取武藏、下总；到了氏康时代，基本上彻底控制了武藏国和下总国，更将势力伸入上野、下野和常陆，后日所谓的"关东八州"（不含伊豆），后北条家的势力涵盖全域，实控其半。

其实北条氏康得以在关东地区纵横如入无人之境，很大程度上得益于善得寺的会盟。那是氏康攻克古河前不久的事情，当年三月，他再次发兵骏河，今川义元向甲斐守护武田晴信求援。然而这个时候，武田晴信正与越后的长尾景虎展开川中岛地区的争夺战，哪有余暇来理会姐夫今川义元的闲事？然而于理不能不有所表示，于势则一旦今川战败，后北条氏很可能以骏河为跳板进攻甲斐，于是晴信便派遣使者前往两军阵中，表示愿为中人，进行和睦调解。

今川义元一心想西取三河、尾张，甚至上洛主政，可是摆不平后方的后北条氏，这个梦想永远只是泡影。情势如此，他立刻便接受了武田晴信的建议，派重臣太原雪斋崇孚为联络人，往来斡旋，最终决定三家在骏河境内的善得寺签署盟约。这就是著名的"甲骏相三国同盟"，从此后北条氏可以全力于先祖早云三岛瑞梦的实现，稳固关东领地，今川氏则专心打通东海道西进，而武田氏也终于彻底保障了侧背，得以继续在川中岛地区的恶战。

然而，北条氏康料想不到的是，遥远的越后国主长尾景虎竟突然向他举起了战刀——其实早在上杉宪政北逃后不久，景虎便派遣平子房政、本庄繁长等将率军进入上野，以救援山内上杉家臣长野业正。此时后北条军在上野方面的总大将乃是氏康叔父北条幻庵，精擅民政、外交，临阵对战却非所长，只得就此后退，返回武藏国。就此上野二分，一半归附后北条氏，一半捏在以长野业正为首的"西上野众"手中。

"甲骏相三国联盟"既成，则当武田氏对战长尾氏的时候，后北条氏亦当给予增援和呼应，这就使得越后侧翼可能遭受夹击。于是为了保障侧翼，更为了上杉宪政许诺的关东管领名号，长尾景虎终于在永禄三年（公元1560年）倾巢而出，直取关东平原！

新的关东管领

永禄二年（公元1559年），长尾景虎上洛谒见幕府将军足利义辉，得到义辉对其继承关东管领一职的允诺，而素来交好的前关白近卫前嗣（前久）亦允诺前赴关东，为其鼓舞军势。翌年五月，爆发了著名的"桶狭间合战"，武田与后北条的重要盟友今川义元败死，景虎认定三国同盟必将于不久后破弃，因此遂于八月间亲率大军，挺进上野。

根据传说，北条氏康想要先发制人，遂派其子氏政联合关东诸侯三万五千人北进，包围了只有七百守兵的栃木城。长尾景虎率所部八千人来救，在离城里半（日里的一里半，约为八公里）外扎营。景虎登高而望，见关东联军阵列不整，不禁冷笑说："是非我之敌也！"于是亲率二十三骑冲阵，所到处望风披靡，北条氏政狼狈逃回相模……

当然，这不过是神化景虎的谣传罢了。事实上景虎此番南下，几乎倾尽了越后的全部兵马，并且联络安房里见氏、常陆佐竹氏，欲图对后北条氏展开三面夹击。因此氏康无暇北上迎击，只能先率军迎战里见，他被迫向同盟武田氏送去了求救的书信，请信玄（晴信已与去年出家入道，法号德荣轩信玄）北上牵制越后。

然而今川义元之死，使得野心勃勃的武田信玄得到了南下的机会，正如长尾景虎所料，三国同盟已成一纸空文——在信玄看来，盟约什么的并不重要，长尾和后北条杀个两败俱伤，才是对自己最为有利的。因而他装模作样地领兵在边境线上晃了一晃，随即便借口国内不稳（堂弟胜沼信元谋叛），退兵归国了。

北条氏康无奈之下，只得仓促结束与里见氏难分胜负的战斗，北上迎战长尾军。然而这个时候，长尾景虎已入上野，幕府、朝廷、关东管领这三面大义之旗张扬起来，周边豪族莫不骚动起来，纷纷脱离后北条氏的控制，转向协助越后军——除西上野的长野氏外，还包括东上野的横濑氏、下野的宇都宫氏、武藏忍城的成田氏、武藏岩付城的太田氏等等。长尾军势瞬间便膨胀了数倍，于是势如破竹，前锋直指后北条氏的居城——相模国小田原城。

北条氏康此时已经四十五岁了，不复昔日悍勇奋进的少年心态，他在仔细研究了长尾景虎的战法以后，下令将全部兵力收缩回小田原。小田原是当时罕见的修筑在平地上的坚固城堡（一般坚城都依山而建），氏康又加固了城防公事，储备了够撑两年的粮草，专等长尾景虎前来攻城。

同时，氏康继续要求武田信玄出兵协助，信玄无奈之下加紧策动加贺、越中的一向一揆进逼越后。与信玄数度交锋的景虎深知这只甲斐老狐狸不会随便为了盟友的兴亡而动用自己的主力，但是关东各路诸侯却被这一表面文章吓破了胆，逡巡着不敢前进，在景虎一再督促下，才终于在翌年三月攻入相模国，关东联军十一万大军团团包围住了小田原城。

然而，良机一去不再，此时高大的小田原城已如一道险山般难以攀越。越后军远来疲乏，粮草补给也逐渐困难，关东诸侯们又都心怀鬼胎，于是长尾景虎只得在围城半月后悻然退去，转往镰仓继任关东管领之位，改名上杉政虎（谦信），然后全军撤回越后。

据说，上杉政虎参拜完毕镰仓鹤冈八幡宫，正式以关东管领的身份跃马归来的时候，发生了一件意想不到的事情。且说政虎所到之处，关东诸将无不下马行礼，唯有一人端坐在马鞍上不动，此人非他，正是忍城城主成田长泰。政虎见之大怒，当即将手中折扇投掷过去，打在长泰的脸上，把对方的乌帽子都打落了。

武藏国北部割据着被称为"武藏七党"的数家豪族，其中势力最强的便是成田氏。传说成田氏出于藤原家族，身份高贵，其祖先当年对源氏的八幡太郎义家都可不下马而行礼，因此成田长泰得意扬扬，骑在马背上傲视群雄。孰料上杉政虎并不了解这段往事，反以为长泰故意无礼，因此才给予小惩大戒。长泰脸面丢尽，怀恨在心，政虎前脚才离开关东，他就转身又投靠了小田原北条氏。

时势正是如此，越后军一走，关东平原仿佛冰雪消融，巨兽一般的后北条氏又从冬眠中微笑着苏醒过来，重新压服关东各国的国人、豪族。而从此时直到永禄十二年（1569年），上杉与北条之间的拉锯战，其精彩程度、激烈程度，其实都并不在甲越间的"川中岛合战"之下，只不过双方主力很少相遇，更多情况下则是相互攻略依附对方的小势力而已。

即以永禄五年（1562年）年底，上杉军第三次关东攻略为例。此时上杉政虎已得幕府将军足利义辉赐以偏讳，改名上杉辉虎，他在上野度过了新年，随即挥师南下，救援正遭武田与后北条方联合攻打的武藏国松山城。然而紧赶慢赶，终究还是晚了一步，松山城在越军抵达前数日便已然陷落了。

在收容了松山的败兵以后，上杉辉虎主动退却到利根川畔，布下伏兵，以期重创来追之敌。然而此计被武田信玄、北条氏康看破，不但不肯北追，反而主动放弃松山后撤。于是辉虎再度南进，首先攻打小田朝兴守备的骑西城，经过不计伤亡的猛烈攻击，骑西城三之丸（此处的"丸"

是指城堡内可独立作战的防御区域）、二之丸陆续陷落，越军直杀到本丸（城堡的核心区域）之前。小田朝兴无奈之下，只得通过太田资正向辉虎求请，开城投降。

接着，辉虎转道下野国，包围了小山氏的主城祇园城，仅仅三天时间即将外郭压制，直迫本丸。城主小山秀纲急忙遣使出城，表示愿意献上人质向上杉军投降。收服小山氏以后，辉虎进抵不久前归顺后北条的唐泽山城下，经过恶战，又迫使城主佐野昌纲降伏。

——关东豪族每每如此，上杉军来则降上杉，后北条军来则降后北条，当然啦，事先紧守城池，恶战一场，那是无可逃避的。自己并非心甘情愿，而是战至危局，无路可走之下，才为了家名的延续而被迫臣服，如此一来，另一家就不会太过痛恨自己，将来还有倒回去的机会吧。

上杉宪政曾要求辉虎在关东攻略后给他上野一国养老，不过此后他一直待在春日山城，并没有真的回归上野——他的决策是正确的，最接近越后的上野国最终也没能保住。永禄九年（公元1566年），东上野的横濑氏（后改称由良氏）投降后北条氏，翌年，西上野的长野氏被武田信玄攻灭，上杉方只保住了沼田一郡而已。

刀剑与食盐

上述上杉军第三次关东攻略，救援松山城的同年，也即永禄六年（公元1563年），爆发了"第二次国府台合战"。此次合战的双方统帅，恰好都是"第一次国府台合战"的两位主角的儿子，即北条氏纲之子氏康和里见义尧之子义弘。

这时候国府台城控制在下总千叶氏重臣高辰胤吉手中。在此先介绍一下千叶氏，这一家族源出桓武平氏良文流，乃"坂东八平氏"之一，先祖因为居住在下总国千叶庄而以千叶为苗字。源平合战的时候，源赖朝在石桥山战败，渡海逃到安房，聚拢了房总各地的豪族，这才得以卷土重来。这些房总亲源氏的豪族中，就包括千叶氏的千叶常胤。源赖朝非常器重千叶常胤，平素都尊称他为"师父"。镰仓幕府建立后，千叶氏成为幕府的有力御家人，世袭下总守护之职。

时代变迁，包括建武新政、足利尊氏的反乱、"观应之扰乱"，以及关东地区的数度变乱，千叶氏左右逢源，一直存活到战国时代。康正元年（公元1455年）六月，关东管领上杉房显与幕府联兵进攻镰仓公方足利成氏，在支持上杉房显还是支持足利成氏的问题上，千叶家臣分为两派，重臣圆城寺尚任倾向于上杉氏，原胤房则暗通足利成氏，导致家中分裂。

就在当年，原胤房率军袭击千叶城，偏向于圆城寺一派的千叶家督胤直及其子胤宣仓皇出逃。原胤房穷追不舍，千叶父子被迫自杀——千叶氏的嫡流至此断绝。战国中后期割据下总的千叶氏，乃是千叶支族、马加城主千叶康胤的后裔，康胤是胤直的亲叔父。

第一次国府台合战，千叶氏当主昌胤站在后北条氏一方，英勇奋战。其后北条氏康把女儿嫁给了千叶昌胤的儿子利胤，并且生下一子，取名亲胤。据说千叶亲胤为人傲慢放纵，结果被家臣弑杀，家督之位落到了他的叔父千叶胤富手中。千叶胤富气度恢宏，背靠着后北条氏这棵大树，一度使千叶氏衰退的势力有所回复，正因如此，他成了里见氏的眼中钉。

且说武藏国岩付城主太田资正，乃是难得的铁杆上杉派，他暗中联络族叔、江户城主太田康资，请他离开后北条氏的阵营，献出江户城来。此太田康资乃是太田道灌的嫡派曾孙，早便对后北条氏心怀不满，于是双方商定，只等北条氏康发兵抵御来袭的上杉军，他即夺取江户城，切断后北条军的退路。

此计自然也通报了上杉辉虎，于是辉虎写信给盟友里见氏，请其新主里见义弘出兵夹击后北条氏，以为太田康资的接应。里见军若要北上，首先必须通过千叶领，于是里见义弘即统率房总各路兵马，进击国府台城。千叶胤富自知难以抵挡，匆忙向北条氏康求救。

然而这个时候，太田康资的阴谋已经败露了，被迫逃出江户城，往依岩付太田资正——此正后北条、武田联军攻打太田氏控制下的武藏松山城之缘由所在。太田资正乃与里见义弘合兵一处，总势一万两千，即于国府台城外列阵待敌。

此时已至永禄七年（1564年）正月，北条氏康、氏政父子亲自上阵，以猛将北条纲成为先锋，以氏康的另外两个儿子氏照、氏邦，以及大道寺直家为合后，统率两万大军，浩浩荡荡杀往国府台。太田、里见联军以逸待劳，没等后北条势站稳脚跟，便挥军掩杀过去。后北条方乱成一团，名将远山纲景、景久父子、富永直胜等先后战死，多亏北条纲成阻遏追兵，勇猛奋战，才避免全军皆溃的命运。

双方激战整整一天，直到暮色四合才各自收兵。太田、里见联军打了胜仗，不免摆宴庆功，松懈了防备。而北条氏康就趁着这个机会，于夜半时分冒着淅淅沥沥的小雨，悄悄潜至联军背后。一声号响，后北条军汹涌杀来，联军大溃，里见义弘等人突破重围，好不容易才逃得了一条性命。

就这样，"第二次国府台合战"又以后北条氏的胜利而告终，据说这仗里见、太田联军死伤五千三百余人，后北条氏方死伤三千七百余人，在冷兵器时代，这一伤亡数字是相当可观的。北条氏康乘胜追击，突入上总国，逼近里见氏主城久留里，连里见氏的重臣正木时忠都被迫弃甲归降。

这一仗几乎宣告了安房名门里见氏的灭亡，不过好在英主里见义尧还在，只是退位隐居而已，在他的扶持下，里见氏费尽心机，才终于熬过了苦日子。至于里见义弘，他曾经鼓励百姓"落书"（就代官贪污害民等事，直接向家主上书），可以说是一位贤君了，但他在战略战术上却能力偏低，被迫与后北条氏修睦，在争雄关东方面，可算是彻底地沉寂了下来。

究其因由，上杉、里见，以及另一位重要盟友佐竹，相距都太过遥远，很难步调一致，夹击后北条氏，这就使得北条氏康得以集合主力，将之逐一拒之门外。

不过北条氏康也并没能高兴太久，上杉的势力被他逐渐驱逐出关东，然而前门拒狼，后门进虎，永禄十一年（公元1568年），武田信玄悍然撕毁甲骏相三国盟约，发兵骏河。后北条氏派兵增援骏河今川氏，反被强大的武田军击败，并且越过国境，一直杀到小田原城下。

此时北条氏康已然退位，把家督让给了长子氏政。他急忙与上杉谦信（辉虎）达成和议，即所谓"越相同盟"，然后仍采用对付越后军的老办法，收缩防线，死守小田原。小田原城高堞密，上杉谦信无力攻克，武田信玄也只能望而兴叹。

据说北条氏康还想出一条毒计，联合今川氏停止了对武田的海盐供应，并在边界布置重兵缉拿私商。甲信都是平原和山区，不靠海，海盐供应一断绝，武田信玄立感捉襟见肘。然而正当危急关头，越后竟然送来了海盐。上杉谦信写信给信玄说："我与公战，以刀剑，不以食盐。"

后人往往以此称颂上杉谦信秉持堂堂大义，是名光风霁月、胸无尘垢的伟大武士，然而若从另一个角度来考虑问题，他此举却等于破坏了盟友后北条的计划，无异于背后插刀。想来战国时代的外交、权谋，本该如此，而并无什么"义"字可言吧。

宇都宫和佐竹

后北条氏从早云开始一直到氏政，梦寐以求的便是建立关东地区独立王国，然而他们虽然最终制霸关东，却并没能把林林总总的大小势力全都吞下，真正将国人收为家臣，进行一元化改革的，大概只有伊豆、相模和武藏南部地区而已。其余各地的割据势力都只是名义上奉北条氏为盟主，一旦出现了强大的外部压力，立刻就会阵前倒戈。上杉谦信数次关东出阵，这些势力便都在越、相间来回摇摆，为了家族的延续，什么信义、誓约，全都可以弃之不顾。

当时关东地区存活下来的较大势力，除后北条氏外，还有上总的里见、下总的千叶、常陆的佐竹、下野的宇都宫等等。

宇都宫氏来源不详，分支也很多，镰仓初期，家族成员曾担任过丰后守护和下野二荒神社的"检校职"——这是一个神职。到了室町幕府时代，下野宇都宫与佐竹、小山等豪族并称"关东八家"。

室町中期，宇都宫氏和小山氏发生冲突，当主宇都宫基纲在康历二年（公元1380年）的裳原合战中被小山义政所杀。镰仓公方足利氏满下达了义政追讨令，关东八国豪族齐集武藏村冈，以泰山压卵之势击灭了小山义政——是为"小山义政之乱"。

继承战殁的宇都宫基纲为一门总领的乃是其子满纲，满纲无子，以婿养子持纲为嗣，持纲于应永二十九年（公元1422年）因为反对镰仓公方足利持氏而受到征讨，最终身首异处。他的儿子宇都宫等纲时年四岁，被家臣保护着流浪诸国，成年后才回归下野，并于"结城合战"中跟随幕府方大将上杉清方奋战，终于使得家族安稳下来。

不过宇都宫等纲后来与镰仓公方足利成氏不睦，再度遭到讨伐，其子明纲倾向成氏，逼迫父亲退位，自己继承一门总领。明纲传位其弟正纲，正纲迎娶了佐竹家的小姐，生下儿子成纲，这位成纲可谓宇都宫家一代英主。且说宇都宫正纲本为重臣芳贺氏的养子，成纲继位时年仅十五岁，就依靠叔父芳贺高益的辅佐，整顿家臣团，结好佐竹氏和岩城氏，与下野的有力豪族那须氏相对抗，势力大为扩展。

后来佐竹氏、岩城氏与宇都宫氏反目，联合那须氏共同杀入宇都宫领。此时那须氏已经分裂为二，宇都宫成纲就暗中策反了南那须氏，然后于"小川绳钓合战"中大破佐竹、岩城联军，斩首竟达五千级！可惜成纲不久后便去世了，其子忠纲被叔父兴纲所弑，兴纲又于天文五年（公元1536年）被家臣芳贺高经所杀，宇都宫氏就此衰弱下去。

芳贺高经拥立宇都宫兴纲的儿子尚纲为一门总领，尚纲随即又攻灭芳贺高经。天文十八年（公元1549年）十月，宇都宫尚纲出动两千五百兵马进攻"那须七党"的喜连川城，结果遭敌背后突袭，死于战阵之中——宇都宫氏复兴的希望就此彻底破灭了。尚纲的儿子广纲年仅六岁，在芳贺高定的辅佐下勉强维持家业不堕，并且联合上杉谦信，堪堪挡住后北条氏的北侵之势。

对比宇都宫氏，常陆的佐竹氏就要辉煌多了。佐竹氏出于清和源氏，新罗三郎义光初为常陆介，其子孙有世居常陆国久慈郡佐竹乡的，遂以佐竹为苗字。源赖朝曾赐佐竹四郎隆义月丸军扇，被隆义绘上旗帜，这就是佐竹氏的世代家纹——五本骨扇和月丸。足利尊氏开幕，封佐竹氏当主贞义为常陆守护，子孙世袭此职。

南北朝初期，佐竹氏占据常陆国北部地区，将庶子们分散出去，各有所领，拱卫本家。这种庶子虽分有领地，但一门总领对他们不仅仅具有宗家权，还具有宗主权的形式，乃是从诸子析产制向总领继承制转化的一个中间阶段。然而分家在战乱中强盛起来以后，往往反过头来会威胁到本家的一门总领权，类似例子在很多战国大名家族中都有所反映，佐竹氏也不例外。

"观应之扰乱"的时候，佐竹氏的当主名叫义笃，义笃的弟弟师义死于战乱，其子山入佐竹与义成为"京都样扶持众"的一员。所谓"京都样扶持众"，乃是镰仓府辖下各大名送交室町幕府的人质，与义因此和幕府关系亲密，其权势逐渐威胁到了主家的存在。应永十四年（公元1407年），佐竹义笃之子、一门总领佐竹义盛去世，没有子嗣，便迎入关东管领上杉宪定的儿子义人为养子，改名佐竹义宪，这一决定遭到了佐竹与义的坚决反对。佐竹家臣也因此分裂为二，一部分支持义宪，靠拢镰仓府，另一部分则以佐竹与义为中心，靠拢幕府，反对义宪，称为"山入党"。

室町幕府和镰仓府的矛盾日益加深，于是幕府便任命山入佐竹与义为常陆守护。应永二十九年（公元1422年），佐竹义宪联络甲斐武田氏进军镰仓，将佐竹与义杀死在比企谷的自家宅邸中，幕府再封与义之子祐义继为常陆守护。此后相当长一段时间内，佐竹家一分为二，宗家与山入家同样挂着守护职衔。

分裂状况一直延续到永正元年（公元1504年），宗家的佐竹义舜（义宪的曾孙）终于打败山入家佐竹氏义（祐义的曾孙），并且重整家臣团，迈入了战国大名的行列。佐竹义舜把弟弟义言配置在山入地方，称佐竹北家，另一个弟弟政义配置在桧泽、高武地方，称佐竹东家，北、东，以及后来分出的南家（始祖为义舜子义里），共同拱卫宗家的安全。义舜遂被称为"佐竹氏中兴之祖"。

佐竹氏与中常陆的江户氏达成协议，江户氏向南发展，佐竹氏向北发展，势力侵入陆奥国南部和下野国那须郡。永正十三年（公元1516年），佐竹义舜去世，其子德寿丸继位，是为佐竹义笃（和他的祖宗名字相同，类似情况在日本古代家族中并不罕见）。享禄二年（公元1529年），义笃的弟弟义元占据部垂城，联络同族的小场义实、高久义贞等人掀起反旗，这场动乱延续了整整十二年才被镇压下去，称为"部垂十二年之乱"。

佐竹义笃死后，其子义昭继位，年仅十四岁，南义里、北义廉、东义坚三分家交替辅政。其间佐竹氏和江户氏关系恶化，开始爆发战争，一直打到天文二十年（公元1551年），江户氏当主忠通战败，臣服于佐竹氏。弘治三年（公元1557年），佐竹义昭又协助下野宇都宫广纲复位，并将女儿嫁与广纲，达成了与宇都宫的联合。

佐竹义昭既然打败了江户氏，就改北进策略为南进策略，收服宍户氏并且笼络真壁氏。对于佐竹氏势力的扩大，后北条氏当然不能视而不见。永禄三年（公元1560年），佐竹义昭进攻白河结城氏，突然收到古河公方足利义氏送来的议和命令。义昭心里很清楚，此时的古河公方完全是北条氏康操控的傀儡，因而对此一笑置之。

上杉谦信关东出阵，又给佐竹义昭提供了大好机会，他在越后军的帮助下，夺取小田氏的大半领土，又降伏了常陆府中的大掾氏，几乎统一整个常陆国，同时在下野的势力也有稳步扩展。然而就在事业巅峰的时候，英风豪气的佐竹义昭却于永禄八年（公元1565年）去世了，年仅三十五岁。

佐竹义昭的继承人乃是长子义重，是勇名响彻关东的大将，人称"鬼义重"。他多次配合上杉谦信与后北条氏作战，永禄十二年（公元1569年）越相同盟缔结以后，义重被迫将主要进攻矛头重新调整到北线，终于和南下的伊达氏产生严重对立。天正三年（公元1575年），陆奥南部的大名芦名氏断嗣，迎佐竹义重的次子义广为家督，义重本想趁此机会控制芦名氏，却没想到年轻的伊达家督政宗挥兵杀来，一战就灭亡了芦名家，芦名义广恓恓惶惶逃回常陆……

番外篇

日本古代的兵器

日本古代的主战兵器，相当长的时间里是刀，包括短柄的太刀和长柄的薙刀。其实最初常用的是剑，即直身、两面开刃的短兵器——比如三神器之一的草薙剑，倘若有最原初真品的话，就应当是汉式宝剑。后来日本向唐朝学习，引进了唐大刀也即直身刀。平安时代中期以后，直身刀逐渐转化为曲身刀，某些学者认为，这可能是武士们征东的时候，从虾夷人那里学到的新样式——不过按照日本人的传统叫法，仍可称之为剑。

日本刀的种类很多，主要包括胁差、打刀和太刀三种。胁差即单刃短刀，其身较直，一般在战场上仅做自杀和割取敌首级使用，偶尔也用来近身搏斗。打刀就是普通意义上的刀，单刃曲身，佩挂在腰间的时候刀刃向上。太刀也可写作大刀，比打刀更长并且更加弯曲，佩挂在腰间的时候，习惯刀刃向下。此外，还有一种小太刀，其曲如同太刀，其长如同打刀，或者更短，还有一种野太刀，比普通太刀更为长大，多为马上武士所用。

上面所说的那些刀具，不管是单手使用还是双手使用，都有一个共同点，就是柄短于刃。此外，还有一种柄长于刃的刀类武器，称为薙刀。薙就是割草的意思，薙刀是真正意义上的长柄刀，和可称为长刀的打刀、太刀、野太刀之类是不同的。此外，还有被称为"小长刀"的长柄刀，刀刃较薙刀为长，柄、刃长度接近一比一的比例。

古坟时代，一说是平安时代，从中国大陆传来了鉾（即矛），不过它在相当长一段时间内没有被广泛地使用。到了南北朝时代，由于战争规模扩大，步兵战的作用日益显著，矛的变种因为便于训练和使用，逐渐代替了薙刀，成为新一代的主战兵器——这就是"枪"，日文也写作"鑓"。枪的种类很多，主要表现在枪头形状的不同，包括素枪、十文字枪、菊池枪、泽泻枪等等。

日本古代的远射武器，主要为弓和铁砲，很少用弩。日本的弓绝大多数都是单体长弓，竖立时高度超过使用者的肩膀，用竹、藤、木等材料制作弓身，多层固定，但并非复合弓，射程近，精度差。日本箭主要分为征矢和镝矢（响箭）两大类，簇头虽然花样繁多，在远射过程中却并无太大的不同。

铁砲也称为铳，即火绳枪，是在战国中期传入日本的，很快就部分替代了弓箭的作用，成为最有效的远射武器。不过铁砲造价昂贵，近代以前根本不可能完全替代弓箭。

战国群雄概略（二）

所在地	家名	结局
相模国	后北条氏	1590年为丰臣秀吉所灭
	大森氏	1496年为伊势氏（后北条氏）所灭
	扇谷上杉氏	1546年为后北条氏所灭
	三浦氏	1516年为伊势氏（后北条氏）所灭
伊豆国	堀越足利氏	1498年为伊势氏（后北条氏）所灭
武藏国	丰岛氏	1478年为太田道灌所灭
	涩谷氏	1524年为后北条氏所灭
	武藏吉良氏	从属于后北条氏，1590年随后北条灭亡
	立河氏	从属于后北条氏，1590年随后北条灭亡
安房国	里见氏	1613年为江户幕府所改易
上总国	真里谷武田氏	1552年为里见氏所灭
	酒井氏	从属于后北条氏，1590年随后北条灭亡
下总国	葛西大石氏	1538年为后北条氏所灭
	小弓足利氏	1538年为后北条氏所灭
	古河足利氏	1583年绝嗣，为后北条氏彻底吞并
	千叶氏	从属于后北条氏，1590年随后北条灭亡
	国分氏	从属于后北条氏，1590年随后北条灭亡
常陆国	佐竹氏	江户幕府秋田藩
	小田氏	1569年从属于佐竹氏
	江户氏	1590年为佐竹氏所灭
	大掾氏	1590年为佐竹氏所灭
下野国	宇都宫氏	1597年为丰臣秀吉所改易
	壬生氏	从属于后北条氏，1590年随后北条灭亡
	小山氏	从属于后北条氏，1590年随后北条灭亡
	足利长尾氏	从属于后北条氏，1590年随后北条灭亡
	芳贺氏	从属于宇都宫氏，主家遭改易后灭亡
	益子氏	1589年被怀疑里通后北条氏，为丰臣秀吉所灭
	盐谷氏	1590年为丰臣秀吉所改易
上野国	山内上杉氏	1561年为三条长尾氏所继承
	长野氏	1566年为武田氏所灭
	安中氏	从属于后北条氏，1590年随后北条而灭亡
	白井长尾氏	从属于后北条氏，1590年随后北条而灭亡
	内藤氏	从属于后北条氏，1590年随后北条而灭亡
	小幡氏	从属于后北条氏，1590年随后北条而灭亡
	仓贺野氏	从属于后北条氏，1590年随后北条而灭亡

▋三章　风雨濑户内

在日本古代，"中国"一词，并非是"大唐"、"大明"的同义语，而是指日本本州岛西部的山阳、山阴两道。山阳道包括播磨、美作、备前、备中、备后、安艺、周防和长门，山阴道则包括丹波、丹后、但马、因幡、伯耆、出云、石见和隐岐，总共十六国。

大内 VS. 尼子

战国时代，首先称霸中国地区的乃是大内氏，大内政弘在"应仁之乱"中挥师上洛，几乎因此打败东军，声名响彻天下。政弘传子义兴，大内义兴的时代，大内氏开始从守护大名向战国大名转化，随之而来的是家中重臣的不满，以及汹涌而起的下克上风潮。明应四年（公元1495年），大内义兴诛杀了长门守护代内藤弘矩、弘和父子，因为此事，重臣杉武明阴谋废黜义兴，拥立其弟大护院尊光。大内义兴识破阴谋，杉武明自杀，尊光逃到丰后去依附大友氏，改名大内隆弘。

明应八年（公元1499年）十一月，幕府将军足利义尹（义稙）被六角高赖打败，逃到周防国山口城依附大内义兴。等到永正四年（公元1507年），大内义兴终于得着机会，保护义尹将军上洛，并于翌年七月助其复位。

大内义兴在京都住了整整十年，被义尹将军封为管领代，并加封山城守护。就在他离开本领的这段时间里,东方的出云国尼子氏骤然崛起,屡屡进犯大内领土,以争夺中国地区的霸权。

尼子氏出于近江源氏佐佐木氏流,出云和隐岐的守护京极高秀三男高久,领得近江国犬上郡尼子乡,乃以乡名为苗字。京极氏是室町时代的大守护,近畿、中国数州都在它的统治之下。应仁之乱的时候,京极氏的家督乃是京极持清,人称"三朝元老,一大异人",作为东军大将,他一战突入西军近江守护六角氏的居城观音寺城,声威响彻畿内。持清在江州鏖战,无法兼顾遥远的出云,于是派任同族的尼子清贞为出云守护代。

当时,出云国东面的伯耆、西面的石见,都在西军山名氏控制之下,响应山名氏的号召,出云国内的国人领主叛乱不断。尼子清贞经过数年征战,用兵神出鬼没,先后击败百余名有力的国人领主,终于统一了出云东部的能义、意宇、岛根三郡,并且夺得重要战略据点美保关,将居城移至月山富田。

此时西方横田郡的统治者、原美保关代官三泽氏,亦为争夺出云的霸权而开始向东进军。文明二年(公元1470年),三泽氏煽动尼子氏领内爆发一揆,不但被清贞很快镇压,反而进取出云神西和伯耆境松二郡。同年,京极持清去世,由其年幼的孙子继承家督之位。京极氏对出云的控制进一步放松,尼子氏更获得了部分守护权限。不久,幕府正式发布命令,三泽、牛尾、佐世等诸云州国人领主,皆受尼子氏管辖——新的战国大名开始形成。

美保关是与李氏朝鲜王国通商的重要贸易关卡，尼子清贞取得其代官资格，欲用此地积累财富来巩固自己的势力。时在近江的守护京极政高要求尼子氏每年上缴五万疋（合五百贯）的公用钱，这样一来，清贞辛辛苦苦从关税上获得的利益就要被全数剥夺。清贞嫡子又四郎自告奋勇上京，恳求主家将公用钱降至每年一万疋，但他磨破嘴皮还是遭到了拒绝。又四郎回到出云后，一方面为任务未能完成而请罪，另一方面，根据他的所见所闻，禀报说京极氏势力衰退，已不足为惧。

文明七年（公元1475年），尼子清贞仍然只准备了一万疋进献近江，京极政高屡屡催促满额上缴，清贞拒不理会。不久，京极氏内讧，政高丢了守护职，此事也就不了了之。

文明十年（公元1478年）前后，尼子清贞退隐，不久后神秘地去世，由嫡子又四郎继承家督之位，那就是战国史上鼎鼎大名的尼子经久。当时经久才二十出头，出云国内各国人领主动向有异，尼子与主家京极氏又矛盾日益尖锐，各方面皆不看好他的前途。

文明十四年（公元1482年），幕府以尼子经久"段钱不纳、公役无视"为名，下诏责罚。经久急忙搜罗隐岐、出云两国领内，上缴大笔公用钱——他开始领悟到，自己的霸权纯是父亲一人打出来的，而并非自己本身的实力所致。文明十六年（公元1484年），幕府下达了经久追讨令。受清贞压制的各国人领主立刻纷纷反叛，以三泽氏为盟主，三刀屋、朝山、盐冶、古志等西方诸氏举兵直逼尼子居城月山富田。尼子经久战败被追放，忍饥挨冻逃到山林深处，投靠母亲的娘家真木氏。一代战国英雄尼子经久，就在这种穷困窘迫的境况中，开始接受时代的考验！

京极氏新任盐冶扫部介为出云守护代，入主月山富田城。此时，京极氏和六角氏的江州争夺战愈演愈烈，已经陷入无法自拔的泥沼，军费开支巨大，盐冶扫部介被迫在出云国内课征重税，施行暴政，搞得天怒人怨。

隐匿在深山中的尼子经久认为复国时机终于到来了，遂于文明十七年（公元1485年）十月冒雨拜访了同样隐居的旧臣山中勘兵卫，诚恳向对方述说了自己宏伟的志向和夺回居城的决心。勘兵卫被感动得热泪盈眶，于是，他帮助经久召集流散的旧臣，开始谋划复国之策。

他们计划的关键，是要利用月山富田城下的被差别民集团——钵屋贺麻党，对月山富田城发动奇袭。所谓被差别民，俗称未解放民，是指大化改新以后仍旧保留奴籍而未被解放为自由人的贱民。月山富田城下的钵屋中，就居住着被差别民集团贺麻党，他们是以歌舞艺能为生的群体（有点类似吉普赛人）。每年元旦，贺麻党都要进入月山富田城，表演千秋万岁舞——尼子经久决定好好利用这一惯例。

另方面，作为很少与外界来往的独立集团，贺麻党同时还秘密进行武器生产和自我武装，他们本身的战斗力也不可忽视。经过谈判，贺麻党同意成为经久的臂助。

文明十八年（公元1486年）元夜寅时上刻，头戴乌帽子、身披甲胄、外罩素袄的钵屋贺麻党一行，高唱万岁，敲着太鼓，来到了月山富田城下。因为这是每年的惯例，城兵未加详细盘查就放他们进城了。贺麻党中隐藏的尼子经久及其部下一进城就四面放火，然后突然袭击前来救火的城守兵。月山富田城中大乱，盐冶扫部介自杀——就这样，仅仅被追放三年后，尼子经久重新成为月山富田城主，时年二十九岁。

取得月山富田城的尼子经久，开始重新征服出云的战争。此时，摆在他面前的最大障碍，就是威望素著并且实力强大的三泽氏。尼子经久击垮三泽氏的经过，也许经过后人的反复渲染和加工——因为，实在是太过精彩和戏剧化了。

据说，尼子氏复国的第一功臣山中勘兵卫因为顶撞尼子经久，被判死罪，狼狈逃往三泽氏的领地。经久大怒，将勘兵卫的妻子和老母全都下狱牢系。勘兵卫出仕三泽氏，前后两年，忠勤无匹；两年后，他向三泽氏家督为国哭诉经久的残暴，说："请求借给我一支兵马，潜向月山富田，城内有我的故交，里应外合打开城门，就可以救出我的家人，也能给尼子氏以沉重打击。"三泽为国大为感动，将大半兵马交付给他。于是勘兵卫统兵来到富田近边待机，暗中通知尼子经久，经久立将一千兵马来迎，并于敌后安排埋伏，前后夹击，三泽军大败，主力丧尽。不久后，经久又进军包围了三泽氏主城，已经无兵可用的三泽为国被迫出城投降。

三泽氏既已降伏，其他的国人领主，如三刀屋、赤穴等，都被迫先后归降尼子经久。经久很快就重新平定了出云，并开始向外扩张。

就在尼子氏势力逐步扩大的时候，其主家京极氏却已经走到了灭亡的边缘。京极家督政经与其弟高清争夺近江守护职失败，逃到出云，于永正元年（公元1504年）去世。政经死前，把嫡孙吉童子丸托付给尼子经久和多贺经长。吉童子丸尚幼，经久很快就把出云守护的头衔握到了自己手里（一说到其孙晴久的时候，尼子氏才正式得到这一职衔）。

当时西国最大的势力，如前所述，乃是尼子西面的大内义兴。尼子经久在安艺诸豪强的帮助下，逐步扩展势力，欲与大内氏一较短长。永正九年（公元1512年），经久命令备后松永的古志为信牵制大内进军。五年后，趁着大内义兴入京的机会，他亲统大军，从备后山内方面南下；与此呼应，备中新见国经开始向美作进军，伯耆的尼子久幸（经久弟）进军牵制大内方各国人领主，安艺守护代武田元繁从大内氏侧背展开扰乱行动，濑户内海则由杉内氏击破大内水军。

话说那位安艺守护代武田原繁，原本从属于大内氏，并且率军跟随大内义兴上洛，还是义兴恐怕领国不稳，派他回来镇定安艺的。谁料元繁一转眼便倒戈投向了尼子，并因此引出一位将会最终击败大内、尼子，独霸中国地区的少年英雄来……

西国桶狭间

安艺武田氏与甲斐武田氏本为同源，且说南北朝之初，武田信武因为跟随足利尊氏奋战，屡建功勋，遂被封为甲斐、安艺两国守护职，后来他将甲斐守护传于嫡子信成，而将安艺守护传于次子氏信。应安元年（公元1368年），幕府解除了武田氏信的安艺守护职，转封今川贞世，从此安艺武田氏仅能控制以主城佐东银山城为中心的佐东、山县、安南三郡而已——据说仍然挂着守护头衔，是所谓不常设的"分郡守护"。

但是武田氏信四传到了武田信繁（与后来武田信玄的兄弟、典厩信繁同名），信繁的嫡男为武田信荣，因为奉足利义教将军之命诛杀了挂四国守护衔的一色义贯，被封若狭国守护。于是安艺武田的本家就转移去了若狭，留下一个分支，以守护代的身份为宗家（若狭守护家）管理着安艺国内的领土——武田元繁（武田信繁之孙），就是这么一位掌管着安艺国三个郡的守护代。

永正五年（公元1508年），武田元繁跟随大内义兴上洛，七年以后即被义兴派遣回来，以镇定安艺国内的局势，阻止尼子氏向西攻伐。然而元繁才返回佐东银山城，就立刻宣布跟妻子飞鸟井氏（乃权大纳言飞鸟井雅俊之女，大内义兴的养女）离婚，改娶尼子经久之弟久幸的女儿。这等于背弃了挂着安艺守护头衔的大内氏，倒戈投向尼子氏。

武田元繁随即就在尼子氏的支持下，开始了暴雨疾风一般的安艺统一战。大内义兴闻讯，既惊且怒，可是他远在洛中，暂时无法脱身，而本领的军力又不足以一举击垮武田元繁，于是只好号召安艺国内的各路豪族联合起来，帮忙自己牵制住武田的军势。此时安艺国内各方势力，一半跟从了武田，比方说三入高松城的熊谷氏、八木城的香川氏、己斐城的己斐氏等等；还有一半仍然傍着大内，比方说吉田郡山城的毛利氏、小仓山城的吉川氏等等……

永正十四年（公元1517年）十月，武田元繁率领麾下各路兵马，总势五千余众，团团包围住了亲大内方的有田城，随即又遣熊谷、山中、板垣等麾下豪族，总兵力六百骑，攻入敌对的毛利领，前锋直指多治比猿挂城。

多治比猿挂城主乃是毛利氏当主的后见（监护人）多治比元就，闻报急忙遣使向主城吉田郡山城求救。

毛利氏源出镰仓幕府的初代公文所别当，也是著名的兵法家大江广元，广元子季光所领为相模国毛利庄，其后人遂以地名为苗字。建武三年（公元1336年），季光之孙毛利时清成为安艺国吉田庄的地头——这就是小豪族毛利氏的由来。

明应六年（公元1497年），元就诞生在主城吉田郡山城，乃毛利氏当主弘元的次子，小名松寿丸；三年以后，弘元把家督之位传给嫡男兴元，自己带着松寿丸移居去了多治比猿挂城。松寿丸十岁的时候，老爹毛利弘元突得急病死去——据说是酒精中毒——家臣井上元盛将其赶出城去，自己霸占了多治比猿挂城。传说可怜兮兮的少年松寿丸竟无立锥之地，被人戏称为"乞食公子"。

松寿丸的亲生母亲，乃是毛利弘元的正室福原氏，生下他后不久便去世了，弘元又迎娶了高桥氏的杉夫人为继室。这位杉夫人看到松寿丸实在可怜，就把他领到身边抚养，待若己出，后来还特意写信给跟随大内义兴上京的家主毛利兴元，请他允准兄弟元服，指地为氏，定名为多治比元就。永正八年（公元1511年），井上元盛病死，多治比元就终于夺回了父亲传给自己的居城。

永正十三年（公元1516年），兄长毛利兴元也突然死了，照样是因为酒精中毒，享年二十五岁。他传位给年仅二岁的独子幸松丸，于是在杉夫人的支持下，多治比元就便以"后见"的身份实际掌管起了毛利家的军政事务。

然而随即便有急报传来，武田大军来攻，杀到多治比猿挂城下，焚烧民居，以向毛利氏挑战。虽然胜算不大，但若不应战，恐怕领内人心涣散，田地也将多遭践踏，无奈之下，元就只得亲率一百五十骑出城，勉强击退敌军。随即吉田郡山城派来了援军，以其弟相合元纲、重臣桂元澄等统率，总势七百，盟友吉川氏也派遣大将官庄经友带来了三百骑，众将聚在一起商量，敌军既退，咱们追是不追呢？

多治比元就仗着后见的身份，一言拍板："追，不但要追，还正可趁此机会击溃武田主力。否则有田城若被攻陷，我等势力更弱，即便不被武田所灭，也定遭大内的惩罚！"

十月二十二日，毛利、吉川联军开至有田城下，与武田方大将熊谷元直所部展开对峙。熊谷元直乃是安艺国内著名的勇将，当下身先士卒，向联军发起了猛烈的进攻，不料激战之中，突然前额中了流矢，翻身落马，旋即被官庄经友所部斩获了首级。

消息传到本阵，武田元繁勃然大怒，于是留下七百兵马继续围攻有田城，自己亲率主力前来迎战。毛利、吉川联军渡过又打川，攻击武田军正面，有田城中兵马也开城杀出，从后夹击，但终究兵力对比太过悬殊，很快就被武田大军给击退了。

形势危急之际，多治比元就抱着必死的觉悟，亲自来到第一线，高声呼喝，鼓舞人心。在他的鼓动下，联军重新凝聚起来，竟然以少敌多，挡住了汹涌杀来的武田军。恶战之际，胜负的天平突然转向——武田元繁在急渡又打川的时候，竟然也被流矢射中，被毛利军将领井上光政砍取了首级，武田军全面崩溃。

就这就著名的"有田中井手·又打川合战"，其以少胜多的结局，以及舍身突袭的原理，和以后织田信长在桶狭间杀死今川义元差相仿佛，因此又有"西国桶狭间"之称。胜方主将多治比元就也因此从一个籍籍无名的少年，一跃成为安艺国内闻名遐迩的大将。

然而，这只是元就迈出的第一步而已，数年后，毛利幸松丸突然夭折，宗家绝嗣，于是在重臣志道广良等人推举下，多治比元就归宗继位，改名毛利元就——即将成为人称"战国第一智将"的未来的西国霸主。

智将的诞生

"有田中井手·又打川合战"以后，永正十五年（公元1518年），多治比元就进攻备后国赤屋郡，大获全胜；大永元年（公元1521年），因为盟友吉川氏倒向尼子，毛利氏孤立无援，只得也紧随其后，向尼子经久递上降表；大永二年（公元1522年），多治比元就攻克坂城。

这些仗都是在东西两大豪强的授意下发动的，毛利氏的势力并未因此而得到扩张，终究，毛利氏不过是大内东进或尼子西征棋局上一枚小小的棋子罢了。唯一可欣慰的是，元就的勇名从此响彻西国，他在家中的地位也日益稳固下来。到了大永三年（公元1523年），二十七岁的多治比元就面临第一个大的人生转折点。

这一年的四月，元就的长男少辅太郎（隆元）诞生（其母为吉川氏当主国经之女）；六月，尼子兴久开始大规模的安艺侵攻战，毛利氏作为尼子方的附属，也被迫发兵参与。六月十三日，元就和老丈人吉川国经统率四千兵马，向镜山城发起了猛烈进攻。守备镜山城的，乃是再度降服于大内氏的守护武田氏大将藏田房信，元就施巧计说动了房信的叔父作内应，很快便将城池攻克——通过此战，元就开始从一员猛将向奇变百出的智将转化。

七月十五日，毛利幸松丸在吉田郡山城病殁，宗家绝嗣，于是福原广俊、志道广良、桂元澄等重臣召集诸将连署书状，迎接多治比元就归宗，更名毛利元就以继任家督之位。八月十日，元就进入吉田郡山城。

当时毛利氏家臣团分为两派，一派拥立元就，另一派却倾向于元就的异母弟相合元纲。尼子兴久为了可以长时间控制毛利氏，暗中支持元纲派发动政变。第二年年初，元纲派的阴谋终于暴露，首脑日下津城主坂上总介、长见山城主渡边次郎左卫门等均被元就杀死。相合元纲退到船山城，四月，城池被志道广良攻陷，元纲战死。

战国时代，父子兄弟相争的惨剧屡屡发生，并且其背后往往都有他国势力的煽动甚至控制。就连一直被认为感情甚笃的武田晴信、信繁兄弟，也因为第四次川中岛合战时，信繁所在的阵列位置过于偏离本队，而有"被信玄谋杀"的说法出现——虽然并不可靠，但这正是乱世中悲哀而脆弱的人心之表现啊！

且说毛利元就既斩相合元纲，稳定了家族内部，于是在次年三月，再度叛离阴谋策划他兄弟相残的尼子氏，向西投向大内氏的怀抱。六月，元就攻陷贺茂郡米山城，收降豪强天野兴定。享禄三年（公元1530年），元就次男少辅次郎（元春）诞生，三年后，三男德寿丸（隆景）诞生。

就在德寿丸诞生的同一年，毛利元就还收服了与自己有杀父之仇的大将熊谷信直，攻克高松城，并与高田郡五龙城主宍户元源签署和议，次年又商定婚约，将长女五龙姬许嫁于元源之孙隆家——这一系列战斗和政治谋划，却不是为了大内氏或为了尼子氏，而是为了毛利氏本族的发展和昌隆。

暂且放下毛利元就不谈，回来说说尼子经久，他经过与大内氏的长年鏖战，不断收服周边国人、豪族，势力最盛时涵盖山阴、山阳两道十一国，身带八国守护职（其孙晴久则增为十一国守护），人称"阴阳一太守"。然而尼子的最盛期在他手上，衰亡的发端也由他开始。他曾将盐冶的三千贯领地分给三男兴久，兴久贪得无厌，更要求加增家老龟井秀纲的七百贯领地。秀纲听闻此事，在经久面前屡进谗言，尼子兴久惶恐之下，遂于天文元年（公元1532年）揭起叛旗。父子双方在佐陀城交战，兴久战败，重臣米原小平内、龟井利纲等均殁于阵。兴久逃依岳父、甲山城主山内直通，尼子经久派黑正甚兵卫追击包围甲山，迫使兴久自杀。

经此内乱，尼子氏势力衰退，安艺国内的有力国人领主，熊谷、宍户等才会先后被毛利氏怀柔，而山内直通等因怨恨尼子经久杀子的行为，也联络了三吉、多贺山等家族降伏于毛利元就。天文五年（公元1536年），尼子军展开反击，一口气攻克备后、安艺、石见等各处叛反旧领。诸战中，经久嫡孙尼子诠久奋勇当先，甚至突入美作国，掳得大片土地。于是次年，经久便将家督之位让于诠久，自己退居二线——此时经久八十岁，诠久二十四岁。

为什么不传子而要传孙呢？原来在此前的永正十年（公元1513年），尼子经久与嫡子政久一起进攻大原郡阿用城的樱井宗的。因为敌方城池坚固，经久决定采取长期包围的策略。政久恐怕将兵在外，士气疲惫，遂每夜在城下吹笛，此事被樱井宗的探知，事先准备好大弓，某夜引弓一发，正中政久咽喉，尼子政久当场毙命，年仅二十六岁——后来武田信玄夜听吹笛被铁砲所伤的传说，怀疑即此事的附会。

嫡子政久之死，使尼子经久悲恸不已，故此他最终决定将家督之位传给豪勇的嫡孙尼子诠久（后改名晴久）。晴久即位之初，便从大内氏手里夺回石见银山城，随即击破播磨守护赤松政村，并将之放逐，又攻克别所就治的三木城，所向披靡。天文八年（公元1539年），尼子晴久计划讨伐重归大内的毛利氏，他不顾诸将反对，准备倾重兵杀向安艺吉田郡山城。叔祖尼子久幸急忙跑去和病榻上的经久商议，经久唤来晴久责问，但晴久却用"臆病野洲（久幸的通称为下野守）"这样一句话就冷冷地顶了回去。

天文九年（公元1540年），尼子方大将尼子国久统率三千兵马，通过备后入侵安艺，但在犬饲平战役中遭到宍户一族的顽强抵抗而败退。尼子晴久斥退国久，自为统帅，进攻安艺的毛利领。他命久幸、国久等一门众，召集云、石、耆、幡、作、备中诸国共三万大军，几乎倾巢而出，誓将毛利氏一举踏平。

毛利元就得报，急忙聚集兵马，有众八千，准备凭坚固守，同时派遣使者向大内氏求救。九月六日，尼子军杀入石州口，放火烧尽了城下町，随即包围毛利氏的主城吉田郡山。十二日在大田口方向展开激战，尼子方本城信浓守、高桥元纲战殁。二十三日，尼子晴久中了元就的反间计，放弃要害风越山，而将本阵转移到青山、三塚山一线。

大内氏发兵救援安艺，二十六日，尼子侍大将汤原宗纲为先阵攻击大内军，遭到毛利军出城夹击而惨败。宗纲丧生，留下"腹切岩"的古迹。

眼看形势不妙，十月十一日，尼子晴久以一门众诚久为先锋，向吉田郡山城发起总攻。毛利元就放弃笼城，出兵在土取桥与敌决战。双方正在激斗之时，元就又出奇计，伏兵蜂起，尼子军几近崩溃，大将三泽为幸等为保护尼子晴久而当场战死。晴久被迫后撤，战局再度陷入胶着状态。十二月三日，大内氏名将陶隆房率领援军一万前来相助，笼城方士气更为高涨。

翌年正月三日，最终决战开始了，毛利、大内联军反复突入，火烧尼子军的阵屋。十三日，联军猛将吉川兴经统率三千兵马奇袭驻扎在长尾地方的尼子军阵，守将高尾丰前守战死，黑正甚兵卫亡命奔逃。陶隆房趁着尼子诸军前往救援长尾的机会，突袭尼子本阵。尼子晴久已经做好了战死的觉悟，多亏叔祖下野守（就是被晴久斥骂为"臆病野洲"和

"尼子比丘尼"的尼子久幸）的苦谏才被迫撤离。久幸欣慰地看着主君安全离去，然后率领深野房重等十数骑直冲陶军，最终力竭而亡。久幸用兵谨慎，也有"避战将军"之名，素来被晴久等年轻武士目为胆怯——战阵之上，何者为勇，何者为怯，尼子晴久就算现在明白过来，也已经为时太晚了……

尼子败兵在寒冬的深雪中一路败逃，尼子久幸的首级也无人再能捡回。毛利、大内联军趁胜扫荡整个安艺，臣从于尼子氏的各国人领主纷纷败亡。病榻上的尼子经久闻听败讯，终于再也支撑不住了——他殁于是年十一月十三日，享年八十四岁，和父亲清贞同葬于洞光寺中。

尼子大军败退，毛利元就乘胜追击，攻克佐东银山，城主武田信实逃往出云——一直夹在大内、尼子两个大家族中间左右摇摆的安艺守护代武田家至此灭亡。

百万一心

尼子经久去世之时，大内氏的当主已经换上了大内义兴之子大内义隆——义兴死于享禄元年（公元1528年），享年五十二岁。

如前所述，天文十年（公元1541年），尼子晴久在吉田郡山城下大败而归，尼子的势力就此衰退。第二年，也即甲斐的武田晴信吞并诹访的同一年，重臣、周防国守护代陶隆房鼓动大内义隆远征出云，一举扫平尼子残党。大内方总兵力一万五千，包括毛利、小早川、吉川等安艺豪族，浩浩荡荡向东方杀去。然而大军行进迟缓，三月集中于石见，七月才攻克赤穴光清的赤穴城。十一月，风雪大作，大内义隆将本阵设在马泻的正久寺，而毛利元就父子则在白泻地方安营过冬。

次年二月，冰雪融化，大军继续前进，大内义隆本阵向经罗木山移动，毛利元就父子直取尼子方主城月山富田城，进出要隘菅谷口，并在莲池绳手地方击破尼子军。

对应大内氏的进攻，已经无力反击的尼子氏遂开始采取分化瓦解策略。四月末，大内方的数家强力豪族，包括三泽、三刀屋、本城等，甚至还有毛利元就的外甥吉川兴经，都一起背叛大内家，而将军队开入月山富田城，协助尼子势防守。眼看双方的胜负天平突然倒转，大内义隆无奈，只得仓皇撤军。尼子军于后掩杀，大内军大败亏输，而只有经石见路归国的毛利元就因为防护得当，未受大损，安然撤回居城吉田郡山。

三年内两次大战，进攻方全都铩羽而归，损失惨重，夹在两大势力间的毛利氏反倒趁机稳步壮大起来。

毛利元就在接任家督之初，就花费很大工夫重筑居城吉田郡山，把它作为控制整个安艺国的根据地。如今在郡山遗址上仍然矗立着一块石碑，上刻筑城时候作为口号的四个字——"百万一心"。其中，百字缺少横下一撇，而万字为简写，下方的折画出头，从上往下，其实应该读作"一日一力一心"。这个口号，很好说明了毛利氏崛起的最大秘诀，那便是主从之间团结一心，共同奋斗。

从大永三年到天文五年，整整十四年的时间，毛利元就终于在安艺国内站稳了脚跟，成为东西方两大势力都绝不敢轻视的强大地方力量。时机到了，该是雄鹰展翅高飞的时候了。天文四年（公元1535年），元就把尚未元服的长男隆元送到大内家做人质，获得了西方势力的全力支持。

就在这种背景下，发生了上文所述的尼子氏西侵的吉田郡山城合战和大内氏东征的月山富田城合战，毛利元就趁机攻灭安艺守护代武田氏，将势力扩展到安艺国西部。

且说大内军在月山富田城下撤兵的时候，沼田城主小早川正平在鸥巢川与追兵恶战，大败自杀。小早川家与濑户内海贼众关系很好，本身也拥有强大的水军力，正拼命寻求陆地上的强力靠山。经过反复协商，天文十三年（公元1544年）十一月，毛利元就三子德寿丸作为小早川分家兴景（毛利兴元的女婿）的继承人，更名小早川隆景，进入竹田城，并于六年后迎娶小早川正平之女，正式继承沼田小早川本家。

安艺豪强吉川氏和毛利氏数代姻亲，但是吉川兴经却在富田城下倒向尼子氏，与大内、毛利联军交战，此事在战后引发了吉川家内部的分裂。在毛利元就的暗中策划下，元就次子少辅次郎最终成为吉川家的养子和继承人，改名吉川元春。天文十六年（公元1547年）八月，兴经退隐布川，元春正式成为吉川家当主。

这就是所谓的"两川体制"，由吉川和小早川两翼辅弼，毛利氏这只西国雄鹰，就可以放胆展翅高飞了。曾经有过这样一个传说——某日，毛利元就将三个儿子都召唤到身边，要他们一人折断一支箭，三子很轻松就完成了；接着，元就把三支箭合在一起递给他们，结果就连最武勇的吉川元春也无能为力。元就趁机讲明了团结一心的道理，果然三子联合一体，把毛利家推到了光辉的顶点。

类似传说，中国各时代各民族中层出不穷（比如吐谷浑王阿柴的故事），因此也难以考证，究竟是毛利元就抄的中国故事呢，还是根本就是编这个传说的人抄的中国故事。笔者倒是更喜欢黑泽明电影《乱》中的情节，那是一部把毛利家"三矢之誓"的故事和莎剧《李尔王》相结合的虚构影片——片中的老头子一文字信虎也是拿了三支箭交给三个儿子去试折，老大、老二装模作样摆摆架势，都无法成功，老三却抬起腿，轻松地就把三支箭在膝盖上折断了，把老头子事先准备好的一肚子团结道理给硬生生憋了回去……

天文十五年（公元1546年），五十岁的毛利元就让位给刚被大内家放回来的人质——长男隆元，自己退居二线。名为退隐，其实元就仍然掌握着家中的主导权力。

为了进一步密切自己与大内氏的联系，三年后，毛利元就派遣吉川元春、小早川隆景二人出使山口，觐见大内义隆。期间，元春和大内氏重臣陶隆房结为兄弟，并商定为毛利隆元迎娶义隆的养女（内藤兴盛之女）。不久后，大内和毛利联军就攻入备后，神边城主山名理兴逃走出云。

第二年，眼看外交形势一片大好的毛利元就，开始整顿家族内部事务。二月，吉川元春正式进入吉川氏主城新庄小仓山；七月，诛杀叛臣井上元兼一门，并以此为契机，要求福元贞俊以下家中武士二百三十八人递交血书，宣誓效忠；九月，奇袭布川，杀死吉川兴经父子；同月，小早川隆景继承沼田小早川本家……

毛利元就严密了家中的等级秩序，由亲信到谱代到外样再到土豪，层层辖制，构筑了牢固的封建家族体制。这点，从每年元旦庆贺的日程安排就可以很清楚地看出来：元日，身份较低但就侍奉于元就身边的御马屋方众（俗称马迴众）一起向元就朝拜献礼；二日开始，一族众（包括一门众和谱代众）和外样众（包括被称为一户众或一所众的各地土豪）登城朝贺，一直延续五到六天；八日为寺家众；九日为佐东（佐东银山）众；十日为国众（独立势力）。

就这样，毛利元就整顿了家臣团，强化了一元统治，积聚了实力，终于迎来了弘治元年（公元1555年）改变历史的"严岛合战"。

毛利元就的谋略

大内氏的全盛时期即为大内义隆统治时期，不过这也是由盛转衰的重要关头。大内义隆幼名龟童丸，继位时领有周防、长门、石见、丰前、筑前、备后、安艺七国守护职，同时垄断了对明朝的勘合贸易，国家富庶，兵马众多。他是一位著名的艺术家和文化保护者——当然，换句话说，不是能够长久生存于战国乱世的雄杰。

天文四年（公元1535年），后奈良天皇即位，大内义隆献上大量礼金，换得太宰大贰的官职，成为殿上人，从此开始接触朝廷公卿，并且迷上了京都的贵族文化。由于连年战乱和朝廷入不敷出，大批公卿流落地方，当时公卿受到非常优待的地方共有三处，即大内氏的山口城、今川氏的骏府城和朝仓氏的一之谷城。而作为贵族文化最后分支的大内文化、今川文化和朝仓文化，也因此而繁荣兴旺。

大内义隆先后娶了万里小路秀房之女贞子和小槻伊治之女、广桥兼秀之女，受这些贵族小姐的感染，生活日益奢靡腐化，国政都掌握在重臣相良武任的手中。然而其实大内家重臣的笔头（指首席）乃是陶氏，陶氏同时也是周防国的守护代，当主陶隆房英勇果敢，忠诚勤恳，声望日隆。因为相良武任的专权，隆房与之对立，屡谏大内义隆亲贤臣远小人而没有结果，痛悔之后，终于发了狠心。

天文二十年（公元1551年），陶隆房在居城、周防的富田若山举兵，迅速攻入山口城，杀死相良武任，放逐了大内义隆。义隆行至深川大宁寺时更被迫自刃——巨山一样的大内家族，骤然间便垮了下来，顷刻间烟消云散……这是战国时代，守护代下克上的典型例证。

陶隆房的叛反理论是"天の与へをとらざれば、還つてその科を受く"（出自我国古语：天予不取，反受其祸），他利用这种天道思想使自己的行为正当化。但是隆房并未彻底灭亡大内家族，他迎来丰后大名大友宗麟之弟晴英（大内义兴的外孙）继承大内氏，更名大内义长。陶隆房也拜领晴英的"晴"字，改名为陶晴贤。

但是，陶晴贤仅仅能够制压防、长、丰、筑四国，而毛利元就不但统一了安艺国，还趁机将势力伸入石见和备后，以为大内义隆复仇为名，拒绝陶氏的支配，而石见的吉见正赖也反感陶晴贤的弑主行为，向毛利氏请求增援。此时，中国地区东部的霸主尼子氏衰微，国人暴乱不断，没有后顾之忧的毛利元就趁机挥军西进，攻克佐东银山、草津、樱尾诸城，占领了号称神岛的严岛。

据说大内义兴死前曾有遗言："安艺的元就，要将其牢牢掌握为部下，否则不堪设想。"终于，义兴的谶言变成了现实——战鼓就要擂响，继尼子之后，大内也将成为毛利元就的鞋底之泥……

但在西战陶氏之前，毛利元就还必须先把眼光转向东面，遏阻尼子氏趁火打劫的妄想。元就派出大批间谍在月山富田城下散布谣言，说"新宫党"内通吉川氏，有反叛之心。尼子晴久虽非无能之辈，但玩谋略哪里是毛利元就的对手？他果然上当，自毁长城，杀死了"新宫党"的尼子国久父子。

所谓"新宫党"，是以尼子晴久叔父国久为首的一门众集团。国久有子丰久、诚久、敬久、与四郎；丰久已经战死，诚久有子氏久、常久、吉久、弥四郎、胜久（助四郎），这是战斗力非常强悍的一大分家。"新宫党"的覆灭，使得尼子氏复兴的最后一点希望也在寒风中烟消云散了。

暂时消弭了背后的威胁，毛利元就遂将矛头指向西方的陶氏。他故伎重施，伪造了与陶氏重臣江良房荣的来往信件，信中对陶晴贤弑主之举表示了极大的不满。陶晴贤截获这些信件后，果然中计，派弘中隆兼杀死了可称为自己左膀右臂的江良房荣。毛利元就得知此讯后，立刻以救援石见国的吉见氏为名发兵西进，杀至严岛。

严岛又称宫岛，是个周长30.9公里，面积仅30.17平方公里的小岛，距离对岸、西安艺的大野也才不过1.8公里而已。昔日平家曾在这里修建了严岛神社，此岛遂以社名。

弘治元年（公元1555年）春，毛利元就派兵在严岛西北部的有之浦（又名宫尾地）筑城。对应元就的策略，陶晴贤亲率大军两万五千（一说为三万），在折敷畑合战中受挫后，南下直扑严岛。当时毛利元就可以动员的兵马不过四千而已，如果正面与敌冲突，肯定是必败无疑。

于是，毛利元就开始计划奇袭的妙策，布置陷阱，等待陶氏上钩。他命令宫尾的中村二郎左卫门做好笼城准备，派已斐丰后和新里宫内少辅五百兵往援。宫尾筑城已经完成了，可是对外却宣称失败，同时，毛利氏的宿老桂元澄还施反间计暗通陶晴贤。通过这种种策略，促使陶氏大军立刻登陆严岛，踏入早已布设好的陷阱……

运数天定

九月二十一日，陶军两万余，乘坐五百艘战船，从周防的室木滨驶向严岛，翌日清晨于严岛大元浦登陆。陶军的先阵是三浦房清，上陆后进驻距离宫尾城很近的塔之冈，利用神社布下本阵。第二阵布置在钟撞堂山和大圣院、十王堂附近，第三阵为陶晴贤本阵，布设在弥山、驹之林的山岳地带。

已将本阵由吉田郡山移往佐东银山的毛利元就得知陶军登陆严岛，不由得高呼快哉，立刻下令由宍户隆家留守郡山，而亲率两个儿子——

毛利隆元、吉川元春，九月二十四日从佐东银山城出发。于路，熊谷、平贺、天野等安艺诸国人领主纷纷赶来会合，军势增加到三千五百。毛利军行至草津地方，更与小早川隆景军合流，总势四千。

陶和毛利，双方陆军比为一比五，但是水军比却没有那样悬殊。毛利氏的直属水军儿玉就方部、小早川的沼田水军乃美宗胜部，总计有战船一百二十艘。此外，还要加上已与沼田众谈妥，作为助势的因岛村上水军，总舰数达到敌方的半数以上。

此时，宫尾城下的激战已经到了最紧要的关头。城兵英勇奋战，数次打退陶氏优势兵力的进攻，但是，终究兵力太过悬殊，落城只是时间问题罢了。九月二十六日，毛利元就于草津增派大将熊谷信直前往增援宫尾城，城兵得讯，士气重振。

然而实际上，宫尾城只是钓鱼的饵食而已，毛利元就真正的目的是奇袭陶晴贤本阵，一举将其击溃。为了达到这个目的，首先就要用优势的水军封锁严岛海面，以避免敌军逃亡。元就寄希望来补充水军力的，乃是因岛村上势的同族能岛和来岛两村上氏，此两村上氏的水军力非常强大，称为"冲家水军"。元就虽然早就派乃美宗胜前往恳请来岛通康援助，但是冲家水军答复含糊，向背不明。

九月二十六日，毛利元就传信给小早川隆景：速命沼田水军前来草津冲参战——战局不可再拖，他已经舍弃对冲家水军前来助战的希望了。

九月二十八日，毛利元就将本阵移往地御前和火立山一线，派遣沼田水军和川内众增援宫内城。当晚，突然三百艘打着白底"上"文字旗印的战船顺潮北上，出现在宫尾城附近海域——这正是冲家水军，曙光就此笼罩在毛利氏一方。

来岛通康只答应乃美宗胜一日的助势，"只有一天，战满一日我们就要从宫岛离开。"然而，仅此一日也已经足够了。

九月三十日，毛利元就本阵进至火立山附近的海岸边，后来此处就被称作"运胜之鼻"。在渡海前往严岛的时候，正逢暴风雨大作，元就命令："仅我本船点火为记，各船跟进，喊声和橹拍子等一概禁止！"他还激励士气说："暴风雨乃是上天加护，趁着敌人疏忽之机一举将其击破，不要放一人逃走！"

夜间戌亥之交时，毛利元就冲破逆风，在包之浦登陆，亥时，全军都登上了严岛。元就准备在第二日天明前就翻越博奕尾峰，直袭陶氏的前军本阵塔之冈。

十月一日天色未明，毛利元就本队已经在博奕峰顶待机，瞄准了塔之冈敌阵的右侧背面。毛利隆元统率主力军，先阵是吉川元春，二番是小早川隆景率领的水军势，从宫岛冲的大野和玖波方面迂回，与宫尾城的守兵相配合，冲击陶军的本阵。三番队由能岛的村上武吉指挥，以所有冲家水军兵力警戒海面，击破企图从海上增援严岛的陶氏水军，并切断敌人的退路。

黑夜中敌我不明，小早川氏的二番队水军竟然侵入了陶军警护船团的正面。大将乃美宗胜心生一计，叫属下高呼："我等乃筑前加势，宗像、秋月、千手等联军，特来谒见陶殿下！"竟然得以蒙混过关。

卯时，太鼓齐鸣，毛利元就下达了突击命令，两千兵马直冲陶军本阵。变起仓促，陶军狼狈不堪，陶晴贤急命回身向山顶进攻，反而引发更大的混乱。此时，混过敌军防线登陆的小早川军从正面向塔之冈发起冲锋，宫尾守军也开城杀出，腹背受敌的陶军很快就处于崩溃边缘。

此时海面上的冲家水军，以能岛的村上武吉为总帅，分三番进攻敌水军势。第一番先以乱箭开道，穿插分割敌阵；第二番用火箭驱敌；第三番以秘传的火药烧毁敌船，最后才是武者船的白刃相攻。陶氏水军的混乱凄惨程度，比之陆地战场实在有过之而无不及。

战至午后一时，陶军终于全面崩溃。此战毛利元就所以能够取胜，很大一点因素，与其后的桶狭间合战非常相似，那就是：因为地形的狭窄，陶氏两万陆军无法铺开，人数众多不但不成其为优势，反而直接成为混乱的源泉。

其实严岛合战中，最激烈的战斗发生在泷之小路一带。当时，陶将弘中隆包与其子中务丞率五百本部兵马迂回到此处，企图从侧背攻击毛利军本阵，遭到吉川元春的安艺新庄势之邀击。恶战正酣，突然从侧面的柳小路方向又出现了陶势三百人，吉川元春堕入穷地，几乎全灭，多亏熊谷、天野等军及时赶来救援，才终于摆脱了危机。

弘中父子被迫后退，为了阻遏毛利军的追击，他们点燃了泷之小路附近的民家，然后逃往大圣院方向。火势蔓延，绚丽的严岛神社几乎毁于一炬。吉川元春命令停止追击，先扑灭神社的大火，他的这一举措，受到了当时和后世的一致好评。

另一方面,毛利隆元也正面对陶军五百兵马的垂死抵抗,他亲自抬枪上阵,杀得敌军望风披靡。见此情景,陶晴贤心知扭转战局无望,万念俱灰,准备冲入敌阵赴死,被大将三浦房清所劝阻。二人急奔大元浦,希望找到一艘小船,可以回归防长,再图后举。

小早川隆景于后一路追杀,在大元谷杀死了殿后的三浦房清。不久后,陶晴贤来到海边,但见波涛汹涌,青天无垠,更无一片帆影。如是下将,此时或者隐匿或者投降,但身为一代名将的陶晴贤,但觉人生一梦,他再有何面目生存于天地之间,更何面目回见房长的父老?"何惜何恨,运数天定。"——吟罢辞世之句,陶晴贤遂于海边切腹自杀,享年仅三十五岁。

此战仅止一日,陶军阵亡四千七百八十余人。与战国另两场著名的奇袭战不同的是,陶晴贤乃善战名将,非今川义元可比,更比上杉宪政之流高出不知凡几,一时疏忽,致此大败,可不叹欤!毛利元就所以被称为"濑户内的智将",也的确实至名归。

弘中隆包父子尚不知陶晴贤死讯,先在多宝塔附近等待战局的转机,后于驹之林的龙马场顽强抵抗汹涌而来的毛利势。虽然号称陶军的精锐,但是在缺乏粮草、食水和替补人员的情况下,更毫无休息机会地长时间作战,终于全军覆没。最后,弘中隆包自杀性地向敌将挑战,因为饥渴疲累而被当场讨取——这已经是十月三日、陶晴贤死后的第三天了。

两年以后,毛利元就最后攻克长门胜山城,大内义长自杀,大内氏就此灭亡。

番外篇

战场上的标识物

日本古代战斗时区分敌我和不同部队的标识物，与世界各国相同，主要为军旗。传说军旗最早出现在源平合战中，源氏白旗、平氏赤旗，用以标识敌我双方，后世常把家纹绘上军旗。然而，作为战役指挥的旗帜，并非仅仅家纹旗一种而已。

比如武田信玄，在其本阵往往树立多面军旗，包括代表源氏的白旗，代表武田氏的白底或红底割菱家纹旗和红底九花菱家纹旗，代表信玄自己的蓝底或黑底金字"孙子四如真言"（疾如风、徐如林、侵略如火、不动如山）之旗和御旗（上绘日轮，中以条隔，下绘割菱），此外，还有诹访明神旗、胜军地藏旗、八幡菩萨旗等等。

再比如上杉谦信，以长尾为苗字的时候，军旗上绘长尾九曜纹，继承山内上杉家后，军旗上绘上杉竹雀（又名上杉笹）纹，此外，还有天赐御旗（深色底红日轮）、刀八毗沙门之旗（白底，上书一个黑色的上下结构的"毗"字）。传说当上杉谦信发动总攻击的时候，本阵就会立起"乱龙之旗"作为信号，这是一面白底、上写草书黑字"龙"的军旗。

朝仓氏的家纹为四瓣三木瓜，但朝仓义景有单绘一木瓜的军旗；斋藤氏的家纹为抚子，但斋藤道三另有立浪纹旗；今川氏的家纹为二引两，也受赐可以使用桐纹，但今川义元另有赤鸟纹旗——某些情况下，是一家多纹，某些情况下，则是某位家督个人所好。

除军旗外，日本古代还有两种特别的标识物，即马印和指物。所谓马印，乃是大将位置的标记，可以是旗，也可以是高杆上挑着别的什么惹眼的物件。比如伊达政宗的马印为"黑之二段乌毛笠"，杆顶扎一丛金色羽毛，下面附两顶黑色羽毛编成的斗笠；丹羽长秀的马印为"枝弦竹上金之短册"，杆顶扎着竹枝，每个分岔上都系挂着很多金色的长条形纸片；织田信长的马印为"金伞"；丰臣秀吉的马印为"金瓢箪"（金葫芦）等等。

所谓指物，即武士背上所插的靠旗，一般为单面，呈方形、1：2或1：4的长方形，书写姓名或绘制家纹。此外，也有部分特殊编列的武士会佩戴特殊的指物（有可能两面或多面），比如武田信玄的使番（传令兵）所背负的红底白蜈蚣靠旗，德川家康的使番所背负的黑底白"五"字旗，诸如此类。

战国群雄概略（三）

所在地	家名	结局
周防国	大内氏	1555年为毛利氏所灭
	陶氏	从属于大内氏，1555年随大内灭亡
	野上氏	从属于大内氏，1555年随大内灭亡
	弘中氏	从属于大内氏，1555年随大内灭亡
长门国	杉氏	从属于大内氏，1555年随大内灭亡
	益田氏	原属大内氏，1557年降于毛利氏
石见国	石见吉见氏	原属大内氏，1555年严岛合战前归从毛利氏
安艺国	毛利氏	江户幕府长州藩
	高桥氏	1529年为大内氏、毛利氏所灭
	武田氏	1540年为大内氏、毛利氏所灭
	来栖氏	1541年为大内氏所灭
	白井氏	1554年为毛利氏所灭
	大野氏	1555年为毛利氏所灭
	吉川氏	1547年为毛利氏所篡夺
	小早川氏	1550年为毛利氏所篡夺
出云国	尼子氏	1566年为毛利氏所灭
因幡国	三上氏	1581年为羽柴秀吉所灭
	因幡吉见氏	1581年为羽柴秀吉所灭
伯耆国	南条氏	先后从属于山名氏、尼子氏、毛利氏、织田氏，1600年关原合战后遭改易
	小鸭氏	先后从属于山名氏、尼子氏，后为南条氏所继承
备后国	三岛村上氏	分因岛、能岛、来岛三家，皆于1582年从属于毛利氏
	江田氏	1553年为毛利氏所灭

四章　霸主之路

织田信长起家的尾张国，位于东海道，除镰仓府掌管的甲斐和南关东七国外，其东面有骏河、远江、三河，西面还有伊势和伊贺。信长的征途，即从击败骏、远、三的三国大名今川义元开始，亦可说由结盟西三河小领主德川家康开始……

东海道的巨人

最终结束狭义的战国时代的织田信长，其成名之战乃是对敌今川义元的"桶狭间合战"，这场仗和北条氏康对敌关东两上杉氏的"河越夜战"，以及毛利元就对敌陶晴贤的"严岛合战"，并称为战国"三大奇袭战"。

然而事实上，桶狭间合战与另两场战役虽有颇多相似之处，也存在着根本性的不同。无论"河越夜战"还是"严岛合战"，几乎每个细节都可见北条氏康或毛利元就谋划之巧妙，确实是精心策划的以少胜多的奇袭作战。然而织田信长大破今川义元的"桶狭间合战"，剖开后人添加的重重迷雾和光环，删去后人神话信长的种种无稽细节，却更像是一场撞大运的赌博。

"桶狭间之战"，其实是一场临时起意的突袭战，而不能称之为策划已久的奇袭战。

在此必须详细介绍一下失败一方的今川氏。且说源的八幡太郎义家有个玄孙名叫足利义氏，足利义氏五传就是足利尊氏，而义氏另有子长氏受封三河吉良、今川两个庄园，长氏便是吉良氏的始祖，其养子国氏便是今川氏的始祖，称为今川太郎。

因此今川氏本是足利氏的同族，足利尊氏起兵叛乱的时候，今川氏家督基氏率领四个儿子跟随尊氏征战疆场，其五男今川范国受封骏河、远江两国守护职、嫡孙今川赖贞受封因幡、但马、丹后三国守护职，也算是室町时代少有的名门了。

此后骏河今川氏逐渐繁盛起来，得到了一门总领权，今川范国五传到今川义忠，赶上了"应仁之乱"。义忠本在京都担任将军足利义政的护卫，大乱初起，他逃归骏河，随即就应细川胜元和伊势贞亲的邀请加入了东军。

当时统治骏河西面远江国的，乃是西军的斯波氏，阵营既然不同，今川义忠于是名正言顺地向远江发起进攻。位于远江国东部，与骏河相接壤的，是横地、胜间田这两家国人领主的领地，今川义忠大破横地和胜间田，但在凯旋回骏府的途中，却被敌方残党的流矢射中，于文明八年（公元1476年）四月，死于远江盐买坂。

今川义忠横死的时候，其子龙王丸只有六岁，三浦、庵原、朝比奈等重臣遂推举今川一族的小鹿范满暂时摄位。龙王丸成长到十七岁以后，元服改称今川氏亲，理当正式继任家督之位，然而小鹿范满却故意拖延，不肯让权。长享元年（公元1487年），今川氏亲的重臣、也是亲舅舅伊势盛时领兵突袭骏府,杀死了小鹿范满,整顿家中秩序,氏亲这才得以在舅父的扶持下登上一门总领宝座。

——这位伊势盛时,前文说过,后世被称为"北条早云",乃是相模战国大名后北条氏的初代家督。

明应三年(公元1494年),今川氏亲继承其父的遗志,开始进攻远江国,并于文龟元年(公元1501年)击败远江守护斯波氏和信浓守护小笠原氏的联合军。永正五年(公元1508年),今川氏亲收降斯波氏,正式兼领远江守护。

今川氏亲可谓是奠定东海道巨人今川氏根基的一代英主。对外,他支持舅父伊势盛时征战关东,自己吞并了远江,并将势力伸入更西面的三河国和尾张国;对内,他在领内检地,加强了一元化统治,并且拟定分国法《今川假名目录》。就这样,骏河国今川氏安全而成功地从守护大名转化为战国大名。

战国时代很多大名都喜欢使用"书判",即印章,如今川义元有"如律令"印、"义元"印、"承芳"印,织田信长有"天下布武"印,北条氏有虎纹印,武田家有龙纹印等等——始作俑者,就是今川氏亲。氏亲用印是武家第一号,用朱印也是武家第一号,印文莫名其妙,不知所云,大概也是第一号,老婆寿桂尼也用印("归"),恐怕也是第一号。

战国时代,很多国家都发现了金山或者银山,于是领主就将之国有化,成为财政的主要来源,如武田有甲州黑川、中山两座金山,今川有安倍梅的岛金山,北条有伊豆的金山,上杉有佐渡的鹤子银山等等。在战阵上，许多将领从掘金掘银上得到启发，用"金山众"掘通敌方的城墙，或者掘断敌方的水源，获得了很大成功。而考究这一毒计的老祖宗，又是今川氏亲。

永正十三年（公元1516年），今川氏亲进攻远江的引间城，守将大河内备中守贞纲抵抗得非常顽强，让今川军难以得手。于是氏亲调来了挖掘骏河安倍山金矿的"金山众"，掘断了引间城的水源，使得城池不攻自破，大河内氏父子兄弟死的死、囚的囚，今川军得获全胜。今川氏亲之奇谋秘计，由此可见一斑。

今川家历代文化修养都很高，尤以氏亲为首，他是诗歌大师饭尾宗长的入室弟子。据说当伊势盛时参加武藏立河原之战、关东出阵的时候，氏亲和宗长一起连了千句和歌为他送行和祈福。那时候是后北条氏与今川氏的蜜月时期，氏亲发兵支持盛时关东转战，盛时也帮助氏亲攻略三河，外甥和舅舅亲密得不得了。

今川氏亲殁于大永六年（公元1526年），他有六个儿子：长子氏辉英明果断，继承一门总领之位，可惜年仅二十四岁就病逝了；次子彦五郎同日去世；三子玄广惠探、四子泉奘、五子栴岳承芳（即其后的今川义元），都出家做了和尚；六子氏丰。

咱们先放下"东海道第一将"今川义元，说说倒霉的今川氏丰。本来末子出家为僧是战国时代的通例（譬如长尾景虎），这是为了保证长子所继承的一门总领权不受威胁，同时也防备万一战败，在远离战场的寺院中还能有血脉留存下来。然而今川家两个中间的儿子都当了和尚，偏偏身为末子的氏丰，年仅四岁就被派到尾张去做那古野城主，老爹氏亲还给他娶了尾张守护斯波义统的妹妹做老婆，风光无限。然而这位今川氏丰仅从父亲那里继承了对诗歌的爱好，而毫无治国之能。某日，他邀请尾张海东郡胜幡城的城主织田信秀来参加连歌会，信秀不但一口答应，还随手带了大批间谍进城捣乱，于是那古野城不战而落，成为胜幡织田氏统一尾张国的根据地。

花仓之乱

今川氏辉继位时年仅十四岁，家中事务都由其母寿桂尼辅佐处理。天文五年（公元1536年）三月十七日，莫名其妙地，尚无子嗣的氏辉及其兄弟，同时也是第一顺位继承人彦五郎竟然同日暴毙，于是家臣们只好聚在一起会商，打算迎其出家为僧的兄弟们还俗，继承家督之位。

当时有两名备选：一是年龄较长，但由今川氏亲侧氏福岛氏所生的花仓院遍照光寺的主持玄广惠探；二是年纪较轻，但由氏亲正室中御门氏寿桂尼所生的善得寺的栴岳承芳。

如前所述，寿桂尼巾帼不让须眉，在今川家中具备相当大的发言权，于是她便与栴岳承芳的师父雪斋和尚联起手来，主导了家中舆论，抢先拥戴栴岳承芳继了位。栴岳承芳本是法号，此子幼名芳菊丸，继位后拜领了足利将军的上字，同时也是世传的通字"义"，改名为今川义元。

然而福岛氏不肯接纳这一既成事实，也匆忙把玄广惠探从寺庙里迎了出来，使其还俗，改名为今川良真，妄图夺取家督之位。为了避免家中分裂，寿桂尼亲自找上门去，与福岛氏当主福岛越前守商谈，寻求和平解决之道，可惜却被对方一口回绝了。

福岛氏乃是今川家的谱代被官，总体负责远江和甲斐方面的外交、军事事务，势力颇强。那位福岛越前守的身份不详，有人说即为后来成为后北条家名将的北条纲成之父福岛正成，但也有模糊的记载，福岛正成于十五年前的大永元年（公元1521年）率军入侵甲斐，被武田信虎击败，可能即殁于是役。

总而言之，内战就此爆发，就在寿桂尼悻然离去的翌日，今川良真派在久能山举兵反叛，随即突袭骏河府中的今川馆，在遭到顽强抵抗，被迫撤退后，即收缩进方之上城、花仓城等据点，凭坚固守。一时间，骏河、远江两国内烽烟四起，大有将今川家一分为二之势。

欲平内乱，先求外援，义元派一方面遣使甲斐，稳住常年敌对、直到氏辉时代才暂且停战的武田信虎，一方面向盟友后北条氏求救。于是在后北条氏的支持下，仅仅半个月后，义元派大将冈部亲纲即攻克上之方城，随即又将花仓城团团围困起来。最终今川良真败逃到濑户谷的普门寺，自杀身亡，福岛一门也几乎被斩杀殆尽——只有后来的北条纲成在家臣们保护下逃到了相模，投靠后北条氏。

"花仓之乱"当中，甲斐的武田信虎究竟起了什么作用，向来众说纷纭，但所造成的结果就是：今川义元在镇压了良真派的反乱，坐稳家督之位以后，很快便与武田家缔结了正式同盟。然而如此一来，向来与武田敌对的北条氏纲不禁暴怒如狂，于是悍然撕毁骏相盟约，亲自率兵攻击骏河国富士郡的吉原地方（在富士川以东，俗称"河东"）——这就是"第一次河东之乱（河东一乱）"。

后北条军从东方杀来，同时西方远江国内，良真派残党堀越氏、井伊氏等也再度掀起反旗，今川义元陷入了首尾难顾的窘境。对应这一局势，他更加深了与武田的联系，迎娶武田信虎的长女为正室，然后采取东守西攻之策，暂时将河东地区让与后北条，集中全力镇压远江的反叛，并在平定远江之后，更将势力继续向西，伸入三河国。

天文十一年（公元1542年），"尾张之虎"织田信秀侵入西三河，今川义元发兵救援当地豪族松平氏，就此爆发了"第一次小豆坂合战"，以织田军的胜利而告终。当此苦况之际，东方相模和北方甲斐陆续易主——相模领主北条氏纲去世，传位其子氏康；甲斐领主武田信虎为其子武田晴信所放逐。这就使得甲、骏、相三国的关系，再次迎来一个重要的转折点。

为了对抗后北条氏，今川义元与关东管领上杉宪政结成同盟，同心夹击相模国——继位不久的北条氏康，很快就堕入了类似义元当年的窘境之中。天文十四年（公元1545年），今川义元出兵河东地区，与北条氏康交战（第二次河东之乱），同时上杉宪政联合关东各路兵马，团团围住了后北条方的河越城。北条氏康无奈之下，只得通过武田晴信居中牵线，以将河东归还给今川氏为条件，与义元达成了暂时的和睦协议。然后，他就转过身来对付上杉氏——如前所述，著名的"河越夜战"就此爆发。

就此,今川与后北条的敌对关系开始松动,于是在武田晴信侧近驹井高白斋政武和今川义元的师父雪斋和尚的谋划下,很快便达成了"甲骏相三国同盟"。雪斋和尚本名太原崇孚,乃是骏河国善得寺的主持,法号九英承菊。与其说这位雪斋和尚是佛教大德,不如说他是学问僧,与其说他是学问僧,不如说他是武僧,与其说他是武僧,又不如说他是外交僧——义元时代一系列内政、外交、军事政策,据说多出于此人之手。

同盟缔结于天文二十三年(公元1554年),同时三方还交叉联姻,以使同盟关系牢不可破:今川义元之女岭松院嫁与武田晴信的嫡子义信,武田晴信之女黄梅院嫁与北条氏康的嫡子氏政,北条氏康之女早川殿嫁与今川义元的嫡子氏真。

达成三国同盟,保障了北、西两翼以后,今川义元便可将全部兵力都用于西线了。在此前的天文十七年(公元1548年),他派遣雪斋和尚与重臣朝比奈泰能率军,击败了织田信秀(第二次小豆坂合战),将胜幡织田氏的势力彻底驱逐出西三河,不久后更借此吞并了松平氏。

今川义元可谓一代名君,即便最终败死,也无法抹杀他在治国方面的才能和建树。他曾在亡父氏亲的《今川假名目录》上追加了二十一条新款,废止了室町幕府"守护不入"的规定。

平安时代,很多庄园获得了"不输不入"的特权,也即既不向朝廷纳贡,也不允许朝廷官吏进入庄园领追捕人犯。镰仓幕府时代,为了控制这些半独立的庄园,赋予各地守护"大犯三条"的权限,也即可以进入庄园搜捕盗贼、杀人犯和谋反之人。室町幕府时代,守护的权限又有所扩大，增加了"刈田狼藉检断"（裁断领地纠纷和继承权纠纷）、"使节遵行"（执行对纠纷的裁断结果）和"段钱征收"（加派土地税、房屋税）等权力。然而为了避免守护势力坐大，同时也规定，幕府御家人和部分公卿的庄园，则只接受幕府的裁断、执行和加税，守护不得干预——此即"守护不入"。

废止"守护不入"，即等于割断了与幕府的主从联系，完全将领国内所有庄园、土地全都控制在守护手中，这标志着旧式守护大名向新式战国大名的转化，标志着领国一元化改革迈入了一个全新的阶段。

经过这一改革，今川氏的势力达到了鼎盛。当时的东国，论领土之广袤、物产之富饶、兵力之雄厚，今川氏都为无可争议的魁首——就连后北条和武田，就表面上来看，都要略逊其一筹。故此今川义元得到了一个雅号，被称为"东海一の弓取り"。

平安时代武将之间的肉搏战很少，多以骑射争雄，故以"弓取り"来指代勇将。所以"东海一の弓取り"可以直接翻译成"东海道第一将"。

然而鼎盛之时，却也出现了衰败的迹象。今川义元对传统文化和京都风俗简直痴迷到了让人反胃的程度，据说他穿直衣、戴立乌帽子、涂黑齿、描蝉眉、抹脂粉，还蓄养娈童，整天召集无耻文人开肉麻诗会，整个儿一个腐朽公卿形象。并且骏河国内一片歌舞升平，民风日渐柔弱懒惰，竟有"三河人去打仗，远江人种大米，骏河人置酒高会"这种传言出现。

就在这种背景下，永禄三年（公元1560年），今川义元亲率大军开始了西征之途，据说集合三国兵马，加上甲斐和相模派来的援军，总势超过两万人——或许义元期望能够打通东海道，一举攻入京都，扶持日益衰败的室町幕府，完成他制霸天下的梦想吧。

只可惜，"桶狭间合战"将他的迷梦打得粉碎，反倒成就了织田信长的无双勇名……

从松平到德川

"桶狭间合战"的时候，今川氏的先锋乃是松平元康和朝比奈泰朝二将。

松平氏本是西三河的当地豪族，究其来由，漫无可考。传统认为清河源氏的新田义季居住在上野国新田郡世良田村得川乡，其后人便以"世良田"或"得川"为苗字——其后"得川"衍为"德川"。德川氏分支很多，其中一人成为三河国松平乡土豪松平太郎左卫门信重的婿养子，这是冈崎松平氏的始祖——不过这个来源，恐怕是松平元康（即后来开设江户幕府的德川家康）所生造出来的。

总之，室町幕府时代，松平信光开始对外扩张，很快就统一了西三河，信光四传到清康，此人武勇无双，被家臣谀美为"活到三十岁定可平定天下"（这当然很可笑）。然而他并没能活到三十岁，就在出阵尾张守山城（一说为森山城）时被家臣误杀了——时为天文四年（公元1535年），史称"守山之崩"。

据说那一年，松平清康亲率一万兵马杀入尾张国，与织田信秀对战，包围了守山城。当时清康与其叔父松平信定不和，家臣中很多人都支持信定，颇有山雨欲来风满楼之势。十二月五日晨，清康在阵幕中召见家臣阿部大藏定吉，因为定吉正是信定一党，其子弥七郎心中惶恐，恐怕会变生不测，于是便持刀躲在阵幕外窃听。据说清康下令捕捉一匹发狂的战马，口出"拿下"之语，弥七郎以为是下令逮捕自己的父亲，惊慌恼怒之下，突然冲入阵幕，一刀斩向松平清康——清康就此毙命，全军溃散。

松平清康既死，其子广忠年仅七岁，松平信定趁机霸占了松平家业。松平广忠在外流浪数年，最终得到今川义元和三河守护吉良氏的帮助，逼迫信定退去，这才夺回了主城冈崎，得以继位。其后为了抵抗织田氏的侵攻，苟延家族命脉，广忠全面倒向今川氏，正因如此，才会先后爆发两次"小豆坂合战"。

天文十六年（公元1547年）的"第二次小豆坂合战"之前，今川义元为了控制松平家，要求松平广忠将六岁的幼子竹千代送去骏河做人质。这位竹千代就是后来的松平元康，他出生于天文十一年（公元1542年）底，母亲是刈谷城主水野信元的异母妹妹於大夫人。

大名之间交送而非交换人质，并不是一种平等的外交手段，而是等同于承认对方拥有对自己的控制权、调动权，也即对方将成为自己的宗主国。虽然儿子年纪尚幼，虽然这是一份屈辱的盟约，走投无路的松平广忠也只好答应了。于是他派遣二十八名家臣护送竹千代从主城冈崎出发，经海路在大津上岸，准备由当地豪族田原城主户田康光送往今川氏的主城骏府。

然而，受命护送的户田康光却暗中倒向了织田方，所以不仅没把竹千代平安送去骏府，反而将其送到了尾张末森城，变成了织田信秀的人质。竹千代在尾张整整居住了两年，传说他和信秀的嫡子吉法师也即织田信长很合得来。

天文十八年（公元1549年），年仅二十四岁的松平广忠离奇去世。

关于广忠之死，大概有三种说法：一是正常的急病而殁；二是为家臣岩松八弥谋杀；三是在"鹰狩"（豢养鹰隼捕猎）途中，被土一揆所害。当时松平家臣分为两派，一派亲今川，一派亲织田，如今主公既死，幼主身在织田家，似乎亲织田派将稳占上风了。然而今川义元却丝毫不给松平家臣首鼠两端的机会，立遣朝比奈泰能、山田景隆等将率军接管了冈崎城——就今川氏的行动速度之快来看，或许广忠之死，背后另有黑手……

几乎与此同时，雪斋和尚发兵攻克西三河的安祥城，俘虏了织田信秀的庶子织田信广，然后提出用信广来交换竹千代——就这样，竹千代从末森前往骏府，转而又变成了今川家的人质。

应该说，竹千代在骏府的生活，就表面上看来是颇为惬意的，今川义元为了严密控制松平氏等西三河豪族，拉拢其家臣、领民之心，不能不善待人质。而军师雪斋和尚也收竹千代为弟子，教他舞刀弄剑，更教他兵法战策。

传说某次新年拜会上，年幼的竹千代被大群今川重臣围绕在中间，却一点也不显得紧张和局促，甚至当尿意难忍后，他直接跑到走廊上，拉开裤子，朝着院中的沙地旁若无人地小解了起来。众人莫不吃惊，只有雪斋和尚点头微笑，认定这个小徒弟将来定能出人头地。

天文二十四年（公元1555年）三月，十四岁的竹千代在骏府元服，拜领今川义元的偏讳"元"字，起名为松平次郎三郎元信，不久后继承其祖父清康的名讳，更名藏人佐元康。为了拉拢松平元康，争取将西三河众成功地彻底融入到今川氏家臣团中去，义元还把自己的外甥女，也即妹婿关口亲永的女儿濑名（后称筑山殿）嫁给元康为妻。

三年后，寺部城主铃木日向守背叛今川，投向胜幡织田，义元即派松平元康与同族的松平重吉率军讨伐——这就是元康的初阵。

永禄三年（公元1560年）"桶狭间合战"的时候，松平元康年仅十九岁，便与大将朝比奈泰朝一起担当先锋之职，率领西三河众冲锋在前，攻克了织田家的丸根、鹫津二砦。然而随即传来今川义元败死的消息，各路今川军慌忙后撤，全面退出了尾张国。不仅仅是前线将领，因为消息来得实在太过震撼，预料到织田军将会乘胜追击，攻入三河，因此许多被安置在三河各地的今川代官们也都弃城而逃。只有松平元康在退回世代主城冈崎以后，受到松平氏旧臣的挽留，干脆留了下来，并趁机接管了松平旧领。

于是，士气高昂的织田军，与擅长苦战的松平军，就无可避免地碰撞在了一起。元康虽然悍勇应战，几乎阻遏住了织田信长的东征之势，但他知道，自己国小兵微，是无法长期承受来自西方的强大压力的，于是不断地遣使骏府，向今川义元的继承人氏真请求增援。然而因为义元一死，今川家中大乱，骏河、远江腹心之地都难免骚动，遑论遥远的三河，根本无心照管。元康无奈之下，只得接受了织田信长突然间递过来的橄榄枝。

对于信长来说，能够击败"东海道第一将"今川义元，完全是意外之喜，以尾张的实力，根本无法一举击垮今川，能够吞并亡父垂涎已久的西三河，于愿已足。然而西三河众的抵抗实在太过顽强，信长同时还遭受到来自北方美浓斋藤氏的强大压力，势不能长久顿兵东线。想到少年之时，自己曾经与那位名叫竹千代的少年有过来往，既然如此，不如尝试谈和吧。

而对于元康来说，他此时所领还不到三河国的三分之一，西有织田，东有今川，若不有所依附，必难独存。眼见今川的国势江河日下，织田倒如日中天，况且看信长的意思，是要缔结同盟协议，而非要求松平家彻底臣从，条件比今川方面优厚得多，既然如此，不如应允了吧。

当然，织田大而松平小，虽说同盟，双方势必无法达成完全平等的关系，但对于松平家来说，不背臣从之名，不受外力干涉内政，于愿已足。

于是永禄五年（公元1562年），通过元康舅父水野信元的从中牵线，松平家终于正式脱离了今川氏的掌控，转而与织田氏结盟，史称"清洲同盟"（当时织田的主城在清洲）。翌年，为了表明自己与今川氏决裂的坚决态度，松平元康舍弃了得自今川义元的"元"字，改名为家康——

据说用这个"家"字，是为了追慕先祖源义家。

永禄七年（公元1564年），三河国内爆发一向一揆，松平家康迎来他的人生中第一次大危机。据说根源是松平领内的本证寺、上宫寺、胜鬘寺皆为本愿寺教团的重要据点，曾从松平清康处获得了"守护使不入"的特权，而当时家康刚在西三河旧领站稳脚跟，基于财政匮乏，想要将此特权收回，以便扩充收入。当年九月，因为松平家将领酒井正亲以征粮为名抢夺上宫寺所藏的粟米，遂成为爆发一向一揆的导火索，上宫等三寺将僧徒、信众集结起来，据守寺院，阻止家康的部下进入，同时，吉良义昭、荒川赖持、酒井忠尚、松平信次等信奉净土真宗的家臣们也纷纷据城响应。这次一向一揆坚持了整整六个月，沉重打击了松平氏的封建统治。最终双方达成和议，家康承诺赦免一揆首领，保证其领地及寺院产业不受侵犯，才勉强使得动乱平息下来。

到了永禄九年（公元1566年），松平家康终于先后征服了东三河和奥三河（三河国北部山地），统一了整个三河国。同年，他得到朝廷授予从五位下三河守的官职，并且获准改苗字为德川——未来的"天下人"德川家康，就此诞生。

弑杀强情公方

永禄十一年（公元1568年）九月，织田信长挥师上洛，终结了狭义的战国时代。然而在此之前，洛中的形势又是怎样的呢？

且说室町幕府第十二代将军足利义晴本是管领细川高国扶持的傀儡，大永七年（公元1527年）二月，柳本贤治攻克京都，高国奉着义晴走逃近江。三月，细川澄元之子晴元奉义晴之弟义维为主，从四国乘船，登陆摄津的堺港，十月，足利义晴摆脱了细川高国的控制，回归京都，随即就与细川晴元、足利义维握手言和。

享禄三年（公元1530年）六月，柳本贤治在播磨东条被细川高国和浦上村宗的联军所杀；翌年六月，细川晴元的重臣三好元长又在摄津四天王寺击破细川、浦上联军，高国自杀，村宗战死。就这样，细川晴元继任幕府管领，奉戴将军足利义晴，基本控制了京畿地区。

此时洛中一向一揆蜂起，细川晴元与一向宗法主本愿寺证如（光教）连年鏖战，直到天文四年（公元1535年）方才达成和解。这次谈判的功臣，就是三好元长之子千熊丸，元服后起名三好利长，后改范长、长庆。

三好氏传说出于信浓源氏的小笠原氏，镰仓时代，小笠原家族担任信浓和阿波守护，阿波一支的分家居住于三好郡，遂以郡名为苗字。到了战国时代，三好氏成为细川澄元、晴元父子的重臣，在细川政元三个养子的连年纷争中，为澄元系最终获得胜利立下过汗马功劳。

然而三好氏家督三好元长却于天文元年（公元1532年）因谗言而失势，甚至遭到细川晴元的讨伐，自杀于显本寺中。进他谗言的，乃是三好一门的政长，以及畠山氏的家臣木泽长政。元长死后，其子千熊丸逃归阿波本领，一年后得到细川晴元的原谅，回归畿内。

千熊丸也即三好长庆，虽然身负血海深仇，却一直隐忍不发，等待时机。在家臣松永久秀、长赖兄弟的协助下，他先于天文十年（公元1541年）联合三好政长击败了木泽长政，继而于天文十七年（公元1548年）在摄津江口之战中杀死了三好政长。细川晴元拥着前将军足利义晴和现任将军足利义藤（义辉）逃出京都，三好长庆则奉细川高国之子氏纲为新的幕府管领。

三好长庆以三个弟弟三好义贤（实休）、安宅冬康、十河一存为辅翼，将四国的阿波、淡路、赞岐作为领国和根据地，基本制压畿内地区。天文十九年（公元1550年），足利义晴去世，其子、将军足利义藤与三好长庆达成和议。天文二十一年（公元1552年），足利义藤回归京都，正式任命细川氏纲为幕府管领——这个管领也是傀儡，幕府实权就此转移到陪臣三好氏的手中。

翌年，足利义藤暗通细川晴元，三好长庆闻讯后亲率两万兵马杀入京都，流放足利义藤。此后长庆筑主城芥川以控制摄津国人，又出兵攻入东播磨，制压丹波半国，进而把河内、大和两国都置于麾下，势力达到鼎盛。永禄元年（公元1558年），流浪将军足利义辉（义藤改名）与三好长庆达成和解，长庆迎接义辉返京，而义辉则任命长庆为"相伴众"，待遇等同于"三管四职"。

以三好长庆当时的威望和实力，他其实很有机会挟幕府将军以号令诸侯，成为第一位战国时代的"天下人"，今川义元即便灭亡尾张织田氏，打通东海道杀至洛中，是否能够顺利击败地头蛇三好氏，也还在未知之数。然而长庆盛极而衰，末日很快就来到了，掘墓人非他，竟然是他最为倚重的家宰松永久秀。

松永氏本是畿内豪族，松永久秀从三好长庆的祐笔（书记官）起家，很快就因其卓越不凡的能力而得到赏识，被提拔为部将。松永弹正少弼久秀与其弟备前守长赖势力日益膨胀，执三好家臣之牛耳，三好长庆曾经任命久秀为京都奉行（负责京都治安之职）。永禄三年（公元1560年），也即今川义元西征的同一年，三好长庆击败河内守护畠山高政，控制了河内国，随即派遣松永久秀进攻大和，久秀修筑多闻山为居城，很快便将大和国基本掌控在自己手中。

永禄四年（公元1561年），人称"鬼十河"的猛将、三好长庆之弟十河一存病殁，次年，他另外一个弟弟三好义贤战死，失去了左膀右臂的长庆就此沉沦下来。长庆的嫡子三好义兴反感松永久秀之为人，因此在永禄六年（公元1563年）被久秀下毒害死。久秀彻底架空长庆，控制了三好家的实权，他自诩为"幕府执权"，专横跋扈，不可一世。

永禄七年（公元1564年），三好长庆去世，松永久秀拥立其养子、十河一存之子三好义继为三好氏家督。幕府将军足利义辉以为时机到来，遂暗中联络各地有力大名杀上京都，击败三好氏，以恢复幕府往日的荣光。得知此消息的松永久秀唆使"三好三人众"（三好政康、三好长逸和岩成友通）攻入室町御所，弑杀了足利义辉。据说被誉为"强情公方"的足利义辉精通剑术，在门前奋战多时，终因寡不敌众，退归内室自焚而死。

足利义辉有一个同父异母的兄弟，五岁出家，法名觉庆。他被义辉家臣细川藤孝、一色藤长等人救出兴福寺一乘院，躲过了松永久秀的追踪，逃往豪族和田惟政处。和田惟政从属于近江南部的大名六角义贤，永禄八年（公元1565年），觉庆移住近江，隐居在琵琶湖畔的矢岛地方。

第二年，觉庆还俗，取名为足利义秋，向朝廷上书说明自己才是室町幕府的合法继承人（松永久秀拥立足利义荣为第十四代幕府将军）。他的这一举动，触怒了与三好、松永氏和睦的六角义贤，于是三家联兵相向，知道毫无胜算的义秋匆忙逃往若狭，不久又转至越前。

早在还俗之初，义秋就向各地有力大名送去书信，要他们协助自己击败三好氏，就任室町幕府将军，这其中，也包括因"桶狭间合战"而声名鹊起的织田信长。因此在等待了整整两年，眼看越前守护朝仓义景毫无发兵迹象以后，足利义秋遂瞩望于织田信长。永禄十一年（公元1568年），义秋前往岐阜，投靠信长，并且更名为足利义昭。

信长上洛

织田信长亲率大军上洛，从美浓国的岐阜城出发向西，首先要经过近江国（大致等于今天的滋贺县），然后才能抵达京都所在的山城国。室町幕府时代，近江国设置有两个守护，南部是源氏名门佐佐木家的嫡流六角氏，北部则是佐佐木氏的庶家京极氏。不过到了战国中期，近江却已经四分天下了。

近江国中心部位有一片浩瀚的内陆湖，是为琵琶湖，琵琶湖把整个近江国划分为湖东、湖西、湖南和湖北四个区域。其中湖南归属守护六角氏，湖西最大势力则是佐佐木氏的另外一个庶家朽木氏，湖东和湖北由京极氏的被官浅井氏下克上占据，此外，最南部的甲贺郡国人林立，自成体系——甲贺，也是当时忍者集团的一个重要据点。

织田信长上洛，最近捷的途径就是通过六角氏的领地，然而当时六角家与三好争雄畿内失败，被迫与三好、松永氏达成和睦，当初还发兵攻打过足利义昭，因此信长准备武力攻取其主城观音寺城，也算是给畿内诸侯们树立一个榜样——敢于阻挡他前进道路的，只有灭亡一途！而为了能够顺利地攻伐六角氏，信长决定拉拢江北的浅井氏作为奥援。

浅井氏的来源，传说出自贵族三条公纲。嘉吉年间，公纲得罪了幕府实权派京极氏，被迫蛰居于近江浅井郡丁野村，并在此地生下一个儿子。后来此子出仕京极氏，就起名为浅井重政——是为三条公纲落胤说。不过这种说法很不可靠，因为浅井这个苗字早在嘉吉年以前就在当地钟铭上出现过了。

战国时代，完成下克上格局，代替京极氏割据江北的是浅井亮政，亮政死后传子久政，久政曾一度臣服于江南的六角氏，生下嫡长子也得拜领六角家当主义贤之偏讳，取名为浅井贤政。相对于其他的强有力战国大名来说，浅井氏的一元化管理极不完善，家族的政治结构仍然采取传统的"重臣合议制"，矶野、海北等重臣兼麾下有力豪族商量定了的事情，就连家主也往往无法违拗。对于浅井久政的臣服六角氏政策，重臣们一致表示反对，主张联合北方越前国的朝仓氏以抗拒六角氏，在一浪高过一浪的呼声中，浅井久政被迫下台隐居，让位给儿子贤政。

浅井贤政小名叫猿夜叉丸，他是在十五岁那年元服的，不但拜领了六角义贤的偏讳，还被迫迎娶六角氏家臣平井武定之女为妻。然而随即家臣们就把他拱上了台，要求他与平井氏离异，还抛弃"贤"字，改名为新九郎长政。翌年，也即织田信长在桶狭间大破今川义元的同一年，年仅十五岁的长政披挂上阵，在朝仓氏的援助下，于"野良田合战"中重创六角氏，从此声名鹊起，并且维护了家族的独立地位。

织田信长无时无刻不在关注着京都和近江等地的局势，为了打开西进的通路，他最终决定与浅井氏结为同盟，并将妹妹市姬嫁给浅井长政为妻。传说市姬是一位绝色美人，而浅井长政不但勇猛善战，也是天下知名的美男子，这段婚姻从表面上看来，那真是郎才女貌，佳偶天成。然而夫妇二人虽然举案齐眉，浅井氏诸多重臣却对此并不以为然，在他们看来，织田氏不过是一个来自乡下的暴发户罢了，两家联姻，对浅井家并无好处。这段婚姻的缔结是在足利义昭来到美浓之前，可见即便没有义昭这件法宝，织田信长也迟早都会上洛去争夺天下的。

永禄十一年（公元1568年）九月，织田信长整备大军，浩浩荡荡地向西方进发，妹夫浅井长政也率军前来接应，联军直取六角氏的主城观音寺城——而这个时候的六角氏，已经越过了他最辉煌的时代，正在持续走下坡路。

六角氏的极盛时期是由六角定赖所缔造的，他曾经协助细川高国流放了幕府将军足利义稙，另立足利义晴，因而被封为管领代之职，将北近江的浅井氏纳入麾下，也是定赖所为。然而到其子义贤时代，先是与三好长庆相争却落在了下风，继而如前所述，浅井氏又获得了独立地位，六角的势力于是极大衰退。"野良田合战"战败以后，义贤引咎退位，出家入道，将家督之位传给了儿子义治。

六角义治想要进行领国一元化的改革，以凝聚力量，便于在乱世中继续生存下去。然而家中的重臣首脑，即所谓"六角氏的两藤"——后藤贤丰与进藤贞治，却如同大山一般挡在他的面前，使得义治寸步难行。于是永禄六年（公元1563年），义治悍然谋杀了后藤贤丰。

六角家中本来就是主弱臣强的格局，六角义治想要扭转这一形势，但下手过于仓促，于是导致家中大乱，群臣联合起来，将他和老父义贤全都驱逐了出去。幸亏蒲生定秀、贤秀父子从中转圜，才使二人得以复归——条件是，六角义治让位给其弟义定，并在《六角氏式目》上签署姓名。

战国时代，很多家族都制定了"分国法"，以厘清家中秩序，规定封建义务，比方说大内氏的《大内家壁书》、今川氏的《今川假名目录》、武田氏的《甲州法度之次第》等等。《六角氏式目》也属于同一类型，但与其他分国法不同的是，式目的条文完全不利于家督对群臣的管理，基本上维持了旧有的守护大名家中习惯——换言之，其他分国法都强调集中，只有《六角氏式目》强调分散，是有悖于领国一元，根本性倒退的。

经过这一次的"观音寺骚动"，六角氏的领国一元化改革彻底破产，而时隔不久，织田、浅井联军便汹涌杀至。于是看似庞大的六角家族瞬间崩溃，包括蒲生贤秀在内的重臣们，或降织田，或投浅井，雄城观音寺很快就被攻克了，六角义贤、义治父子仓皇逃往南方的伊贺国。

占据南近江以后，织田信长继续向西，很快便攻入山城国。此时占据京都及其周边地区的，乃是三好氏一门的"三好三人众"，他们不敢抵抗浓、尾、江三国联军，被迫撤出洛中，向西窜逃到摄津、赞岐等地。"幕府执权"松永久秀说服三好氏家督三好义继出降，于是织田信长风风光光地进入京都，随即就上奏朝廷，拥立足利义昭为新的幕府将军，将其暂时安置在京都的本国寺里。义昭对信长感激涕零，十月二十八日，他宴请信长并观看日本传统艺能——能乐，席间希望信长就任幕府管领一职，在遭到婉拒后，干脆说："我封大人为副将军，如何？"

副将军作为正式职衔，是从来也不曾存在过的，但无论是副将军，还是幕府管领，足利义昭的动机都很明显，要将织田信长完全纳入幕府管理体系，成为自己恢复室町荣光的左右臂膀。信长对此心知肚明，但他的志向是夺取天下，而不是帮助室町幕府再兴，义昭只是自己的工具，怎可以一跃成为自己名正言顺的上司呢？因此，他也推辞了副将军的职衔，并很快离开京都，回归岐阜城。

伊势的平定

"上洛"，就字面上的含义来看，就是简单地进入京都。战国时代很多大名都曾经有过上洛的经历，比方说上杉谦信就曾多次前赴京都，拜谒天皇和幕府将军，呈献贡品，以求得征伐的大义名分。织田信长在"桶狭间合战"之前，也曾经到京都去拜见过足利义辉将军。

然而在当时，"上洛"还有一个相对狭窄的含义，那就是率军杀入京都，以拥戴新的幕府将军，尝试掌控畿内实权，进而号令天下。若以此义来考量，整个战国时代，只有四个人完成了这一宏伟大业——

其一是在永正年间拥戴足利义稙的大内义兴，二是在天文年间拥戴足利义晴的六角定赖，三是永禄之初拥戴足利义辉的三好长庆，第四位，便是永禄后期拥戴足利义昭的织田信长了。

上洛虽可制压畿内，借着幕府将军的名义号令天下，但同时也会成为众矢之的，遭到周边势力的敌视甚至是攻伐。所以大内、六角经过长年奋战后，最终还是退出了京都，三好虽然得以长期掌控畿内，实权却被松永氏所篡夺。如今轮到了织田信长，应该说，在众多上洛势力中，他进军速度是最快的，前后不过一个多月的时间，就把京都捏在了手里。

考究织田、浅井联军长驱直入的缘由，是因为时机选择的正确。当织田信长西进的时候，一是六角家已经没落，二是适逢三好氏拥立的将军足利义荣病故，松永久秀与"三好三人众"为了下一任将军的人选产生矛盾，正在洛中激战不休。

其实松永久秀和"三好三人众"的战争早就已经开始了，永禄八年（公元1565年）五月，第十三代室町幕府将军足利义辉被弑杀，当年十一月，"三好三人众"之一的三好长逸控制了一门总领三好义继，随即以义继之名下令讨伐松永久秀。翌年三月，三好义继出兵攻击堺港，松永久秀逃往根据地大和。

到了永禄十年（公元1567年）二月，三好义继和"三好三人众"又闹崩了，往依松永久秀。当年十月，久秀与"三好三人众"对战于名刹东大寺，为了避免寺院成为敌军的掩体，久秀竟然下令纵火，把东大寺大佛殿焚为灰烬——因为这一行为，松永久秀此后被咒骂为"天下至恶"。

洛中连番恶战，织田信长乘虚而入，杀入山城国。结果"三好三人众"西遁，松永久秀匆忙献上名茶器"作物茄子"（又名"九十九发茄子"），从而降伏于织田、浅井联军。织田信长知道畿内势力犬牙交错，不是一两日就能彻底平定的，于是赦免了久秀弑杀将军之罪，允许其归入麾下，并安堵其大和旧领。

且说织田信长安置好足利义昭以后，并没有如同此前上洛的诸人那样坐镇京都，而返回了主城岐阜，他前脚才走，"三好三人众"便卷土重来，联合流浪的斋藤龙兴等人包围了六条本国寺。此时足利义昭身边只有数百亲卫，以及信长留下的少数武士，无法抵敌，节节败退，幸亏包括三好义继、池田胜正在内的畿内豪族赶来支援，才堪堪击退敌兵。受此教训，织田信长立刻亲率十数骑冒雪进京，筹措物资，准备为义昭修建一座城堡居住——也就是后来的二条城。同时，他还顺便翻修皇宫，获得了天皇朝廷的青睐。

暂时解决畿内危机后，织田信长把矛头指向了尾张西面、五畿东南方的伊势国。伊势是个很特殊的国，幕府并无派驻守护，名义上的统治者仍是朝廷任命的国司——由国司而成长为战国大名的，一共有三个家族,即伊势的北畠氏、土佐的一条氏和飞骅的姊小路氏,合称"三国司"。织田信长于永禄十年八月,也即包围美浓稻叶山城的当月,首度派大将泷川一益进攻伊势。在织田大军的进攻下,北伊势豪族诸如长野、工藤、神户、关等家族纷纷归降——事实上,在织田信长上洛以前,他就已经将伊势的北半国置入囊中了。

永禄十二年(公元1569年)八月,织田信长统合大军,向伊势南部进发。当时南伊势北畠氏的当主名为具教,据说此人曾得到"剑圣"塚原卜传"一之太刀"的真传,还击败过"柳生新阴流"鼻祖柳生石舟斋宗严,自创名为"伊势新刀流"的剑术流派,此外,他还精通和歌,乃是文武双全的名将。闻听织田大军来攻,北畠具教聚拢麾下兵马,有众一万六千,严阵以待。

织田军数量比北畠军多过数倍,号称七万,汹涌而来。正当两军恶战之际,北畠具教之弟木造具政却突然掀起反旗,主动投靠了织田信长。八月二十八日,织田军绕过固守不降的数座敌城,直薄北畠氏主城大河内,在桂濑山设下本阵。然而由于城内粮食充足,北畠氏重臣鸟屋尾石见守又防备得法,织田军花了整整两个月的时间,却收效甚微。

织田信长假借和谈之名拖延时间,同时策反城内北畠氏重臣,最终在十月二十七日迫使北畠军开城投降。北畠具教被迫让位给儿子具房并出家为僧,同时收信长次子茶筅丸为婿养子,答应立茶筅丸为下一代继承人。就这样,织田信长继美浓后又拥有了第三个完整的领国伊势国,加上控制了京都,与德川、浅井结盟,已成天下最大的势力。

北畠氏的下场是极其悲惨的。织田茶筅丸元服后起名为北畠三介信雄，天正四年（公元1576年）十二月，因为怀疑已经隐居三濑御所的北畠具教煽动领内国人一揆，他就率领织田军突袭三濑御所，北畠具教在挥剑斩杀十九人，重伤百余人后，终于跳上七尺高的石垣切腹自尽，享年四十九岁。接着信雄又袭击北畠具房隐居的多气御所，除具房本人幸免于难外，北畠一族竟被屠杀殆尽。

番外篇

战国城砦群

战国时代所谓的"城"，其实并不是真正意义上的城市，而是城堡，反而散布在城堡外围的基本无防护的商业区，即所谓城下町，才真正具备了城市的雏形。当然，当时的日本并非没有真正意义上的城市，诸如堺、平户等自治都市，以及京都，均可算是城市。

战国时代，诸侯林立，纷纷构建城堡来保护自己的财产，此外还在军事要冲或城堡周边修建砦，也就是小型的城堡。一般情况下，城或砦都由竹木制成围墙，外掘浅壕，内建楼橹和士兵居住的长屋，此外还大多盖有一片核心建筑，是城主、城代，或者砦守将的居处和指挥所。

随着战争次数的频繁、战争规模的扩大，以及军事技术的发展，城堡的规模也日益扩大。到了战国中后期，产生出许多号称"难攻不落"的巨型城堡，比如相模的小田原城、安艺的吉田郡山城，以及织田信长建构的安土城、丰臣秀吉建构的大坂城等等。城堡分山城和平城两种，山城依山而建，取其地势险要、易守难攻，而平城则往往建于平原上的要道附近，取其交通发达、商贾辐凑之利。

战国中后期的著名城堡大多以土垒墙,偶有用到石材的,结构更为复杂,防护力更强。这些城堡并非仅止外围一道围墙而已,往往城堡内部也层层隔断,楼橹密布,到处都是明门和暗门。由这些围墙将城堡分割成为多个区域,这些区域称为"丸",丸皆有名,一般情况下中心区域称为"本丸",往外辐射,层层区域称为"二之丸"、"三之丸"等等。也有用方位来命名的,如"西之丸"、"东之丸"等等;也有用地名或守将苗字来命名的,如"京极丸"、"真田丸"等等。各丸分布因地势而千变万化,有呈圆形层层向外的,也有呈一字型由高向低的,也有相当不规则的。

战国前期,城主所居官邸与普通宅邸无异,其中守护所居官邸称之为御馆——因此具备守护以上家格者往往被尊称为"御馆样"——中后期则大量涌现出一种名为"天守阁"的建筑。所谓天守阁,一般以碎石为基,上以土木构建多层楼阁,四面密布矢仓(箭楼)和炮橹,本身既是城堡的政治、军事中心,也是防卫严密的碉堡。天守阁一般都是城堡中的最高建筑,站在顶层便可以鸟瞰城堡全貌,有助于城主指挥整个城堡的防卫战。建构天守阁耗资巨大,非有力战国大名不能完成,因此天守阁本身也逐渐变成了大名实力的一种象征。

战国群雄概略(四)

所在地	家名	结局
骏河国	今川氏	1568年为武田氏所灭
	骏河朝比奈氏	从属于今川氏,今川灭亡后归属武田氏,武田灭亡后没落
远江国	福岛氏	1536年花仓之乱后没落
	堀越氏	1537年为今川义元所灭
	饭尾氏	从属于今川氏,1568年随今川灭亡
	滨名氏	1569年为德川家康所灭

续表

所在地	家名	结局
三河国	松平/德川氏	开创江户幕府
	户田氏	1547年为今川氏所灭
	鹈殿氏	1562年为松平元康所灭
	吉良氏	1563年为松平家康所灭
尾张国	胜幡织田氏	1600年关原合战后遭改易
	清洲织田氏	1555年为织田信长所灭
	岩仓织田氏	1559年为织田信长所灭
美浓国	土岐氏	1552年为斋藤道三所灭
	斋藤氏	1567年为织田信长所灭
	飡庭氏	1546年为斋藤道三所灭
	揖斐氏	1547年为斋藤道三所灭
飞驒国	三木氏/姊小路氏	1585年为金森长近所灭
	江马氏	1585年为金森长近所灭
	内内岛氏	1585年被地震埋没，覆灭
伊势国	北畠氏	1569年为织田氏所篡夺
	大河内氏	从属于北畠氏，1569年随北畠灭亡
	关氏	信长上洛前后归从于织田氏
	神户氏	1568年为织田氏所篡夺
志摩国	九鬼氏	先后从属于北畠氏、织田氏，江户幕府三田藩、绫部藩

五章　信长包围网

织田信长厚积薄发，仅用一个月的时间即顺利上洛，然而这只是他征服全日本的征程的第一步——他和足利义昭将军的蜜月期很快便将结束，义昭联络各地诸侯，给他张开了一张巨大的包围网。

金崎的撤退

足利义昭一心要恢复室町幕府的荣光，想尽办法想把织田信长笼入麾下，信长却始终不肯入彀。义昭在失望之余，不免心生忐忑，他害怕信长步细川氏、三好氏、松永久秀等人的后尘，只把幕府将军当作号令天下诸侯的旗帜和玩弄于股掌之上的傀儡——义昭的担心一点也不多余，但他当时应该料想不到，信长的野心和能量较之上述诸人都要强过万倍。

于是义昭一方面继续拉拢信长，甚至在书信中称信长为"御父"——他倒是很希望信长如同周公之辅成王一般辅佐他，永远不起异心——另方面却封官赏爵，想将畿内豪族全都收服到自己麾下。对此，织田信长在元龟元年（公元1570年）向足利义昭提出了《五条书》，其后又拟就《异见十七条》。这两份文件的内容，是如同父亲教导孩子一般，告诉义昭什么事情可以做，什么事情不能做，潜台词很简单："你只要乖乖听话就好了，如敢胡作非为，我定严惩不饶！"

如此严格限制幕府将军的权力，令足利义昭大为恼火，并且彻底绝望了。于是将军与霸王间互相利用的蜜月期很快终结,义昭遂仿效其兄足利义辉在受三好氏控制时所采取的策略,开始秘密写信给各地有力大名,请他们上洛讨伐织田信长,从水深火热中拯救自己和室町幕府。

对应足利义昭的策略,织田信长一方面派家臣木下藤吉郎秀吉等人守备京都,随时监视幕府的动向,另方面胁迫和拉拢幕臣,把明智光秀、细川藤孝等人都逐渐纳入自己的体系中来。同时,在元龟元年正月,信长为了向天下展示自己才是日本真正的统治者,以足利义昭的名义写信给畿内及附近地区的二十一家大名,要求他们上洛觐见朝廷和新将军。然而书信送到越前的一乘谷城,越前守护朝仓义景却弃而不理。

朝仓氏传说是开化天皇或孝德天皇的后裔,赐姓日下部——开化天皇本是传说中的人物,孝德天皇在位时期是七世纪中叶,相关记载也不很详细,这个氏源有多不靠谱,那就可想而知了。比较真实的来源,是已知平安时代末期在但马国朝仓地区居住的一个家族,以朝仓为苗字,就是战国大名朝仓氏的始祖。

南北朝时代,朝仓广景成为幕府重臣斯波高经的被官,受封越前坂井郡的部分领地,建筑主城黑丸。当时越前国的守护代乃是甲斐氏,长禄二年(公元1458年),堀江氏等北陆有力被官打着守护斯波氏的旗号攻击甲斐氏,在朝仓氏的协助下,甲斐氏最终赢得了这场战争的胜利。就此,朝仓氏因功受赏,领土和威望都日益扩大。

朝仓广景六传为孝景(敏景),正如前文所述,此人在"武卫家骚动"和"应仁之乱"中曾起到过相当重要的作用。孝景本属西军,文明三年(公元1471年）五月，他转而归附东军，被授予越前守护之职（一说是在文明十三年才正式替代斯波氏就任守护），随即将甲斐氏驱逐到加贺国，自己掌控了越前国的实权，将主城设在一乘谷。

上面所讲的朝仓孝景也被称为初代孝景，因为他传位给儿子氏景，氏景传贞景，贞景的儿子和继承人也叫孝景，是为二代孝景——使用与先祖相同的名字，在日本古代是很常见的事情。二代朝仓孝景传位给其子义景，当时作为义景后见（监护人）存在的，乃是初代孝景之子，也即义景的高叔祖——朝仓教景。

朝仓教景号为宗滴，他几乎一辈子都在与加贺、能登、越中等周边地区的一向一揆作战，勇猛顽强，据说七十九岁高龄的时候还提刀上阵，也算战国时代的一段佳话。朝仓义景在这位高叔祖的羽翼下安享太平，只知玩乐，不识战争为何物，等到弘治元年（公元1555年）宗滴去世以后，义景更加肆无忌惮地歌舞宴游，朝仓家就此逐渐走向衰落。

朝仓义景热爱京都文化，不但大量收留贫困公卿，还把主城一乘谷搞成北陆地区难得一见的繁荣净土——当时一乘谷的朝仓文化、山口的大内文化与骏河的今川文化，并称为京都文化的三大分支，而义景也与大内义隆、今川义元并列为三大风流大名。只可惜论起战国争雄，义景是三人中能力最弱的，前此足利义昭流亡到一乘谷，他明明具备上洛的能力，却空置宝货而不能用，使义昭灰心丧气，走投织田信长，由此可见其政治眼光之短浅。

但等织田信长拥足利义昭进京就任幕府将军以后，朝仓义景却又后悔不迭，正如被曹操抢先夺得汉献帝的袁绍一般。他一闹脾气，根本不理会信长要求进京觐见新将军的书信。这倒正中织田信长的下怀，正好杀此鸡以儆诸猴——信长以抗拒幕府将军之命为借口，于元龟元年（公元1570年）四月亲统大军，并会合三河的德川家康，通过盟友浅井氏的领地，浩浩荡荡向越前进发。

联军首先攻打越前的手筒山城，此城防御薄弱，很快就沦陷了。随即进攻金崎城，守将朝仓景桓无力抵御，狼狈退去，金崎遂开城降伏。

如此势如破竹之势，使得织田信长信心倍增，自觉不用一两个月的时间，即可将朝仓氏彻底绝灭。然而就在这个时候，四月二十七日晚间，他却突然得到了浅井氏背盟来袭的消息。这个消息，传说是其妹、嫁到浅井家的市姬传递出来的，市姬派人送来了一小袋豆子，口袋两端都用丝线紧紧捆扎，很难解开。织田信长沉思良久，猛然想起当年的"第二次小豆坂合战"，织田军就是被太原雪斋切断后路，这才导致全军崩溃的——妹妹传递来的信息，一定是要自己注意后方！

原来浅井长政为了对抗六角氏，曾与朝仓家结有盟约，两家的联系非常紧密。正因如此，织田信长本次越前讨伐战并没有强要长政出兵相助，在他想来，此番发兵乃是打着幕府将军足利义昭的旗号，以责问朝仓义景为何不肯上京谒见为名，曾与自己并辔入京的长政即便不愿相助，也应该不会横加阻挠吧。

然而浅井长政此时却已可悲地无法控制家中舆论，被迫要背弃盟约，向信长挥舞刀剑了。浅井家本采"重臣合议制"，家主不过是合议的主席而已,并没有足够强大的独裁力量,家中重臣和麾下豪族多年来与朝仓氏并肩作战,早就培养起了牢不可破的感情,况且他们认为织田信长狼子野心,毫不可信,倘若顺利灭亡朝仓,很可能掉过头来攻打浅井家。重臣们纷纷以"唇亡齿寒"之意游说长政,见长政不予采纳,干脆又把隐居的老头子浅井久政扛了出来。

不忍拂逆父亲之意,无力抗拒臣下要求,同时又怕失去家主宝座的浅井长政最终被迫下了决心,秘密发兵,准备与朝仓氏南北夹击织田、德川联军。信长得报,匆忙转身后撤,并派木下秀吉、蜂须贺正胜和德川家康为殿后,阻挡正从一乘谷汹涌杀来的朝仓援军。在西近江豪族朽木信浓守元纲的协助下,织田大军沿琵琶湖西岸,经朽木谷城折往西南,终于在三十日顺利回归京都——这就是历史上著名的"金崎退兵"。

五月十九日,织田信长仅率从者十人离开京都,翻山越岭回归主城岐阜,途中遭遇刺客,几乎丧命。此时近江的局势一片混乱,朝仓、浅井联军分道南下,流亡伊贺的六角义贤、义治父子也煽动江南诸郡爆发国人一揆。京都东面急报频传,而西面的三好氏也大有浑水摸鱼,卷土重来之势……

织田、德川 VS. 浅井、朝仓

"金崎撤退战"以后,织田信长留下柴田胜家、森可成、佐久间信盛等将领守备畿内数座孤城,自己轻骑返回主城岐阜,去重新整合军力。

当年六月，织田信长整备浓尾势三国大军，动员了一万五千人马，并要求德川家康亲统五千三河兵赶来会合，浩浩荡荡重新杀入南部近江，以救援本方困守的几座孤城。叛乱陆续被平定，六月二十一日，信长到达浅井氏主城小谷城南方不远的虎御前山，他命令士兵放火焚烧附近村庄田地，意图诱出浅井军主力与自己决战。浅井长政固守不出，同时派遣快马前往一乘谷，要求朝仓氏出兵增援。

织田信长不敢遽攻坚城小谷，于是转道南下攻击要隘横山城。横山城位于小谷与浅井氏重镇佐和山城之间，只要攻克此城，就如同往敌人的心脏部位插入一柄尖刀，浅井势即便不元气大伤，也无法再轻易南下骚扰京都附近地区了。六月二十三日，织田军团团包围了横山城，次日，越前八千援军终于赶到了小谷城北方，著名的姊川合战就此拉开序幕。

姊川发源于伊吹山地，迤逦向西，流过横山城的北面，最后注入琵琶湖。六月二十七日晨，浅井、朝仓联军伪作撤退之势，随即半途杀回，于次日凌晨突然向驻扎在龙之鼻地方的织田本阵展开猛烈进攻。织田、德川对浅井、朝仓，双方在姊川岸边爆发激战。织、德联军一开始处于劣势，但织田信长陆续将包围横山城的部队拉到前线，投入战斗，终于彻底扭转了战局。

当时朝仓八千大军所面对的德川势，投入战斗的仅有三千人而已，但三河兵素以能耐苦战闻名，在大将酒井忠次的指挥下，连续数个小时阻遏敌军，使其不能前进。上午十时以后，浅井、织田两军也开始正面交锋，浅井方大将远藤直经一马当先，率八百骑直插信长本阵，猛将、佐和山城主矶野丹后守员昌随即跟进，织田军濒临崩溃。

然而织田信长在危急关头保持着清醒的头脑，他让刚刚赶到战场的丹羽长秀等部不必前来加固本阵的防守，反而转向阵列最西面，攻击朝仓军侧翼，援护德川家康。于是得到生力增援的德川军开始反击，大将榊原康政突破朝仓军侧翼，杀死朝仓氏猛将真柄直隆父子，终于将敌军赶回了姊川北岸。

朝仓军溃败后，浅井方不敢再孤军深入，也被迫缓缓后撤，在浅井长政几近完美的指挥下，很快就摆脱了追兵，安全撤至秭川以北。此战双方损失，一说浅井、朝仓方为五千人，织田、德川方为三千人，一说比例类似，但总数不超过三千。

虽然浅井、朝仓联军首先败退，但织田、德川联军也无隙可乘，无法继续追击以扩大战果，因此从战役层面来说，姊川合战可谓胜负难决。但从战略角度来考虑，朝仓、浅井联军主力战后向北退去，暂时不敢再来，织田信长遂得以调动全部兵力攻打横山城，并最终迫使其开城投降。

织田信长派羽柴秀吉（本名木下藤吉郎秀吉）守备横山城，然后南下攻击琵琶湖东岸的坚固要塞——佐和山城，守备此城的，正是在姊川合战中曾给织田军以沉重打击的猛将矶野员昌。信长知道要攻克此城，绝非一朝一夕之功，于是命丹羽长秀在城东、市桥长利在城北、水野信元在城南、河尻秀隆在城西，构筑鹿砦，重重包围，做好长期战斗的准备，他自己则于七月四日进入京都，并于四日后离京回归岐阜城。

在岐阜仅仅休整了一个月后，八月二十日，织田信长再度从美浓发兵，进攻摄津国的野田、福岛等城砦，这些城砦都是"三好三人众"与斋藤龙兴在得到本愿寺、浅井、朝仓等势力的暗中支持下修筑的。

在攻击这些城砦的同时，为了威慑本愿寺，使其放弃对三好党的增援，织田信长致信本愿寺法主显如（光佐），要他交纳贡钱，作为织田军的军费。其实信长并不在乎这一点点军费，他要的是显如立刻表态："支持我，还是与我为敌。"然而显如上人早有与织田势一战的觉悟，他和朝仓氏本有姻亲关系，又以中国地区的毛利氏为后援，自以为石山坚城，根本就无人可以撼动，于是毫无转圜余地地拒绝了信长的要求。

九月十三日深夜，织田军首先动手，运用大铁炮（大口径火枪）轰击石山本愿寺，显如上人派根来、杂贺、汤穿等纪伊国擅长使用铁炮的家族，以三千支铁炮与织田军对射，一时间硝烟弥漫，震动天地——长达十一年的"石山合战"就此拉开序幕。

为了救援三好党和本愿寺，浅井、朝仓联军于九月十六日再度大举南下，杀入坂本口，守备宇佐山城的织田方大将森可成战死。织田信长闻报大惊，匆忙放弃对野田、福岛两城的包围，并且脱离与本愿寺兵马的接触，以柴田胜家、和田惟政殿后，自己退回京都。二十四日，织田军从京都出发，迎战浅井、朝仓联军，联军在比睿山内的蜂峰、青山、局笠山等地布防，严阵以待。

比睿山延历寺是日本佛教天台宗的总本山，由最澄大师于九世纪初创建，历史悠久，它的军事力量虽然不可与本愿寺同日而语，宗教神圣地位却只有更高。知晓浅井、朝仓联军在比睿山布阵的织田信长开出条件，只要延历寺肯加入本方，就交还此前被近江大名侵夺的山门领（寺庙地产），同时威胁说，若不服从，"包括根本中堂在内的三王二十一社等所有庙宇，我都会一把火将其烧为灰烬"。然而延历寺轻视信长的行动力，断然拒绝了这一要求。

织田信长眼看威慑无效，自己此刻四面皆敌，一个搞不好就要全局糜烂，于是又把足利义昭这尊"泥菩萨"和天皇朝廷全都扛了出来，下令各方势力退兵和解。义昭虽然满心不愿，但自己身处信长的掌握之中，暂时还不敢明着和对方硬碰。于是十一月二十八日，在足利义昭和公卿二条晴良的调解下，双方开始和平谈判，最终决定停战退兵，江北三分之二归属织田家，三分之一归属浅井家，延历寺仍保有旧领。

这一协议使浅井氏丧失了南方大片领土，随时可能被近在咫尺的织田军侵袭骚扰，损害是相当巨大的，但被织田军切断了后路、急于夺路回国的朝仓义景基于本身利益考虑，迫使浅井长政退让妥协。此后浅井氏即陷入了疲于奔命的窘困境地，最终灭亡的预兆，其实在此刻就已经注定了。

第六天魔王

织田军包围了浅井氏的佐和山城将近半年时间，到元龟二年（公元1571年）二月间，终于迫其开城降伏。浅井长政匆忙出兵进攻横山城，却被羽柴秀吉击退。当年八月，在朽木元纲的协助下，织田军又攻陷了江南一揆的重要据点志村城，保证了进出比睿山附近道路的畅通。

此时比睿山延历寺已成瓮中之鳖，于是织田信长亲率大军来到山下，要完成他去年许下的诺言，把这座宗教圣山夷为平地。家臣佐久间信盛、武井夕庵等对此表示异议，苦苦哀求，却遭到信长的痛骂。他下令封锁一切下山通路，然后纵起大火，开始了残酷的围歼战。根本中堂以下山王二十一社全被焚毁，包括僧侣、信徒在内约三四千人，不分男女老幼，均惨遭屠杀。

因为这一暴行实在令人发指，从此织田信长就被称为"第六天魔王"（指佛教神话中欲界第六天的魔王，名为他化自在天）、"佛敌"，加上他前此为了获得来自南蛮的武器、物资，与天主教教士频繁接触，遂被目为接受天主教义，要绝灭日本传统的宗教——佛教。不过根据近年来的考古发掘所得，延历寺的建筑在元龟二年以前就大多毁弃，并且没发现有多少火烧的痕迹，同时一部分文献史学的研究者也提出了类似旁证，即焚烧比睿山延历寺如此大事，在当时公卿们的日记中却很少提及——此事的真伪是非，恐怕会是永远的历史之谜了。

然而，即便织田信长并没有焚烧过比睿山，屠杀过北岭的僧众，其对于佛教的态度并不友好确是事实。这是因为日本传统的佛教派别和团体日益封建领主化，广有地产、庄园，奴役着大群百姓，同时大多享有"不输不入"的特权，基本半独立于朝廷、幕府，乃至各地大名之外。意图削平割据、统一日本的信长，自然不会容忍类似势力继续存在下去。

然而南都、北岭已日益衰颓，较易征服，新兴的一向宗却势雄力壮，那才是织田信长最强大的宗教界敌手。一方面，信长频繁对外用兵，领内即使说不上横征暴敛，农民的日子也不会很好过，若有一向宗徒煽风点火，很容易便会爆发一向一揆；另方面，为了进行领内一元化改革，加强统治力，信长当然会向包括净土真宗在内的各佛教寺院所掌握的"山门领"下手，这就必然引发寺院的反弹——永禄七年（公元1564年）爆发的，使德川家康焦头烂额的"三州一揆"，其根源也正与此相同。

家康的政策比较柔性，织田信长则和他完全不同。且说元龟元年（公元1570年）九月份，信长正式和石山本愿寺开仗，本愿寺显如上人遂号召普天下的净土真宗信徒都行动起来，打击信长的暴政。当年十一月，伊势长岛爆发大规模一向一揆，东进杀入尾张国，攻克小木江城，城主、信长的弟弟彦七郎信兴被迫切腹自杀——伊势长岛乃是木曾三川（木曾川、长良川、揖斐川）交汇处河口的河洲，是以愿证寺（由本愿寺莲如上人之子莲淳所创建的寺院）为核心的一向宗重要据点。

织田信长大怒如狂，遂于翌年五月亲率大军，浩浩荡荡杀往伊势长岛。然而一揆利用地形之便，埋伏在织田军前进的道路上，不断用弓箭和铁砲发起袭击。织田军进退无据，遭到惨败，"西美浓三人众"之一的氏家卜全也在是役战死。

在长岛战败以后，信长重新集结兵力，汹涌开入近江，然后才有了对江南一揆的顺利镇压和传说中的"火烧比睿山"。

正在织田信长被本愿寺在领内各地掀起一向一揆搞得焦头烂额，同时还必须与三好、浅井、朝仓等近畿诸侯对峙、恶战，几乎身陷泥沼的时候，让我们将目光再转向东方——这时候东日本的局势又发生了翻天覆地的变化。

永禄十一年（公元1568年），就在信长上洛的同时，甲斐守护武田信玄悍然撕毁"甲、骏、相三国同盟"，率军杀入骏河国。

武田信玄生有六子：嫡长子太郎义信，是理所当然的继承者；次子自幼双目失明，出继信州海野氏，定名为海野信亲，后来出家为僧，法号龙芳；三子信之十岁夭折；四子四郎胜赖是诹访夫人（诹访赖重之女）所生，继承了诹访氏的家业；五子胜信继承了信州仁科家；还有一个氏秀，是北条氏康的七子，送来做养子兼人质。且说武田义信娶今川义元之女为妻，在桶狭间合战后屡屡进谏信玄，要他挥师南下，协助今川氏真进攻尾张国，为老丈人义元报仇，见信玄毫无所动，竟起了谋逆之心。

历史仿佛是武田信玄和其父信虎故事的重演，然而少年义信并非少年信玄，而中年后的信玄却也远比信虎当年要阴沉狡诈得多——义信与重臣饭富虎昌秘密调动军队，想趁信玄前往温泉疗养的时候将其弑杀或放逐，此事被虎昌之弟饭富三郎兵卫（后改名为山县昌景）密报给信玄，于是义信和虎昌俱被拿获，先后自杀。

义信死后，武田信玄更无牵绊，于是和德川家康结盟，相约夹攻今川氏，并平分其领地。究其根由，"甲骏相三国同盟"虽然一度使得武田家侧背无忧，但同时也束缚住了信玄的手脚，当信浓已大半在握，继续北上则很难突破上杉谦信的防御的时候，武田可以继续发展的三个方向，有两个（东、南）都被这故往的同盟关系所封杀，似乎只可指向西方，自岩村口而直取美浓了。

然而信浓、美浓之间道路狭窄难行，织田信长又横空出世，其势力亦不可小觑，信玄并没有把握快速将其攻破。更重要的是，美浓之战得不偿失，无法弥补甲斐巨大的财政亏空。

同盟的三大势力当中，只有武田的领土并不靠海，无海并不仅仅缺乏海盐，更缺乏足够的商业发展空间。信玄用来征兵屯粮、争雄乱世的主要资本，是甲斐群山中蕴含的丰富矿藏，然而经过多年的涸泽而渔，金银等矿的储量逐渐枯竭，倘若找不到更佳的金钱来源的话，仅靠信浓的大米产出，是根本无法养护武田家数万大军的。

正当信玄为此苦恼的时候，"桶狭间合战"爆发了，堵住了他西进之路，同时也打开了南征的大门——今川义元既死，其继承人今川氏真完全不具备在乱世中生存下去的能力，仅仅继承了父亲对文化的热爱而已，其余内政、外交、军事等方面近乎白痴。因此信玄便悍然撕破盟约，发兵直趋骏河——骏河有海啊！

对应信玄所为，北条氏康立刻达成与上杉氏的和睦，全力增援骏河。然而今川氏真就是个扶不起的阿斗，短短数月间，统治即告崩溃，最终亡国出奔。永禄十一年（公元1568年）十二月，武田信玄进入骏府城，吞并了骏河国，同月，德川家康吞并了远江国，并将居城从三河冈崎迁往远江引马，改名为滨松城。

接着，信玄的旗帜稍作停顿后便沿着海岸继续西指——德川家康就此迎来人生中第二场大危机，而被浅井、朝仓和本愿寺等势力牢牢牵制在畿内的织田信长,根本无力救援。

三方原合战

其实,武田信玄乃是足利义昭所精心策划的"信长包围网"的重要一环。

当将军与霸王的蜜月期结束以后,足利义昭秘密向各地有力大名送去书信,要他们发兵入洛,以消灭悖逆的织田信长,其中义昭所寄予厚望的共有四家大势力,即越前的朝仓氏、越后的上杉氏、甲斐的武田氏,还有关西的毛利氏。毛利所在尚远,上杉有朝仓阻隔,而朝仓,通过信长前次的越前征伐,已被证实不过是纸老虎而已——浅井、朝仓联合起来,都未能给信长以重创,仅仅能够起到牵制的作用。

好,即以三好、浅井、朝仓和本愿寺牵制信长,然后请那头大老虎上洛来做最后一击吧——足利义昭不断给武田信玄去信,言辞恳切——武田本我源氏一门,卿若不来救援,则幕府尚能依靠谁人呢?

这个时候的武田信玄,刚刚灭亡了今川氏,得到了盼望已久的出海口,势力如日中天。但他与信长向来关系不错,在"桶狭间合战"后不久,双方即结为同盟关系,还为自己的儿子诹访胜赖迎娶了信长的养女远山氏为妻。永禄十年(公元1567年),也即信长攻取美浓国的同一年,远山氏去世,为了延续两家的友好关系,信长特意遣使甲府,预定迎娶时年七岁的信玄之女松姬为自己长男、时年十一岁的信忠的正室。

同时与武田和德川结盟，使得信长后路无忧，可以安心入洛；而同时与织田、德川结盟的信玄，也可以放心大胆地一口吞下骏河，再与后北条氏连番恶战，甚至一度杀至后北条氏主城小田原城下。然而就在"姊川合战"后不久，元龟元年（公元1570年）十月，北条氏康去世了，传位其子氏政，北条氏政基于今川氏已彻底灭亡，而自己与武田家尚有姻亲关系（信玄之女黄梅院乃氏政的正室），断然破弃了越相同盟，转而恢复了甲相同盟。

在结束了与后北条氏的争端，并且接到了足利义昭将军催促上洛的书信以后，信玄心中不禁燃起了熊熊的野心之火。于是他即于翌年十月撕毁了和德川氏的盟约，亲率大军杀入远江国。德川家康一边顽强抵抗汹涌而来的近三万武田大军，一边匆忙遣使去岐阜求救。

织田信长此时还在畿内恶战。当年三月，他出阵江北，逼退进攻横山城的浅井长政，随即挥师河内，弭平三好义继和松永久秀的叛乱。七月，信长进攻浅井氏主城小谷，浅井长政困窘之下，向越前送去了假情报，声称："长岛一向一揆纷起，已经截断从浓、尾通往畿内的道路，如朝仓殿下此刻出兵，定可将织田信长彻底消灭。"于是受到蒙骗的朝仓军立刻发兵一万五千南下，二十九日在小谷城附近的大岳布阵，与织田军遥相对峙。

在这种情况下，织田信长很难拿出足够兵马增援德川家康，只能派佐久间信盛、平手汎秀、水野信元等将率三千人赶往远江——基本上是杯水车薪，只是意思意思罢了。十月十三日，武田军在一言坂打败德川军，德川家康退守主城滨松。武田信玄随即折而向北，进攻坚城二俣，并于次月十九日将其攻陷。

武田信玄的目的是蹂躏远江诸城，从而诱出德川家康的主力，一举将其击溃，然后就可以长驱直入，经三河杀入浓尾。德川家康非常清楚信玄的战略意图，于是他集中兵力，固守滨松，不肯出城与武田军野战。

双方相持到十二月份，武田军作出放弃滨松的假象，从二俣城出发，分两路向西开去。德川家康此时陷入不可不战的处境，如果放武田信玄绕过滨松，进取老家三河，则孤悬在外的远江数城也迟早会被武田军轻易吃掉，况且一旦放武田军进入尾张，自己和织田氏维持数年的同盟关系也算是完了。

正在此时，佐久间信盛等三千织田军开入了滨松城，德川家康麾下兵马增长到一万一千。家康觉得依靠这些兵马出战，即便不能取胜，也可暂时将武田军逼退，挫败其西进的图谋，于是挥师出城，紧蹑武田军之背，谨慎地保持距离，以等待合适的战机。

十二月二十二日，由东北开向西南的武田军进入一片高坡，是为三方原台地，随即折向西北，朝祝田方向挺进。很快，紧随其后的德川军也进入了三方原。午后二时，武田军突然全军反转，德川家康闻讯，想要掉头已经来不及了，只好排布"鹤翼之阵"严密防守。

四时左右，两军开始接战，武田信玄先派小山田信茂队三百人出阵，用投石打乱德川军的阵脚。德川军中路大将石川数正无奈向前挺进，趁着阵势混乱的这一瞬间，武田大军汹涌杀来，德川军瞬间全线崩溃。

这是德川家康辉煌毕生所吃的最大一次败仗,士卒死伤惨重,他自己则孤身逃回滨松,据说还吓得拉了一裤裆稀屎。织田援军也随之崩溃,大将平手汎秀战死。

逃回滨松城的德川家康头脑突然清醒起来,立刻打开四门,玩了一招"空城计"。武田军不敢冒进,在武田信玄的指挥下继续汹涌向西——然而就在第二年四月,壮志未酬的信玄迎来了他最后的日子。因为身染重病,信玄主动提出与德川家康和谈,然后在回归甲斐的途中病殁。

对于武田信玄之死,有一种传说,说他在围攻三河国野田城的时候,每晚都到固定地点听城中一位乐师吹笛,这一习惯被德川军掌握后,就事先布置好铁砲,当夜一发过后,第二日武田军便派来军使议和。不过,象信玄这种诡计多端的家伙,很难相信会每夜待在同一个地方,等着别人前来袭击。

武田信玄的确切死期,也是历史上的一个空白。据说当时共有八顶一模一样的轿子,经不同的路线回归诹访,其中有一顶轿子在到达信浓驹场温泉的时候,停留了半日,现在一般认为,那就是信玄过世之日——享年五十三岁。

打破包围网

因为距离遥远,道路阻隔,武田信玄病重和退兵的消息并未能迅速传至洛中,足利义昭还在欢欣鼓舞,认为只等信玄杀到,织田势力便会土崩瓦解。他错误地判断了形势，于是四处煽风点火，要求畿内各豪族向织田信长掀起反旗。

元龟三年（公元1572年）八月，织田、朝仓两军在小谷城附近对峙，随即朝仓方大将前波九郎兵卫吉继父子被织田家策反，受他的影响，富田弥六郎长繁、户田与次、毛屋猪介等将也陆续投降。织田信长知道朝仓军已不足虑，于是留羽柴秀吉守备虎御前山本阵，自己退回岐阜。次年三月，得到武田军请和消息的信长离开岐阜，统率大军再度上洛，四月三日包围了二条城。足利义昭这才慌了手脚，急忙请朝廷出面调解，在保证绝不敢再悖逆信长旨意，同时双方交换誓书后，织田军暂时退兵。

织田信长知道足利义昭并非真心降伏，肯定还有后招，于是他缓缓退兵，掉头攻击占据鲶江城的老对手六角右卫门督义治。五月，他又进入琵琶湖岸边的佐和山城，随即命令在此地建造巨大的战船。

七月三日，以为信长已经回归岐阜，短时间内无法再赴京都的足利义昭，果然又耐不住性子了，潜往槇岛城掀起反旗。于是织田信长就在大战船完工的翌日，乘风破浪横渡琵琶湖，于七月九日以迅雷不及掩耳之势攻入二条城，随即转往槇岛城。足利义昭没能抵抗多久，城池就被攻克，他也变成了阶下之囚。

战后，织田信长把足利义昭年仅两岁的儿子捉来当了人质，而把义昭本人流放到河内国若江城，派羽柴秀吉严密看守。就这样，室町幕府彻底灭亡了，历史迈入了织田信长的"安土时代"。

信长此番进京，在攻灭室町幕府的同时，还办了两件大事，似乎在向天下人宣告，由他统治整个日本的时代正式拉开帷幕——第一件事，是任命重臣村井贞胜管理京都政务，但所给予的头衔却非传统的"京都所司代"，而定名为"天下所司代"；第二件事，信长向朝廷献上贡金，请求改元。

日本的年号制度学自中国，但新帝登基未必改元，经常会出现多帝一元的现象。不过此时在位的正亲町天皇践祚后是改过年号的，名为"永禄"，然后永禄十三年四月改为"元龟"。信长认为元龟年号不祥，多次请求足利义昭上奏更改，义昭根本懒得搭理，如今既然废黜了义昭，则信长便直奏朝廷，要求改元。朝廷接到贡金后，即拟定了多个年号交予信长挑选，最后信长选中了"天正"，于是即在灭亡室町幕府的当月改为天正元年。

年号逢有大事才会改变，这似乎象征着全日本的权柄从足利氏转移到织田氏手中——正如同改朝换代一般。

然后在改元后的次月，北近江豪族阿闭淡路守贞征密约投诚，织田信长整合大军再伐江北。织田军首先攻克月濑城，然后一边监视小谷城的动向，一边绕路行至大岳以北的山田山，意图截断浅井与朝仓两军的联系。匆匆从越前赶来增援的朝仓义景近两万人马因此无法靠近小谷城，只得在边境线上的余吴、木之本、田部山等地布阵。八月十二日夜晚，风雨大作，织田信长冒雨仰攻，大破朝仓义景，朝仓军被迫向越前方向退却。

织田军快速追击，终于在越前刀根山山顶附近一个称为刀弥坂的地方赶上了敌军。"刀弥坂合战"杀死朝仓军三千余人,包括朝仓治部少辅、朝仓扫部助、河合安艺守吉统等数十名越前名将都被取去了首级,从美浓稻叶山城逃出来后便辗转各地与信长对抗的斋藤龙兴也战死于此,朝仓军的主力丧失殆尽。

十八日,织田信长攻克朝仓氏主城一乘谷,并纵火将其焚毁。大火整整燃烧了三天,这座繁华了近百年的北陆名城就此烟消云散——这也代表着朝仓氏地方政权的覆灭。朝仓义景是十五日逃回一乘谷的,眼见大势已去,当即便欲自杀,结果被近臣劝止,遂弃城逃往大野郡山田庄的六坊贤松寺。二十日晨,一族的朝仓式部大辅景镜率二百余骑把贤松寺团团围住,并向寺中发射铁砲。义景知道再无生理,于是长叹一声,切腹自尽,享年四十一岁。他留下的辞世句是:"七颠八倒,四十年中,无他无自,四大本空。"

朝仓景镜等越前残余诸将在府中龙门寺向织田信长表示降伏,并献上故主朝仓义景的首级。于是信长任命去年主动归降的前波吉继为越前守护代,自己率得胜之师回归江北虎御前山,随即对浅井氏的主城小谷展开猛攻。

小谷为坚固的山城,楼橹、城郭沿着山势层层相连,中心部分从山顶往下分别为山王丸、小丸、京极丸、中丸和本丸,当时浅井长政居于本丸,而其父久政则居于小丸,中隔两处堡垒。八月二十七日,羽柴秀吉包围京极丸,切断了浅井久政、长政父子的联系。织田信长派使者前往劝说长政投降,长政问使者:"我父如何?"使者编谎话说:"已降。"

长政大笑："我最清楚父亲的脾性，他或者仍然在生，或者已经殉难，是断不肯投降的。"于是把妻子市姬和三个女儿送到羽柴军中，以示当战至最后一兵一卒，绝不偷生。

其后不久，浅井久政由家臣鹤松大夫担任介错，切腹而死，浅井长政也在经过了英勇的抵抗后，与麾下名将赤尾美作守清纲一起自杀——浅井氏就此灭亡。

随即，挟战胜之势，织田信长再征长岛，虽然未能取得最终的胜利，但几乎攻灭了包括片冈、田边、中岛等在内的所有协助一向一揆的周边豪族势力。最后信长留下泷川一益镇守新修筑的矢田城，监视一揆动向，自己撤回岐阜。一向一揆于后追赶，子弹和箭矢如同雨点一般落到织田军的头上，当日黄昏，天降暴雨，铁砲大多无法发射，织田残兵才得以狼狈逃回尾张。

大屠杀

天正二年（公元1574年）正月，按照惯例，织田氏配下各军将领和各方大名都齐集岐阜城，向织田信长献上礼物，恭贺新春，然后举行盛大的酒宴。酒宴接近尾声的时候，按例外样众纷纷起身告退，只留下直属家臣陪伴在信长左右。信长拍拍手，各种谁都没有见过甚至没有听说过的佳肴异味被端了上来，而盛这些佳肴异味的器具，也是漆金涂银，极尽奢华的。

信长从小就喜欢与众不同的奇特事物，最近又对茶道和南蛮文化产生了兴趣，不惜工本搜罗了大量茶器和南蛮物，这是大家都很清楚的事情。然而，据说有一套食器却使在座所有人都大吃一惊——那是盛放在白木托盘上的三具浅浅的酒盏。

这酒盏虽然遍涂金漆，但久经战阵，见惯了死人骷髅的将领们还是一眼认出，那分明是人类的头盖骨！信长哈哈大笑，"这是去年浴血奋战的见证，来吧，大家都来用这金盏饮一杯酒！"他随即解释说，这三具头盖骨属于三个他最为痛恨的敌人——朝仓义景、浅井久政和浅井长政。

这般残忍暴行，可谓亘古未闻。有人说，信长从这一刻起，就已经疯了，革命者从此消失，暴君就在这头盖骨金盏前诞生。然而这样看待一位乱世枭雄，未免太过简单化了。不错，信长的血管中，确实流着暴虐的血，但生于战国乱世的武将，又有几个真正温和诚挚，不具备暴君的素质呢？重要的是，爱与恨都是双刃剑，过于仁慈会很快送掉自己的性命，过于残暴则会把所有朋友都变成敌人，所以每个人都用完全相反的外衣包裹着自己的本性，竭力压抑着忌刻、残忍的内在不被发现。相对来说，织田信长对世俗的评价看得最轻，他敢于撕下重重伪装，将一名战国武将真正可怕的本心展示在历史面前。

这一年内，织田信长降伏了"三好三人众"和六角义治，身侧的大敌只剩下了本愿寺。于是七月份，他第三次攻伐伊势长岛——此时他已经灭亡了浅井、朝仓等敌对势力，废黜足利义昭的幕府将军之位，又击退了东方强大的武田氏的进攻，畿内稳定，没有后顾之忧。织田军兵分三路：东面由信长长子、织田勘九郎信忠为主将，统率织田信包、津田秀成、森长可、池田恒兴等将出市江口；西路佐久间信盛、柴田胜家、稻叶一铁、蜂屋赖隆等从松之木渡河出香取口；中路由信长亲自统率，配下羽柴秀长（秀吉之弟）、丹羽长秀、安藤守就等将领，指向早尾口。

战斗持续到七月十五日，志摩海贼出身的九鬼右马允嘉隆，以及泷川一益、水野监物信元等将驾驶着大批安宅船（一种大型战船的名称）赶来增援，随即北畠信雄、岛田秀满和林秀贞的水军也浩浩荡荡杀至。陆上织田军趁势发起总攻，从水陆两线将整个长岛团团包围起来。此时一揆方所余，只有长岛、大鸟居、屋长岛、筱桥、中江五砦而已。

织田军猛攻上述五砦，首先于八月二日用大铁炮打破了大鸟居的砦墙，据守砦中的一揆势提出投降请求，却被织田信长一口回绝了。当夜，一揆趁着风雨，携家带口蜂拥逃出，织田军在后猛追，不管男女老幼，不管是否战斗人员，开始了残酷的大屠杀——暴动群众竟被毫不留情地杀死一千余人！

十二日，织田军又攻克筱桥砦。但因为前后猛攻月余，己方也损失惨重，信长决定对剩下的三砦采取长期围困策略，希图将敌人拖垮和饿死。包围战一直持续到九月底，长岛砦一揆弹尽粮绝，过半躲入砦内躲避兵祸的百姓饿死，遂再度提出投降的请求。

有了上回攻击大鸟砦的教训，织田信长这次很爽快地答应了对方的请求。九月二十八日，一揆和家属百姓纷纷打开砦门，乘坐小船前往织田军阵归降。但等他们来到河中心的时候，突然遭到敌军铁炮攒射，随即是大安宅船的撞击，织田水军的白刃相加。可怜的百姓们如同稻草一般成片倒下，鲜血把河川都染红了。对于这种违背承诺的无耻举动，百姓们愤怒如狂，有六七百人虽然身不披甲，手无寸铁，却仍然冒着枪林弹雨猛扑到织田军中，用拳头和牙齿攻击敌人。面对这些走投无路、丝毫不知恐惧为何物的百姓，织田军卒面如土色，纷纷向后溃逃。

织田信长终于尝到了背弃信约残酷镇压百姓的恶果，他的庶兄织田信广、十弟津田秀成、叔父津田信次，以及叔父信光的三个儿子津田信成、信昌、仙千代，全在此役中被长岛百姓杀死。而得知这些噩耗的信长更为暴怒，手段也更趋残忍，在攻破长岛砦后，他率兵重重包围了剩下的中江和屋长岛两砦，竟然放火将砦中百姓近两万人全部活活烧死！

番外篇

战斗的道具和仪式

战斗中用于发号施令的道具，日本古代和中国古代非常近似，主要有号、钟和鼓。号即吹奏乐器，经常使用的是法螺贝；钟的形制类似于锣；鼓的全称为"背负太鼓"，一人背负，一人擂响。

武将指挥战斗，中国古代多使用令旗，而日本则独有"军配"和"采配"。军配全称为"军配团扇"，是用皮或薄铁制成的团扇（亦偶见折扇），最早上画带有金刚界大日如来种子梵文的圆阵、天干地支、二十八星宿等图像，是军师用来推算吉凶方位、占卜战役结果的工具，后来演变为大将所持，而且似乎除了扇凉和随意指点外别无特殊用途。采配则是一尺多长的木柄，柄头密缀纸条或布条，挥动时可互相摩擦发出响声，一般物头（小队长）以上才可携带，并使用它来指挥战斗。

古人相信，战争的成败系乎天运，因此在出阵前要举行一系列仪式，以向上天祈祷成功。日本古代最重要的是所谓"三献的仪式"，即大将上阵前食用打鲍、胜栗、昆布三种食物，在进食的时候，让儿童歌唱此三品的名字，取其谐音，为"打って，勝って，喜ぶ"，意即"作战、胜利、喜悦"。此外，在大将出馆（城主居邸）的时候，要在馆门前的地上放置包丁（一种菜刀），大将踏过包丁，以示"将踏刃而前"。最后，在出阵前，家臣们还往往会开连歌会来祈祷胜利。

铁炮的传来

日本人称火枪为"铁炮"，这种新式武器是战国时代由葡萄牙人传入的。在此以前，日本人已经会使用投掷火器，比如"焙烙玉"，但还不会使用管状火器。管状火器最早是我国宋代发明的，后来传至阿拉伯世界，阿拉伯世界再传欧洲。相当长一段时间内，东西方管状火器各自发展，到了明朝初期，中国已经拥有了世界上最庞大的火器部队"神机营"。明朝中期以后，欧洲的火器技术逐渐赶超中国，技术回流东亚，日本就是在这种情况下得到了管状火器（当时主要为火绳铳）技术的。

天文十二年（公元1543年），一艘葡萄牙商船被台风带到了日本九州南端的种子岛，当地领主种子岛时尧初次接触到了火绳铳，立刻以重金买下两支，这一事件即被称为"铁炮的传来"。但是得到了铁炮，并不意味着懂得使用，更不意味着懂得制造。传说种子岛时尧下了很大本钱，甚至把自己的女儿都送给葡萄牙人为妻，这才终于搞到了制造工艺——此后"种子岛"也就变成了铁炮的代称。

第三年，被后世称为"萨摩铁炮锻冶之祖"的名工匠八板清定在种子岛时尧的支持下，终于仿造出了日本自己的第一支铁炮。从此以后，这种新式武器在乱世中很快传播并普及开来。然而到了战国后期，最著名的铁炮制造场却并不在九州，而在濑户内海东端的畿内地区，这里逐渐产生出纪州、堺和国友三大制造基地。

当时的老式火绳铳非常落后，不但瞄准精度差、射击距离近、故障发生率高，并且最要命的是射击速度慢得惊人：第一步，先要打开火药袋，取出一定份量的火药放入铳管，再用铁钎舂实，然后放入铅弹；第二步，打开"火盖"，在"火皿"上倒上少量引药，并且磨擦火石，点燃火绳；第三步，瞄准目标，扣动扳机，使火绳落下点燃引药。因此最初铁炮并不被重视，只作狩猎和狙击敌方将领之用。据说战国群雄中，第一个将铁炮大规模运用到实战中的，乃是甲斐的武田信玄。

六章　平安乐土

时势造英雄，百余年的战国乱世之中，全日本六十六国，豪强林立，仅可称为"战国大名"的便不下二百家。以强兼弱，以大并小，到了晚期，逐渐缩减为不足百家势力，这就给织田信长芟夷群雄、一统日本，奠定了坚实的基础……

最后的长筱

武田信玄病殁之后，秘不发丧，对外宣称重病退隐，而传位给孙子竹王丸，竹王丸年纪尚幼，便准其父诹访四郎胜赖归宗，担任后见。传说信玄临终时嘱咐胜赖，要将自己的死讯密而不发，同时三年内不要对外侵攻，以免穷兵黩武，为人所趁。但是年轻气盛的胜赖把父亲的遗言当作耳旁风，掌权后依旧屡屡兴兵西进，天正二年（公元1574年）二月，经岩村口杀入美浓，攻克了明智城，六月又攻陷德川氏辖下的高天神城。

天正三年（公元1575年）四月，武田胜赖亲自统率大军南下，准备发兵攻打三河，完成父亲信玄上洛的遗愿。一万五千大军出美浓岩村口，二十一日进入三河国，进而包围了只有五百守军的长筱城。

捉襟见肘的德川家康再度向织田信长求救——这次，信长终于可以腾出手来，帮助这个一向恭顺的盟友了。五月十四日，织田信长、信忠父子统率三万大军进入三河国，开至冈崎城。此时在长筱方面，武田军已经攻入三之丸,并尝试派金掘众挖地道侵入本丸,守将奥平贞昌派家臣鸟居强右卫门潜出重围向德川家康求救。

十四日深夜,鸟居强又卫门从排水沟爬出长筱城,随即顺着因梅雨季节而水位暴涨的泷川,向下游漂了四公里远,才在雁峰山上燃起狼烟,通知长筱城中,自己已经安全潜出。十五日,在冈崎城中召开了紧急军事会议,织田信长决定放弃适于大军决战的广阔平原有海原,选择狭长的设乐原作为进军方向,而鸟居强又卫门也恰在此时赶到了阵中。

在禀报了长筱城的危急局势以后,鸟居强又卫门不肯留下,匆匆返回,并在尝试潜入城中时终于被武田军捉获。此时武田胜赖已对这座小而坚固的长筱城感到极度愤恨和烦躁,他威吓强又卫门说:"通知城中救援不会赶来,我就放你一条生路。"奔跑了一夜,又饿又累,浑身是伤的强又卫门勉强答应了。

然而,当鸟居强又卫门被捆绑在木架上,立在泷川对岸,遭监视的武田军催促、喝骂时,他却扯开喉咙大喊:"我已经在冈崎城见到了主公和织田公,织田公带来了数万大军,很快就会消灭敌人,将大家解救出去的。请再坚持一下,一定要再坚持一下!"立刻,他就被乱矛攒刺而死。

就这样,长筱城兵的战意因援军即将赶到而变得更为高涨,抵抗也更为勇猛。万般无奈的武田胜赖只得放弃围城,主力转向西面,迎战正在设乐原布阵的织田和德川联军——激烈的长筱合战就此拉开序幕。

长筱合战,对于武田胜赖来说,是一幕不得不出演的悲剧。他以外姓回归本宗,担任家督后见,威望不足以服众,面对其父武田信玄留下的诸多骄横的老将，必须打赢一场决定性的战役才能使自己的宝座稳如泰山，为此他只能屡屡发兵东进，寻找与织田、德川决战的机会。然而此时织田信长已从畿内乱局中腾出手来，统率数万大军支援德川家康，相比之下，武田军兵力既寡，士卒也因顿兵坚城长筱之下而日显疲惫，从纯军事角度来说，胜赖实在应该退兵，但从政治影响来考虑，他却可悲地不得不经此一战——只要一退，立刻威信扫地。

究其根由，如前所述，并没有一家战国大名真正完成了领国一元化的改革，改革进程总是磕磕绊绊，进两步、退一步。即以武田家而论，武田信虎时代即通过武力压服甲斐国人，把很多半独立的家族或者灭亡，或者纳入自己的统治体系中来，然而家臣们仍有力量联合起来将其放逐。

武田信玄初继位时，家中权柄都掌握在"两职"也即板垣信方、甘利虎泰手中，从某种意义上来说，仍是主弱臣强的局面，"两职"既有能力放逐信虎，也必然有能力废黜信玄。直到二将在上田原战殁，其后人虽然得以继承"两职"，但板垣信宪旋遭放逐，甘利昌忠的权力也大大缩水，信玄才终于真正成为一言九鼎的统治者。

等到如今信玄故去，当主幼小，武田胜赖只是"后见"而已，好比重臣联席会议的主席，旧将虽皆故去，信玄所一手提拔起来的新将个个战功赫赫、威望素著，非胜赖所可以压服者也。武田家中结构就此再度趋于松散，自然向心力也要大打折扣——信玄遗命胜赖勿战，而胜赖又岂敢不战？

据说，武田军中诸名将，比如山县昌景、马场信房（信春）等人从家族利益考虑，均认为以避战退却为最稳妥的方案，然而武田胜赖在亲信长坂钓闲斋、迹部大炊助的支持下，却在长筱以西的鸢之巢山等砦留下部分兵马，主力迎着织田、德川联军西进，笔直杀向设乐原。

设乐原北有太山，南有丰川，中夹宽为两公里的平地，织田军就在这一地域，凭借浅浅的连子川，在西岸布阵。此外织田信长还在连子川岸边修建起数道防马栅——这种种布置的目的只有一个，就是最大限度地削弱闻名天下的武田骑马武士的突击力。

为了引诱武田军出击，织田信长还考虑让重臣佐久间信盛前往诈降，而德川家臣酒井忠次则提出，派小股部队绕路奇袭鸢之巢山，定可解长筱之围。信长当时加以断然拒绝，至夜却突然密令酒井忠次率两千三河精兵，并己部五百铁砲手，趁夜色秘密南渡丰川，东进奇袭鸢之巢山。

战斗在五月二十一日清晨六时展开，武田军利用骑兵优势，对织田和德川的设乐原阵地展开了汹涌的一波又一波的强大攻势。首先是左翼先锋、打着黑底白桔梗旗的山县昌景队攻击德川军，然后是中央先锋内藤昌丰队攻击织田军泷川一益部，右翼先锋马场信房队攻击织田军佐久间信盛部。

上述三支驻守在防马栅附近的联军长柄（长柄枪）部队一遭到武田军攻击，立刻收缩回到防马栅后面。而几乎同时，预先布置在栅后的三千支铁砲齐声鸣响，武田军先锋伤亡惨重，被迫退回，换由第二阵继续冲锋。同时，武田胜赖还命令山县队残部从连子川下游迂回到德川军侧面，杀入突出在防马栅外的德川先锋大久保七郎右卫门忠世与其弟治右卫门忠佐阵中。大久保兄弟英勇奋战，与武田军前后进退拉锯达九次之多。

武田军第二阵由武田胜赖的叔父逍遥轩信廉，以及小山田信茂等将统率，在连射的铁砲面前，同样铩羽而归。然后是第三阵，主力为上野国有"赤武者"之名的小幡队，大将小幡上总介信重身先士卒，却落得个中弹丧命的下场。德川军石川数正、榊原康政、内藤正成、本多忠胜等将率两千步兵趁势从防马栅内冲出，追杀残敌。

然而直到这个时候，武田胜赖却仍旧执迷不悟，发动了第四次自杀性的进攻。第四阵由武田典厩信丰（武田信繁之子）等将统率，都穿黑甲，打着黑色旗帜——就在此时传来了鸢之巢山被酒井忠次奇袭攻陷的消息。

经过了三个多小时的激战，因为马场信房、内藤昌丰、穴山信君等名将的奋战，武田军已经突入织田、德川联军阵中，连续破坏了两道防马栅。但因为地面杂草丛生，坑洼不平，并且堆满了尸体，他们很难快速集结力量，扩大战果。战至下午一时左右，鸢之巢山失陷、后路被断的消息使武田军士气崩溃，名将山县昌景首先中弹战死。

织田信长准确把握战机，命令全军从防马栅后杀出，开始最后的总突击，德川军也从侧面展开夹击攻势。武田氏名将纷纷倒在设乐原上，除小幡信重和山县昌景外，还包括横田备中守纲松、真田源太左卫门信纲、真田兵部昌辉、土屋右卫门昌次、高坂源五郎昌澄等数十人。

大败亏输的武田军向凤来寺方向奔逃，联军从后追杀，内藤昌丰于途中战死。马场信房亲率三十骑殿后，在猿之桥边目送武田胜赖安全离去后，自杀性突入敌阵，枪挑织田军四五将下马，然后壮烈牺牲。

武田信玄毕生以顽强敢战的家臣团自傲，他曾经说过，坚城并不可恃，人才才是最重要的——"人是城，人是砦，人是垣"。经过长筱合战，武田氏无数名将战死沙场，信玄亲手组建的家臣团濒临崩溃，存者无不离心背德，甲斐武田氏就此日薄西山，逐渐走向灭亡。

巨城安土

作为一名划时代的征服者，织田信长身上笼罩着颜色各异的种种迷雾，无论是他的善政、他的革新，还是他的暴虐、他的杀戮，都通过民间口耳相传，甚至后人的诸多追记，被加以无限度地扭曲和放大。

比如信长少年时代的特立独行，比如"桶狭间之战"由突袭而变为奇袭，比如真伪难辨的火烧比睿山……"长筱合战"也是如此，后人往往评论说信长彻底革新了战斗方式，变冷兵器决胜为热兵器决胜，集中三千支铁砲轰击武田骑马武士，乃是战役取胜的关键。还有传说，信长发明了铁砲的三段式战法，并将之运用于"长筱合战"之中。

所谓三段式战法，是因为老式火绳枪射速很慢，射程也近，在骑兵从射程外冲至铁砲手面前的这一段时间内，即便熟手也不过最多能够发出两弹而已，完全不足以阻遏骑兵前冲之势。故此将铁砲手分为前、中、后三排，一排射击，另两排则清膛、填弹或者瞄准，如此循环往复，可保证射击不间断，给敌军造成最大的杀伤。

另一说，则是后两排在清膛、填弹以后，仍将铁砲交予第一排铁砲手发射，所产生的效果是相似的。

正因为从来未曾遭遇过这般组织射击的方法，因而本身对于铁砲这种新式武器并不生疏的武田胜赖，仍敢于派遣骑马武士从正面突击有铁砲手布列的织田、德川军阵，这才导致最终的惨败。

然而，由信长侧近太田牛一所撰写的第一手资料《信长公记》中，却并没有在长筱运用三段式战法的记载。并且，有关铁砲集群使用和三段式战法的最早记载，更在长筱之前，运用者是本愿寺麾下杂贺、根来等擅长使用铁砲的雇佣兵集团。若说信长从与这些集团对战的过程中学到了三段式战法，并将之运用到长筱战场上，只是太田牛一漏记了，尚有可说，但说发明者是信长本人，那便彻底是后人的美化了。

"长筱合战"中，织田、德川联军的铁砲手确实发挥了相当重要的作用，但这未必是制胜的关键。前有示敌以弱，又利用地形抢先布下阵列，后有奇袭鸢之巢山，断敌后路，加上织田、德川联军数量原本便比武田军占优，即便没有铁砲齐射，最终的胜利者仍然会是织田信长吧。

再说"长筱合战"的前一年，越前再起动乱，织田信长所任命的守护代桂田长俊（前波吉继改名）遭到弑杀，凶手是同为降将的富田长繁和加贺一向一揆。加贺一向一揆曾长年与朝仓氏征战不休，因为旧仇甚于新恨，在织田信长对朝仓氏用兵的时候，加贺本愿寺就站在了信长一边，从而于战后获得了在越前发展信徒的合法地位。因为桂田长俊在越前横征暴敛，越前九头龙川附近国人一揆和一向一揆蜂起，与富田长繁南北夹击，桂田长俊不敌败死。

此时织田信长正在为武田胜赖而头痛，于是当富田长繁写信说自己并无叛意的时候，他也就顺水推舟，给了对方越前守护代的职衔。可惜长繁也同样不得人心，北陆一向宗总大将下间赖照和军师七里赖周趁机潜入越前，随即召集一向一揆十三万大军包围了长繁的主城府中。长繁出城逆击，大破敌军，但在追击过程中被不满的部下暗杀，一向一揆随即控制了整个越前国。

于是，在长筱击败武田胜赖以后，织田信长率军再征越前，朝仓氏旧臣纷纷响应，一路势如破竹，一向一揆势分崩离析，很快就遭受到大屠杀的凄惨命运。据说越前各一向宗寺院的主持都被织田军搜出处以磔刑（绑于木架上以长矛攒刺），参与暴动或被怀疑参与暴动的百姓则全被斩首，前后有三到四万人被杀死，越前几乎变成"血国"。

战后，织田信长增筑北庄城，以重臣柴田胜家为城主，并将越前八个郡作为胜家的封地，剩余的大野郡封给金森长近和原长赖，府中周围两郡封给佐佐成政、前田利家和不破光治——人称"府中三人众"——作为胜家的与力（副手），全权委托北陆战事。

这是织田氏第一个军团——北陆军团——组建的开端，然而军团长柴田胜家所获得的权力并不完整，织田信长留下了九条法规来约束他的职权范围，胜家等人依旧牢固地置留在织田氏统一的政治架构中。这与旧时代的分封制度有着本质上的区别，后来德川幕府在其基础上建立了完整的诸侯管理体制。

翌年为天正四年（公元1576年），元月，织田信长命令丹羽长秀在近江国安土山上修筑一座前所未有的宏伟城堡，作为自己新的主城。这座安土城先后修建了三年，至天正七年（公元1579年）正月方才完工，它是织田氏政权的标志，也是"安土时代"名称的来源。

安土有"平安乐土"之意，安土城构造极其雄伟：城与丘陵东西相连，西北有安土山；城郭建于突出琵琶湖面的小半岛上，三面围以湖水，因奥岛、伊崎岛而与琵琶湖分开，成为方圆二里许的内湖。城内分本丸、二丸，均建于中央丘陵之上，后面则为长方形的天守阁（石基木建的高峻城堡，产生于战国中期）——信长改变了天守阁的旧名，而呼之为"天主台"。这与其说他是亲近天主教，不如说他是自命为日本的"天主"，将以此城君临天下。

四月，织田信长再度对本愿寺用兵，派遣荒木村重、细川藤孝、明智光秀和塙（原田）直政四将从海陆两线展开进攻。本愿寺中此时也集结了上万兵马，面对汹涌而来的织田军，以铁砲和弓箭顽强抵抗。织田军不敌退却，信长的爱将塙直政命丧荒野。

塙直政之死使织田信长大为恼怒，立刻亲往前线，统率三千精兵，冒着来自敌方雨点一般纷飞的枪弹，杀开一条血路，攻克四天王寺，追击到城户口，斩杀石山军两千七百余人。本愿寺方被迫收缩阵线，于是信长就在石山四周构建起十余座城堡，命佐久间信盛、松永久秀、水野信元等将守备，意图切断外援，将敌人困死、饿死。

然而织田信长的如意算盘很快就被打破了，在显如上人和足利义昭的请求下，中国地区最大的势力毛利氏派遣水军前往增援石山本愿寺，并运送粮草物资。毛利水军主要由濑户内海贼大名三岛村上氏（因岛、来岛和能岛），以及儿玉、粟屋等直辖船团组成，巨大的战船足有七八百艘之多。

面对强敌，负责警护水面，阻断本愿寺外援的织田方将领真锅七五三兵卫、沼野传内等人匆忙率各色战船三百余艘前往迎战，这就是"第一次木津川口海战"。在众寡不敌的战斗中，无数火矢和焙烙玉（火药球）落在织田水军头上，毛利水军在付出很小的代价后，便将织田水军击灭，真锅、沼野等将全部战死——对本愿寺的包围圈就此被撕裂了。

再建包围网

室町幕府的灭亡虽有事实，却无名义。倘若当朝廷暗示授予织田信长征夷大将军的名号的时候，信长欣然受之，则新的织田幕府将会开创，旧有的足利幕府自然烟消云散。然而信长似乎非常反感这种旧式的统治架构，并无开创幕府之意，于是对于疏远甚至敌对信长的势力来说，室町幕府仍然存在，足利义昭仍然是名义上的武家共主。

也就是说，当幕府所有在畿内和周边地区的御料地都被织田信长没收，足利义昭本人也被流放到其妹婿三好义继的河内若江城以后，这位往日的将军大人已经丧失了所有实力，但仍然保有一定的政治影响力。他再没有力量聚集兵马，向信长竖起反旗了，但仍然可以一如既往地四处送信，哀告求援。

尤其时隔不久，三好义继与信长的关系恶化，信长要求足利义昭返京遭到拒绝，足利义昭随即摆脱了信长控制，迁往纪伊国兴国寺。天正四年（公元1576年），他更干脆乘船远渡去了备后国的鞆之浦——此处乃是关西霸主毛利氏的领地。

于是，以义昭为中心，本愿寺、毛利、上杉、后北条等势力结合起来，第二次织成了一张强大的包围网。

且说毛利元就于弘治元年（公元1555年）通过"严岛合战"杀死了强敌陶晴贤，随即命三子分道直进，很快就灭亡大内家，吞并了防长两国。其长子、家督毛利隆元还将军势伸入九州，在丰前门司城大破丰后守护大友义镇。

转过头来，毛利氏又东进与尼子氏争夺石见诸豪族的支持。永禄三年（公元1560年），正亲町天皇即位，因献纳继位费用之功，毛利元就被封为陆奥守，隆元封大膳大夫，元春封骏河守。同年，幕府将军足利义辉促成毛利、尼子两家和谈，并赐隆元安艺守护职。十二月，正当壮年的尼子晴久去世了，其子义久继承家督之位。

此后三年，毛利氏东击尼子，西战大友，虽然仍是两线作战，但强弱胜负之势却与灭亡大内氏以前全然不同了。最终，在足利义辉的调解下，毛利元就与大友氏和睦，为隆元之子幸鹤丸和大友义镇之女商定婚事，毛利隆元更获幕府赏赐备中、备后、周防、长门四国守护职。

停止了西方战事的毛利元就倾全力向东，先后取下白鹿、江尾等重镇，击破尼子伦久（义久弟）、龟井秀纲的援军万人，最后团团围住尼子居城月山富田。这场围城战打了相当长的时间，直到尼子义久中了反间计，杀死老臣宇山久兼父子，导致军心混乱，局势才一发不可收拾。永禄九年（公元1566年）十一月，义久兄弟出城降伏，随即被送往安艺高田郡圆明寺幽闭起来——东中国地区曾经的第一豪强尼子氏就此灭亡。

其间在攻打名将松田诚保驻防的坚城白鹿城的时候，毛利氏当主隆元突然去世，享年四十一岁——传说他是被人毒死的。于是，毛利元就临时离开战场，回到吉田郡山城，为隆元十三岁的遗子幸鹤丸举行正式的元服仪式，并确定他为新的一门总领。幸鹤丸获得将军足利义辉赐字，取名为少辅太郎辉元。

此后数年，北九州战火再开，并且毛利氏南下将势力伸向伊予。仿佛一位英雄已经度过了他最辉煌的青年时代，现在的毛利氏，只是缓慢而稳固地成长，过去的强大扩张态势，已经逐渐消失了。

就在这种背景下，尼子氏在山中幸盛等人的扶持下一度复兴。山中幸盛，通称鹿之介，乃是尼子氏谱代重臣山中三河守满幸之子。鹿之介十六岁的时候初阵，杀死了山名家勇将菊池音八，威名大盛。永禄八年（公元1565年），鹿之介年仅二十一岁，毛利氏的尼子侵攻战开始了，毛利军总兵力三万五千，势如破竹，包围了尼子居城月山富田。

据说毛利方勇将品川大膳立马饭梨川边，看到一名身着赤丝威大铠、头戴鹿角胁立兜的武将在对岸驰骋，于是放声挑战。来将正是山中鹿之介，他大喝一声，接受了一骑讨，拔刀绕水来斗。品川大膳弯弓发箭，被鹿之介躲过——四周军兵齐声吆喝："使用弓箭，何等的卑怯！"大膳于是抛却弓箭，提刀来迎。二人你来我往，反复数十回合不分胜负，最后全都下马掷去太刀，以短刀"组打"。大膳先是占了上风，把鹿之介压在身下，但很快就被对方巧妙地扳回了上风，并以迅雷不及掩耳之速，将短刀插入大膳的腹部。

山中鹿之介割下品川大膳的首级，大喊道："今天，出云的鹿杀死了石见的狼（大膳名为狼之助胜盛）！"尼子阵中欢声一片。这段故事记载于《云阳军实记》中，鹿之介的勇名从此响彻整个中国地区。

然而，一将的勇斗无法挽救家族的灭亡，月山富田城终于陷落了，山中鹿之介流浪到京都东福寺，出家当了和尚。传说他对着家传的三日月鹿角兜发誓，宁愿天降七难八苦到己身，也要复兴尼子家。永禄十二年（公元1569年），鹿之介召集了各地流亡的尼子旧臣，拥立新宫党子遗孙四郎胜久为主，在出云忠山再度举起四目结（尼子氏家纹）的旗帜。一个月后，他更收复了月山富田城。

翌年二月，吉川元春统率一万四千大军再次包围月山富山城。鹿之介以七千兵在城南布部山与战，大败而走末石。元春攻克富山，再取末石，鹿之介孤城难守，被迫出降，遭到幽禁。

初次起兵虽然失败了，但是山中鹿之介的决心并未因此动摇，他用诡计脱出囚禁，逃往近畿，暂时依附于织田信长。信长称赞鹿之介是真正的武士，赏赐名马四十里鹿毛，支持他回家乡去再和毛利氏捣乱。

几乎同时的元龟二年（公元1571年）六月十四日辰刻，毛利元就因为食道癌，病殁于吉田郡山城中，享年七十五岁。此后毛利氏就在毛利辉元的统治下，由辉元两位叔父——吉川元春和小早川隆景为辅佐，缓步向东扩展势力，终于响应足利义昭的号召，加入了第二次织田包围网。

御馆之乱

毛利氏与织田氏相距遥远。虽然毛利已在中国地区称霸，但在东中国与畿内西部，尚存在着数十个大小势力，首鼠两端，左右摇摆，毛利无法在短期内派发大军将之彻底扫平，进而与织田接壤，故此只能通过水路，不断向石山输入军粮，支援本愿寺的抗战。

然而在畿内的东北方向，却有一支与织田相接壤的庞大势力，在得到足利义昭的求援信以后，开始调动兵马，策划上洛——那便是号称"北陆的守护神"的上杉谦信。

战争始于天正四年（公元1576年），上杉谦信在吞并越中后，又统率大军攻入能登国，基本将其平定，唯余坚城七尾久攻不克。翌年三月，谦信退回主城春日山，能登守护畠山氏重臣长续连暗通织田信长，夺回了被上杉氏吞并的熊木、富木等城。七月份，上杉谦信再度发兵一万五千来攻，十七日于天神川原列阵，长续连一族的长连龙派人向信长求救。九月十八日，织田氏北陆军团的柴田胜家统率丹羽长秀、池田恒兴、佐佐成政、前田利家等部共四万八千大军，越过加贺手取川，准备救援能登七尾城。

但就在这个时候，一向内争不断的畠山家，却突然倒向了上杉谦信。畠山氏重臣游佐续光和温井景隆认为织田军无法战胜"越后之龙"，提出降伏于上杉氏，在遭到长续连驳斥后，干脆发动政变，把长氏一族百余人全部诛杀，然后打开了城门。

闻听七尾城已经落入敌手的织田军匆忙后退，但适逢天降暴雨，手取川水位猛涨，困于河滩上待渡的部队遂遭到越后骑兵的奋力突击，损失千人，其中半数是溺水而亡。手取川之战后，上杉谦信彻底吞并了能登国，织田势力则缩回加贺。

传说上杉谦信在此次征讨能登的战斗中，曾经写下过一首汉诗："霜满军营秋气清，数行过雁月三更，越山并得能州景，遮莫家乡忆远征。"诗中充满了迟暮之意，可见这位名将的来日无多了。

北陆地区在冬天经常会降下大雪，行军不易，因此上杉氏主力往往秋来冬去，不能持久。这一年，败退的柴田胜家也拣到了这个便宜，上杉谦信于十二月份回归春日山城，不再对敌人穷追猛打。第二年春天，雪化冰消，这位名将召集了包括后北条氏在内的数万大军，正准备再次发兵西进，直取洛中之时，却因为脑溢血而暴毙在厕所中——享年仅四十九岁。

据说上杉谦信因为虔信佛教，毕生没有娶妻，当然也就没有儿子，他过继了几个孩子作为养子，到他去世后，最有继承资格的共有两人：一是上杉景虎，本是北条氏康的七子，名为北条氏秀，一度被送到武田家当养子兼人质，后来甲相交恶，随即越相同盟，氏康就又把这个可怜的孩子送到了上杉家。谦信非常喜欢这个养子,把自己的原名"景虎"都赐给了他。

另一个养子,则是坂户城主上田长尾政景和谦信之姐仙洞院所生的上杉喜平二景胜。据说谦信临终前,遗命将越后守护与长尾氏一门总领之位传给景胜,而让景虎继承上杉家名和关东管领。然而他才一咽气,景胜就先下手为强,以父亲的遗言为名迅速控制了春日山城的本丸、金库和武器库。上杉景虎挥兵与战,遭到惨败,被迫逃出春日山,进入山内上杉宪政隐居的御馆城。

消息传到小田原,上杉景虎的亲兄长、后北条氏家督北条氏政想要派兵救援,可是相隔崇山峻岭,远水难救近火,于是他请求甲斐守护武田胜赖出兵。胜赖一开始答应了后北条氏的请求,但随即被上杉景胜以献上部分领土和黄金一万两的条件说服,转而支持景胜,还将其妹菊姬嫁与景胜为妻。氏政无奈,只得派兄弟氏照、氏邦领兵,会合景虎派的上杉氏大将北条高广等部,千里迢迢杀入越后。

到了次年二月,天降大雪,已经攻克数座越后城池的后北条军为大雪所阻,行动迟缓,上杉景胜趁机对御馆城发动了总攻击,上杉景虎方大将上杉景信和北条景广(高广之子)战死。三月十七日,御馆城被攻破,上杉宪政也在前往春日山城调解的途中莫名其妙地遭到刺杀。于是上杉景虎穷途末路,被迫切腹自尽。

经此"御馆之乱",上杉景胜继承了乃父谦信的事业,但他却再也拿不到关东管领的职权了。尤其越后近半的国人领主,甚至包括上杉谦信的旗本神余一族等全都站在景虎一边，陆续被景胜剿灭，上杉家因此实力大损——史称"御馆之乱"。

考究胜负根由，是因为景虎派虽然实力强大，却势力分散，乃为反感景胜上台的豪族、旗本主动聚合在一起，很难统一指挥。与之相比，景胜派初期处于弱势，但一则先下手为强，二则说服了武田为其盟友，最关键的，是在于景胜拥有牢固的家臣团作为基本盘。

越后长尾三家，势力最强的是谦信出身的三条家也即守护代家，谦信本人的旗本就是这一家族的主要力量；其次为上田长尾家，也即上杉景胜出身的家族；第三为谦信舅家古志长尾家——上杉景信即为此家家督、谦信之舅，本名长尾景信，受赐上杉苗字。

上田长尾政景虽然迎娶了谦信的胞姐为正室，却曾经拥护与其妻并非一母所生的晴景，而反对谦信入主春日山城，几乎是越后国内最后一个被迫降伏于谦信军门前的势力。但当他降伏以后，却不但深得谦信看重，并且保留了相当大的自主权。可以说除春日山城以外，上田长尾家乃是越后国内最为强势的家族。

景胜以上田长尾家督之身，又成为谦信的养子，成为谦信去世后两名继承人之一，无疑标示着上田家将替代守护代家执掌整个越后——这正是谦信的旗本全都拥护缺乏足够实力的景虎，而反对景胜的主要缘由，也是景胜在上田众的忠诚辅佐下最终赢得胜利的重要原因。

后事的发展正如谦信旗本众所担心的那样，景胜一坐稳了上杉家督之位，上田众立刻鸡犬升天，其侧近狩野秀治和小姓出身的樋口兼续（后改名直江兼续）并为家中执政，并在"御馆之乱"后大肆改易、削弱景虎派臣僚，加封上田群臣。这一方面使得领国一元化的进程比之谦信时代更进一大步，但同时也引发了很多豪族的不满，导致了随后的"新发田之乱"。

趁此良机，织田方的柴田胜家发兵攻入能登和越中，织田信长也把流亡在京都的神保长住等越中豪族派回本国，让他们号召旧部恢复被上杉氏侵吞的领地。上杉氏被迫全面收缩，织田政权的北线就此稳定下来。

铁甲船诞生

第一次木津川口海战结束后，为了重组对本愿寺的包围，天正五年（公元1577年）二月，织田信长亲统大军南下征讨纪伊的杂贺党。杂贺地区聚集着许多闻名遐迩的忍者武装集团，同时也是日本三大铁砲产地之一，长年来与石山本愿寺互通声气。织田军数次进攻本愿寺，都在杂贺党的铁砲面前吃过大亏。织田信长希望可以通过征服杂贺，斩断本愿寺显如的一条臂膀。

杂贺的根来寺暗中与织田信长联系，愿为内应，信长于是整军前往。经过一个多月的激战，土桥平次、铃木重意（杂贺孙一）、冈崎三郎大夫、松田源三大夫、宫本兵大夫、岛本左卫门大夫和栗村二郎大夫等七名杂贺首领联名签署誓书，表示臣服于织田氏。

天正六年（公元1578年）十一月六日，爆发了"第二次木津川口海战"。为了重组对石山本愿寺的包围圈，为了击败毛利水军，控制濑户内海，其实在去年"第一次木津川口海战"败退后，织田信长就下令九鬼嘉隆在伊势湾建造六艘巨大的新式战船。九鬼氏本是志摩国豪族，拥有强大的海军力量，还曾经作为倭寇的一部分，侵扰过我国东南沿海，因为船上习惯打着"八幡大菩萨"的旗帜而被称为"八幡水贼"。九鬼嘉隆是在遭到伊势国司北畠氏进攻时，经泷川一益介绍臣服于织田信长的。

本年六月，这六艘巨大无比，外包铁皮，配有摇橹六十支，内置大筒（火炮）三门、中筒（大火枪）二十四支、小筒（火枪）六十八支的战船终于完工了，被称为"铁甲船"。由泷川一益的一艘安宅船（大型战舰）为向导，七舰组成的船团顺风离开熊野浦，驶向濑户内海，首先在和泉淡路冲击败本愿寺的水军，然后在堺港停泊。

堺在战国时代的日本，是一个极为特殊的存在。堺港位于濑户内海西岸，最初重要性远不及尼崎、兵库等港口，但"应仁之乱"以后，细川氏统治此地，将它作为勘合贸易的基地，这才逐渐繁荣起来。除对外贸易外，堺也以刀剑、绢织物、漆器和铁砲生产闻名全日本，成为周边封建大名垂涎的一块肥肉。

在反抗封建大名的横征暴敛过程中，堺逐渐由门阀豪商组织起独立的管理机构，征召雇佣兵保卫城市，并且统一向封建大名交涉和缴纳赋税，变成了一座自由都市。耶稣会士伽斯巴尔在参观过堺以后，曾称其"富庶而和平，像意大利的威尼斯那样实行自治"。

这般自由都市，在战乱中的日本，并非独堺一座。永禄十一年（公元1568年），织田信长击败名义上统治堺的三好氏，为了将此地纳入自己的管辖范围，下令堺的管理机构交出矢钱（军用金）三万贯，遭到拒绝。信长准备动用武力征服，堺遂联合另一享有自治权的都市——摄津的平野，合兵抵抗织田军的进攻。

经过武力压迫和政治威胁，到永禄十二年（公元1569年），织田信长终于迫使堺屈服，承认他的唯一宗主权地位，并按一定数额缴纳赋税。信长控制堺市与堺港，大大充实了织田氏的军费和武器来源，而深通谈判之道的堺的豪商们，比如千宗易、今井宗久等人，也为信长和平统一许多地区，作出了不可磨灭的贡献。

因此，铁甲船团就以堺港为据点，频繁出击，配合陆军再度把本愿寺团团包围起来。十一月六日，毛利水军再度向本愿寺运送军粮，组织了由六百余艘大小舰船组成的大船团，来到木津川口。得到消息的九鬼嘉隆急忙率铁甲船团迎战，两军从早晨六时一直恶战到近午——这就是"第二次木津川口海战"。

铁甲船虽然规模巨大、防护严密，又配有相当数量的新式火器，但终究数量有限，要直接面对数百艘敌船，胜算是相当渺茫的。九鬼嘉隆看清了这一点，指挥船团尽量不与敌船靠近，而只远远地以大筒和铁砲轰击。毛利水军火箭如雨，却根本无法射穿覆盖在敌船体外的厚厚铁甲，而因为距离不够，手抛焙烙玉也根本无法伤敌。就这样，嘉隆顺利地将毛利水军击败，血洗了"第一次木津川口海战"的败战之耻。

纵横濑户内海十数年的毛利水军大败亏输，这对毛利氏和本愿寺两方都产生了巨大的心理压力，对织田信长威信之上升，也起了相当重要的推波助澜作用。从此本愿寺外援断绝，困守孤城，支撑到天正八年（公元1580年）四月，终于被迫答应织田信长提出的屈辱的和议。在朝廷特使近卫前久、劝修寺晴丰等人的安排下，显如上人写下誓书，宣布停止对织田信长的抵抗，净土真宗放弃根据地摄津石山，以及北陆的加贺，前往他处和平传教。

显如上人随即离开本愿寺，遁往纪伊的鹭森隐居，其子本愿寺光寿（教如）仍然不舍这座本寺，但坚持到当年八月，终于还是被迫离开。名虽和睦，其实本愿寺势力等于彻底向织田信长缴枪，表示臣服，持续十一年的石山战争就此落下帷幕。

番外篇

茶道和武士

茶道是日本所独有的文化艺术形式（中国茶很少称之为"道"，而相关茶的文化和艺能，亦与日本的茶道截然不同），包含有佛教、儒学、建筑、书画、雕刻、礼仪、插花、烹饪、陶器、竹器等非常丰富的内容。我国的饮茶习惯传到日本以后，经过唐代的茶饼煮饮法、宋代的末茶冲饮法和明代的叶茶泡饮法三个阶段的影响，到了室町幕府时代，在村田珠光等名家的倡导下，日本终于发展出了自己独特的茶道艺术。

日本茶道的主体是末茶冲饮，室町中后期从民间逐渐走向武士家庭，战国时代许多著名武将都同时也是茶道爱好者，甚至是所谓的"大茶人"，比如织田有乐斋（织田信长之弟）、丰臣秀吉、荒木道熏等等。当时最著名的茶道宗师是千宗易（利休），他开创了千家流的茶道艺术。千宗易的门人弟子很多，其中最著名的是"利休七哲"，即蒲生氏乡（赋秀）、细川三斋（忠兴）、濑田扫部（伊繁）、芝山监物（宗纲）、高山右近（重友）、牧村兵部（利贞）和古田织部（重然）。其中蒲生赋秀是织田信长的女婿，细川忠兴是织田家大将细川藤孝之子，高山重友是摄津豪族，原从属于荒木村重，古田重然也是织田信长的家臣，都是当时著名的武士。

喜欢茶道的武士，往往以收集名品茶器为乐，包括茶碗、茶釜、茶入（装茶末的小罐子）、茶勺、茶筅（搅拌茶汤的竹器）等等，甚至还包括举行茶会所必备的周边器具，比如花入（花插）、香炉之类。织田信长、松永久秀、明智光秀、佐久间信盛等都算不上是大茶人，但他们的收藏品却相当可观。这些茶器部分是名家所做，大部分则其本身的艺术价值并不见得很高，往往因为由名家用在某场著名的茶会上，就此附着于茶道艺术的价值，才骤然身价百倍。

既然饮茶成为风雅之事，收集茶器成为流行之事，那么战国武将们就往往赏赐部下茶器，比赏赐金银、刀剑甚至领地更能使部下欢欣鼓舞，认为是莫大的光荣，这也算是一种独特并且奇特的文化现象吧。

战国群雄概略（五）

所在地	家名	结局
近江国	浅井氏	1573年为织田信长所灭
	六角氏	1568年为织田信长所灭
	三云氏	从属于六角氏，1568年六角灭亡后没落
	朽木氏	先后从属于足利氏、织田氏、丰臣氏，江户幕府时代家族分裂，嫡流为幕府旗本
山城国	足利氏	1573年为织田信长所灭

续表

所在地	家名	结局
大和国	松永氏	原从属于三好氏,后归从织田氏,1577年因反叛被织田信长所灭
	筒井氏	先后从属于织田、丰臣氏,江户幕府伊贺上野藩
摄津国	石山本愿寺	1580年向织田信长妥协,势力散去
	池田氏	1570年为荒木村重所灭
	伊丹氏	1574年为荒木村重所灭
	荒木氏	原从属于池田氏,1571年直属织田氏,1579年因反叛被织田信长所灭

七章　敌在本能寺

织田信长既是一个破坏者，也是一位建设者，但他破坏旧时代过于彻底，而建设新时代却波折不断、坎坷艰辛。最重要的是，信长似乎妄图打破所有的陈旧秩序、体系，在灭亡室町幕府的同时，也架空了天皇朝廷——不知道信长究竟会走向何方，便引发了部下深重的疑虑甚至是恐惧，从而将信长推上绝路。

松永和荒木的谋叛

尾张的小诸侯织田信长之所以能够在战国群雄中脱颖而出，与尾张国所处的地理位置、政治经济状况密不可分，同时和信长本人的性格与政策也是分不开的。织田信长最大的性格特点就是藐视权威，敢于革新，只要有利于自己的统治，任何势力都可以打倒，任何情感都可以抛弃。

从尾张时代起，织田信长就非常注重商业的发展。当时日本大小诸侯割据，道路残破，关卡林立，城下町的商业也多被当地行会所垄断，非常不利于商品经济的发展。信长花很大精力修葺道路和桥梁，废除领地上的关卡，同时采取"乐市乐座"制度，以打破行业垄断。所谓"乐市乐座"，是指在城下町专辟场所，任何人都可进入经营商业，只要按时向领主缴纳赋税，就不必经过当地行业公会同意。这种领地内的自由贸易政策，信长并非始作俑者，只不过他执行得更为彻底和完善而已。此外，信长还铸造"大判"（一种金币），统一领内的货币。

在农业方面，织田信长一方面强力镇压一揆，一方面确立封建领主制，采取"兵农分离"、"检地"（重新丈量土地，确定准确的年贡额）和"刀狩"等政策，力图将农民牢牢禁锢在土地上。当时大部分封建诸侯并无常备兵，武士除还要担任行政职务外，也可能下地种田，农民在作战时也会被临时征发入伍。信长采取"兵农分离"政策，把武士常备兵化，而禁止农民脱离生产，加入到争斗的行列中去。这一政策，后来更发展为"刀狩"，即没收农民所持有的武器，以防转业和暴动。

当然啦，因为全日本尚未真正统一，故而信长时代，"兵农分离"和"刀狩"都只在部分地区施行，并未普及化和完善化。

政治方面，织田信长先是挟室町将军以号令天下诸侯，继而废黜足利义昭，灭亡室町幕府。同时，他尊奉天皇朝廷，希望建立双头傀儡政治，对足利义昭产生一定制约，而等义昭已被放逐，他又以"征伐未尽其功"为借口，放弃了朝廷赐予的一切官职，想把天皇朝廷也一脚踢开。为了将织田政权名正言顺地纳入天皇朝廷体系，天正九年（公元1581年），正亲町天皇遣使赴信长处，希望他可以担任左大臣一职，然而信长竟以天皇退位作为条件："若诚仁亲王得以继位，我将担任官职，悉心辅佐。"为了对抗朝廷，他甚至策划扛出足利义昭之子足利义寻担任第十六代幕府将军，反过来分割朝廷的影响力。

这种藐视甚至完全无视权威的激进做法，无疑把织田信长推到了一个与天下各势力为敌的危险境地中。再加上他唯力为视，对百姓严刑峻法，对家臣则要求严苛，微过必惩，就在他达到辉煌顶峰的时候，织田政权内部各种矛盾就已经开始激化了,反叛此起彼伏。

首先是松永久秀的谋叛。似乎脑有反骨的久秀,前此已经多次向织田信长掀起过反旗了,只因畿内尚未平定,信长在快速进攻,打得久秀开城投降后,也就只给予小惩大诫,依旧允其重归家臣团。但是到了天正五年(公元1577年),听闻"越后之龙"上杉谦信将要上洛的消息后,松永久秀、久通父子突然从石山本愿寺外撤兵,退守居城大和信贵山。信长立派长子织田信忠集合畿内兵马前往讨伐。十月十日,松永久秀弹尽援绝,自杀而亡,结束了他相当富有戏剧性的一生。

松永久秀这个"天下至恶",毕生行事往往出人意表,像是该谋叛的时候,他总是忠诚地跟随着信长,以效犬马之劳,而当谁都不注意他的时候,久秀却开始蠢蠢欲动——就连最后的自杀,他也表现得与众不同。据说信长一直垂涎久秀收藏的名茶器"平蜘蛛釜",但软磨硬泡,用尽种种手段,久秀却坚持不肯献上。此次信贵山城被围,信长传话说:"交出平蜘蛛釜,我就饶你一命。"久秀闻言冷笑:"我已经快七十岁了,去日无多,何必要你饶恕?不过,你也休想得到我心头至爱。"于是把平蜘蛛釜内塞满火药顶在头上,引燃火绳,轰的一声,"天下至恶"与"天下至宝"一起化为飞灰。

爆炸所引起的大火,烧尽了信贵山城本丸,松永一族男女老幼全都葬身火海。恰好就在十年前的同月同日,松永久秀与"三好三人众"相争,为了避免奈良东大寺的大佛殿被敌人占领作为据点,干脆放一把火,将这座千年古刹烧为灰烬。十年以后,久秀自己也化为了灰烬,时人都说这是上天对恶徒的惩罚。

而在此前的天正元年（公元1573年），松永久秀的旧主三好义继已经去世了。当年十一月，三好义继、松永久秀等人呼应足利义昭起兵造织田信长的反，结果在信长大军压境后，久秀及时降伏，免于一死，义继却是死脑筋，坚决不降。结果三好氏主城若江城被攻陷，义继愤懑恐惧之下，亲手杀死了自己的妻子儿女，然后十字切腹而死。

第二个向织田信长掀起反旗的重要人物，乃是摄津守护荒木村重。荒木氏本是丹波豪族波多野氏的同族，荒木高村时代移住摄津川边郡的小部庄，出仕于豪族池田长正——高村的孙子就是荒木村重。永禄十一年（公元1568年），织田信长奉足利义昭进京，义昭即封和田惟政、池田胜正（长正之子）、伊丹亲兴三人共任摄津守护职。

作为池田胜正重臣和女婿的荒木村重，最初并非亲织田派，反而与三好氏暗中一直有所往来。织田信长与浅井、朝仓氏恶战的时候，荒木村重策应三好氏，与织田讨伐军连番恶斗，元龟二年（公元1571年）更在白井河原杀死了摄津三守护中最具实力，也最受信长信任的和田惟政——此人权势熏天，曾被传教士弗洛伊士称为"京都之副王"。

然而最终荒木村重还是投向了织田信长的怀抱，通过织田重臣细川藤孝的居中联络，天正元年（公元1573年）三月，他主动进京谒见信长。当时江州战事未毕，信长无力西顾，于是关照村重："摄津就交给你了，想怎么办就怎么办吧。"在信长的默许下，荒木村重很快便颠倒了主从关系，放逐池田胜正，将池田氏纳入麾下，并攻克了伊丹城——这是三守护之一、支持足利义昭的伊丹亲兴的主城。

攻克伊丹城以后，荒木村重对其大胆改修，建成难攻不落的要塞，改名为有冈城。有冈城本丸四周由石垣防护，外布野宫砦、昆阳砦、上腊冢砦、鵯冢砦、岸砦五个附属城堡，其结构为当时首创，尤其利于防护铁砮的射击——后来丰臣秀吉修建的一代名城大坂，在相当程度上就借鉴了有冈城的设计。

此后荒木村重跟随织田信长南征北战，赢得了久盼的摄津守护一职。然而谋叛也在此后不久的天正六年（公元1578年）爆发了——关于谋叛的原因，众说纷纭，比较可信的说法是：在包围石山本愿寺时，荒木方大将中川濑兵卫清秀等人暗中向本愿寺贩卖军粮，此事为信长所知，要村重只身前往安土去说个明白。熟知信长残暴脾性的村重生怕一去不回，百般推托，最终起了反心。

织田大军前往平叛，十一月十六日，荒木村重麾下大将、高槻城主高山右近重友在神父阿尔甘诺的劝说下开城投降（右近是虔诚的基督徒），二十四日，茨木城主中川濑兵卫清秀也降伏于织田军前。在他们的带动下，摄津国内豪族纷纷背弃村重而去。

十二月，织田军团团包围了有冈城。有冈城经过长达十个月的防守战，弹尽粮绝，天正七年（公元1579年）九月二日，荒木村重化装逃出城堡，遁入其子荒木村次守备的尼崎城。失去主将的坚城有冈，坚持到十一月下旬终于被攻陷了。

织田信长在尼崎城郊外的七松地方，残酷屠杀荒木村重的妻子、儿女和仆从，以刺激城内的村重。然而尼崎城又固守了相当长的时间，直到天正八年（公元1580年）闰三月二日，听到本愿寺即将投降的消息，荒木村重才终于放弃抵抗，再度逃出尼崎城。他四处辗转逃亡，并且剃发出家，取名为"道粪"，直到信长死后，才敢再度现身人前。

荒木道粪（后改道薰）是茶道名家，他与明智光秀、细川藤孝被合称为织田家三大文化名人。

危机初露端倪

重臣纷纷谋叛，但织田信长却丝毫没有因此提高警惕，改变政策，他的所作所为，只有更加令人恐惧。首先，他在安土城中建筑了一座"总见寺"，不知道从哪里找来一块形状像蛇的石头作为神体，号召百姓都去膜拜——其实明眼人都能看得出来，总见寺真正的神就是信长本人，如果任由此人继续狂妄地横行下去，他总有一天会将朝廷也踢到九霄云外，建立一个以他个人为中心的新的独裁体制的日本国。

天正七年（公元1579年），织田信长突然写信给德川家康，要他彻查其长男、继承人信康通敌之事，并给予严厉的处罚。原来信长曾把自己的二女德姬嫁于信康为妻，但夫妇二人并不和睦，尤其德姬与信康生母，也是家康的正室、今川义元的养女筑山夫人势同水火。德姬安土省亲的时候，向信长诉说筑山夫人待她如何刻薄，并捕风捉影地报告说筑山夫人与甲斐武田氏暗中往来。

筑山夫人骄横跋扈，而她所生的儿子德川信康则为人高傲暴躁，许多德川氏重臣都对此二人抱持着极大的反感，织田信长派人调查此事，得到的也均是负面汇报。于是信长大为恼火，写信给德川家康，要他赐死胆敢悖逆谋叛的筑山夫人和德川信康。

德川家康收到此信，有如晴天霹雳，但他不敢违逆织田信长的意愿，被迫含泪杀死筑山夫人，并逼爱子信康自杀。据说当时派服部半藏正成为介错，天方山城守通纲担任监督和检视，两人都知道信康蒙冤，含泪完成仪式，然后把信康的首级递送给家康。对于信长的这一乱命，家康虽然暂时隐忍，但心中总会留下伤痛和怨恨，因此对于后来信长在本能寺遇袭自杀之事，后世才会传说家康也曾参与谋划吧。

天正八年（公元1580年）八月，本愿寺光寿离开石山，标志着石山战争的彻底终结。同月中旬，织田信长突然给重臣佐久间信盛、正胜（信荣）父子发了一份责难书，内列十九条罪状，责备佐久间父子骄傲、懈怠和无能，因此决定将二人放逐，命令他们剃发出家，隐遁高野山中，仔细忏悔自己的罪过。

佐久间信盛是织田家谱代重臣，居于宿老（总体负责军政事务的重臣称为家老，资历较深的家老称为宿老）之位，却毫无征兆地就被扫地出门了，这一消息传来，织田家臣无不人人自危。但这只是开始，并非结束，数日后，信长又放逐了曾与佐久间信盛同为织田信秀托孤重臣的林秀贞，以及安藤守就父子和丹羽右近氏胜。家臣们惊愕之余，大多灰心丧气地认定，信长是认为这些人已无利用价值，因此才将他们一脚踢开的，大家深恐自己将来也有这般被抛弃的一日。

织田信长之所以这样做，或许是为了激励家臣们努力工作，或许是在天下大定前，先排除掉织田家中不稳定的因素，扫尽怠惰之风，他对家臣们的看法、忧虑，是根本不会放在心上的。这种骄横的态度，丝毫不计人类情感的雷霆手段，也最终导致了信长本能寺被围身死的悲剧。

老臣们纷纷退去，此时织田家中的家老级人物主要包括攻略北陆的柴田胜家、进取丹波的明智光秀、攻打东中国地区的羽柴秀吉，以及丹羽长秀和泷川一益，除去胜家、长秀二人外，都非织田家谱代之臣，而是信长一手提拔起来的将领。织田信长用人唯才，这是他能够取得成功的重要因素。

然而，此时织田氏内部矛盾已经深刻地体现了出来，羽柴秀吉和柴田胜家两人的竞争是浮在表面上的，此外还有一股潜流，或许直接导致了织田信长之死，那就是诸子争权。信长年龄最长的三个儿子分别为信忠、信雄和信孝，皆非嫡出，而是侍妾所生，因此从根本上来说，他们都没有继承一门总领权的无可摇撼的资格，同时也都拥有几乎相等的继承权。信忠年龄最长，也最得信长宠爱，因此信长将织田家督之位传给了信忠，以断绝信雄和信孝二人的痴心妄想。然而，信长让位以后并未隐居，信忠作为织田家一门总领留居岐阜，信长却依旧待在安土城中当他的天下霸主，这就不能不令人怀疑，信长是想要脱离织田家而构建一个崭新的武家政治体系，织田氏一门总领之位与信长的事业并非密不可分的。信忠是成为织田氏家督了，但他是否能够同时继承乃父信长的事业，还在未知之数。

因此，织田（北畠）信雄和织田（神户）信孝急于扩充实力，提高威信，以与信忠一争短长，就在这种背景下，伊贺大侵攻开始了……

天正七年（公元1579年）九月，继承北畠氏苗字的织田信雄自作主张杀入伊贺国，结果遭逢惨败，大将柘植三郎左卫门战死。信雄此次所为，很明显是想要建功立业，树立威信，以动摇织田信忠的继承人地位。

伊贺国是忍者之国，伊贺上野据说就是忍者的发源地。所谓忍者，其实并不神秘，不过是一些身负特殊技能，受雇于封建大名完成侦查、暗杀、煽动等政治、军事任务的雇佣兵而已。伊贺忍者家族（也即雇佣兵团）有数十家，由所谓"三上忍"领导，其中最有名的是藤林长门守保丰和百地丹波守正西。看他们的名字便可知道，以官名作为通称，他们和普通封建割据势力其实并无多大的区别。

藤林保丰是忍者圣典《万川集海》作者藤林保武的先祖，有传说他与百地正西本为一人，化身为二，统领两个家族不断争斗，以激发部下活力和维持伊贺势力的均衡。而百地正西，正是此次击败织田信雄的伊贺众总大将。

虽然信雄所为乃是独断专行，但织田信长本人是不会允许近畿有忍者集团这种不安定因素存在的，因此在两年后的天正九年（公元1581年）九月，他正式授命信雄进攻伊贺，并为他调集了四万大军，派弟弟织田信包担任副将。织田军分三路进入伊贺，经过苦战，担任抵抗军军师的百地正西战死，伊贺国终于平定。为了洗雪前年败退之耻，同时也为了彻底消灭忍者军团这一不安定因素，信雄在伊贺展开了残酷的大屠杀——对比此前他阴谋消灭北畠氏一事，可以看出，信长的这个儿子虽然能力平平，却完全继承了老子的残暴性格。

灭却心头火自凉

天正十年（公元1582年），织田信长发动了他这一生中最后一次大规模远征，是为甲斐征服战。事情起源于当年二月，武田氏重臣木曾义昌把弟弟上松藏人义丰送往岐阜，表示愿为内应，留镇岐阜的一门总领织田信忠立派快马将此事禀告信长。信长大喜，即派信忠为主将，整合各方兵马，并联络三河德川氏和相模后北条氏，三面夹击，准备一举灭亡甲斐武田氏。

木曾氏本是信浓豪族，与村上、诹访、小笠原并称"信浓四大将"，后来臣服于武田信玄，信玄将女儿下嫁给义昌，待如一门。长筱之战后，武田胜赖的威望一落千丈，尤其在与后北条氏反目相攻，以及被德川氏攻克坚城高天神而不往救援两件事上，更使家臣们离心离德。木曾义昌看到天下大势已无法扭转，于是在织田（神户）信孝的努力下，主动归降了织田氏。

武田胜赖听说木曾信昌叛变，极为恼怒，果然征集一万五千大军，离开新府——武田氏原来的主城在甲府踯躅崎馆，新府是胜赖新建的主城——气势汹汹杀往信浓木曾口而来。然而他的速度快，织田军的速度比他更快，胜赖还没赶到木曾口，侧翼的伊奈口就已经被织田军先锋泷川一益、河尻秀隆占据了，要隘泷泽砦、松尾城等先后陷落。

侧翼被敌切断，武田大军被迫向后退去，一溃千里。织田方将领森长可本来受命进军木曾口，支援木曾义昌，赶到目的地一看，却不见一个敌人的踪影。织田军进入信州，第一次遭遇到的有规模的抵抗来自高远城守将仁科盛信。仁科盛信本是武田信玄的第五个儿子，过继给信浓名门仁科家，据说他勇猛善战，并且为人公正平和，深受领民爱戴，当地遂有民谣，对比盛信和他的前任武田胜赖（胜赖在归宗前曾镇守过这一地区）："武田殿下贪于得，吾民岁取难为食，仁科殿下慈悲深，所获成山感大德。取彼身家延尔寿，我祈天道有其直！"

织田信忠派使者前往招降仁科盛信，反被砍了脑袋，只得挥师强攻。双方恶战到三月二日，织田军终于攻入高远城本丸，最后把仁科盛信及其麾下十八将包围在居馆内。当时织田信忠身穿金襕阵羽织（武将披在铠甲外的短外套），倚着一株梧桐树指挥战斗，正当此时，忽有一名三十多岁的女人，穿着红色铠甲，手提薙刀冲杀出来，且战且呼："我乃诹访（指武田方将领诹访胜右卫门）之妻，谁来与我一战！"竟然连杀七八人，直冲到信忠身边，终因身陷重围，以薙刀自刺己喉而死。

战况空前惨烈，最后织田方将领森长可亲自攀上屋顶，掀起顶板，命令铁砲朝内发射。仁科盛信自度终不得免，于是切腹，洒出肠子而死，时年仅二十六岁。据说后来盛信投肠之处，血痕久久不能灭尽；而织田信忠所倚的桐树，犹有刀痕纵横其上。

织田信忠杀入信浓的同时，德川家康也率军进入骏河。面对德川氏的大军，继妹夫木曾信昌降敌以后，武田胜赖的姐夫穴山梅雪斋信君也在江尻城叛变。此外归降的大将还有朝比奈骏河守信置、依田源十郎信蕃等许多人。

众叛亲离之下，武田胜赖逃回新府，连夜召开紧急军事会议。新府肇建，设施不全，当然无法凭以据守，重臣真田昌幸（真田幸隆之子）主张退至上野吾妻郡岩柜城，老臣小山田信茂则主张守备天险岩殿山城，胜赖采纳了后者的建议。

小山田信茂先回岩殿山城准备，武田胜赖放弃新府，经韭崎、甲府，过笹子峠前往岩殿山。他前脚才离开，织田军随后就杀到了，放火将新府烧为一片白地，然后一路紧追。三月九日，在笹子峠麓，小山田信茂突然起了反心，夺回人质，并命令士兵用铁砲攻击胜赖所部。胜赖只得逃往日川溪谷，部下五百余人纷纷奔散。三月十一日，在织田方将领泷川一益的穷追猛打下，胜赖带着妻子儿女一起在天目山自杀，留下辞世句："朦胧之月被云遮蔽。云逐渐散开，终于月落西山。"其继妻后北条氏（北条氏康之六女）的辞世句则是："在晚春中渐次凋零，忧恨驻足于树梢花端。"

就这样，曾经纵横一方，威震天下的名门武田氏，在短短一个月内就灭亡了，最终连西上野的真田昌幸和小幡信贞（于长筱战死的小幡信重之子）也倒戈投向织田氏。四月二日，织田信长亲自来到甲府，论功行赏，将甲斐封于河尻秀隆，信浓的高井、水内、更科、植科四郡封给森长可，上野和信浓佐久、小县两郡封给泷川一益……他还把骏河一国赠予德川家康。

然而织田信忠却对小山田信茂的背主逆行大感厌恶，命堀尾茂助吉晴将其斩首。织田军还放火烧毁了供养武田胜赖遗体和窝藏六角氏残党的惠林寺，寺中长老快川绍喜自投火中寂灭，留下遗言："灭却心头火自凉。"——这是禅宗经典《碧岩录》的偈子，此时用来确是应景。

据说武田胜赖论及治国与作战之能，其实并不在乃父信玄之下，然而内外形势却已迥然不同了——在内，甲州金矿枯竭，新得骏河的商业亦未能很快恢复，胜赖以"后见"的身份统驭众多悍将，政令难以统一；在外，此时织田家的势力已经涵盖整个日本中部，远非昔年的上杉、今川或后北条可比。

故此胜赖在长筱战败以后，虽然威望下降，却也不得不饮鸩止渴，加强对家中群臣的管制，其盖建新府，就是想趁此机会弱化重臣的势力，刷新政治。然而改革尚未得见成效，家中却已分崩离析，人心涣散，并最终引来了织田氏的大军……

兵粮攻

从天正六年（公元1578年）下半年开始，织田政权进入了他最后的辉煌期。首先当年十一月爆发的"第二次木津川口海战"，粉碎了毛利氏水军，使得毛利和石山本愿寺的联系被彻底切断。同月，高山重友、中川清秀先后归降，标志着荒木村重的谋叛注定以失败收场。

翌年初，上杉谦信在春日山城中暴病而亡，信长包围网的最可怕一环就此断裂，西方的毛利、东方的上杉，从此都无法再给织田政权带来危机。此后不久，羽柴秀吉控制住了播磨国的局势，而明智光秀也征服了丹波国，天正八年（公元1580年），石山战争结束，本愿寺势力退出摄津——畿内自此稳如泰山。

先说播磨局势——天正五年（公元1577年）十月，也就是在"天下至恶"松永久秀覆灭的同月，织田信长派遣大将羽柴秀吉统率军团进攻中国地方，以牵制毛利对石山的增援。为此，他还特意把流亡、蛰伏的尼子胜久、山中鹿之介也纵回东中国，要他们复兴尼子家，协助对抗毛利氏。

播磨国守护本为赤松氏，但到这个时候，势力极大衰退，当主赤松则房（满政）只残存了部分政治影响力而已。播磨国内群豪林立，其中势力最大的，要算赤松同门的别所氏和小寺氏。

东有织田、西有毛利，播磨群豪徘徊歧路，不知何去何从。此中出现了一位智谋之士，乃御着城主小寺政职的重臣、被赐以苗字待如一门的小寺官兵卫孝高，他力主从属于织田氏，并且还将主城姬路城让了出来，作为羽柴秀吉播磨攻略的桥头堡。

羽柴秀吉率军进入姬路以后，立刻羽檄四驰，招安播磨群豪，包括小寺、别所在内的各家莫不俯首相从——毛利军还在国境外徘徊呢，织田军可是让"带路党"给领进来了，好汉不吃眼前亏，还是先降为是。

就中有少量看不清形势的，也都被羽柴秀吉逐一讨平——他攻克了边境上的上月城，把尼子残党安置在其中。

播磨西方的备前、美作两国，掌控在战国大名宇喜多氏手中，当主宇喜多直家曾一度与毛利友好，甘为前驱，进讨播磨，但他很快就被羽柴秀吉说服，转而与织田结盟，继而秀吉又降伏了北方的但马、因幡两国。如此一来，五国的力量结合起来，便足以与庞大的毛利氏一较短长了。

然而织田方虽有所得，复有所失，据说是因为羽柴秀吉在攻克了上月城后展开残酷的报复性屠杀，惹恼了三木城主别所长治，再加上毛利氏的引诱，三木城突然间掀起反旗。时为天正六年（公元1578年）四月，毛利大军团团包围住了上月城，因为三木城正横在织田军的增援道路上，上月孤城很快便陷落了，尼子胜久自杀，山中鹿之介苦战之后，又只好投降——他大概还把希望寄托在被毛利家囚禁的尼子氏末代当主义久，及义久的兄弟伦久、秀久身上吧，后世还有人猜测说他是想寻找机会刺杀吉川元春。然而，曾经接受过他一次投降的元春不会再上当了。天正六年七月十七日，鹿之介被杀于押往安艺国的途中，尼子家的复兴，彻底成了一场梦中之梦⋯⋯

羽柴秀吉难以救援上月，只好猛攻三木，然而正当此时，如前所述，荒木村重突然反出织田阵营，导致畿内和播磨的陆路交通断绝（水路暂时还掌控在毛利氏手中），也就是说，秀吉后路已断。得闻此讯，包括小寺政职在内的播磨群豪，以及但马、因幡守护山名氏等，陆续倒戈，以响应别所。羽柴秀吉陷入苦战之中，无奈之下，只得切断了三木城的粮道，改猛攻为长期围困。因为宇喜多军牵制住了毛利的增援，导致围城战持续了将近两年的时间，直到天正八年（公元1580年）正月，弹尽粮绝，已经出现人吃人惨况的三木才终于以别所一门自尽谢罪为条件，开城投降。

三木城的惨况震动了播磨群豪，他们被迫重新归从于织田麾下。于是羽柴秀吉不但顺利平定播磨，还率军北上，攻入但马国，降伏了此前同样投向毛利氏的守护山名尧熙。翌年，秀吉率军杀向但马西方的因幡国——因幡的传统守护也是山名氏，国内势力最大的乃是山名一门的山名丰国，他曾接受毛利氏当主辉元的偏讳，改名山名元丰，归从织田后便又改了回来。

织田军前锋直指因幡山名氏的主城鸟取城，山名丰国不顾重臣们坚决抵抗的叫嚣，独自一人前往拜见羽柴秀吉，表示降伏。于是山名旧臣们便迎入了毛利氏一门的吉川经家为鸟取城主，顽强抵抗织田军的攻击。

据说羽柴秀吉灵机一动，想出一招妙计来对付坚固的鸟取城。在率军攻打之前，他先用高价收购鸟取附近的米粮，导致大军合围以后，鸟取城中存粮已被倒卖一空了，很快就变成了饥饿地狱。就这样，鸟取坚城只守了三个月便被迫开城了，城主吉川经家以自身切腹为条件，请秀吉留给城内军民一条生路。

此时毛利水军主力已然覆灭，于是羽柴秀吉渡海征服了淡路国，随即转过头来，在宇喜多氏的协助下，攻入备中国，包围了毛利方名将清水宗治守备的高松城。毛利氏当主辉元与"毛利两川"——吉川元春和小早川隆景——急忙亲率大军前来增援，面对汹涌而至的敌方大军，秀吉掘开附近的足守川，水淹高松城，以隔绝其与外界的联系……

羽柴秀吉的中国攻略，把传统的兵粮战法发挥到了极致，就此成就了"干杀三木、饿杀鸟取、水淹高松"的智将之名。

宇喜多的崛起

羽柴秀吉在东中国地区长年鏖战，所以能够节节取胜，很大程度上是靠着备前、美作的大名宇喜多氏的侧翼呼应。而东中国地区豪族们纷战不休，唯一能够从中崛起并最终坐大的，只有宇喜多氏，这个家族对其后的政局产生过相当重要的影响，故而必须先在此处插叙一番。

宇喜多氏又称浮田氏，据称是备前豪族三宅氏的后裔。三宅氏来源于古代朝鲜半岛的百济国，传说有三兄弟渡海来到日本，在备前国一个小岛上定居下来。他们的旗标（也是以后宇喜多氏的家纹）是"儿文字"，因此这个岛就被称为儿岛。此外，宇喜多氏还自称是佐佐木氏儿岛高德的后裔，家纹还有"剑酢浆草"和"鹤龟"两种形式。

当时，播磨、美作、备前三国的守护职掌握在受细川家扶持，从而复兴的赤松氏手中，而赤松氏在地方上最强有力的被官乃是浦上氏。宇喜多氏有史可考的是第三代宇喜多能家，侍奉浦上则宗、宗助、村宗三代，善于在战局将定的时候投入兵力，反败为胜，武名很盛，受封备前国砥石城。

永正十五年（公元1518年），浦上村宗与赤松氏当主义村不和，退居主城三石。同年九月，义村纠集大军讨伐村宗。三石城中人心动摇，一夜就有七十余兵逾垣逃走。多亏宇喜多能家激励士气，并且身先士卒杀向敌阵，最终在船坂峠之战中击败了赤松势。

翌年，赤松义村引诱浦上村宗的兄弟、香登城主宗久反叛，也因为被宇喜多能家发现而及时攻破香登城，杀死浦上宗久。永正十七年（公元1520年），义村煽动小寺则职（小寺政职之父）攻击东美作的浦上势，村宗派能家率兵两千往援。义村得信，搜罗美作全国之兵投入前线，村宗也急忙亲统主力两千五百与能家合流。

浦上、宇喜多总势四千五百，浩浩荡荡开到战场，抬头一望，赤松氏的二引和三巴旗号漫山遍野，无穷无尽，不由大惊失色。当夜，将兵们纷纷开了小差，数千兵马四散奔逃，到得天明，只剩下宇喜多能家麾下七十骑而已。能家大怒，于是亲统这七十骑自杀性地冲入敌阵。人要是已经放弃生的希望，那么爆发出来的攻击力就会强大到如同噩梦一般，赤松势竟然被这七十骑冲得七零八落。浦上氏的逃兵千余人闻讯重新回归战场，再度与赤松军对峙。不久，浦上村宗买通了小寺则职的家臣，双方夹击赤松义村，义村大败，权威丧尽，被迫隐居——浦上家因此成功地制压了西播磨一带。

由此看来，宇喜多能家简直是浦上家的擎天玉柱、架海金梁，可是从来历史上自毁长城的事情屡见不鲜。大永三年（公元1523年），浦上村国、小寺藤兵卫二人拥立赤松政村（政祐），发兵攻击三石城，能家带着自己两个儿子出阵——长子兴家和次子四郎（传说名为义家）——大破敌军。但是战斗中，年轻的四郎中了村国的策略，被包围讨死。能家为此悲伤不已，再加上年纪老迈，遂辞职回去砥石城隐居，并且削发出家，法号常玖。

十一年后，浦上村宗去世，重臣高取城主岛村丰后守自称得到村宗的遗命，奇袭砥石城，逼迫宇喜多能家自杀，而能家的儿子兴家则抱着年仅六岁的儿子八郎逃到备后福冈町豪商阿部善定家里躲藏了起来。后来兴家还娶了善定的女儿，生下次子忠家和三子春家。福冈是中国地区有名的商业自由都市，拥有自治权，岛村丰后守也不敢率军往讨。

等到宇喜多兴家死后，八郎离开阿部家，住到邑久郡笠加村，依靠亲戚，逐渐成长起来。天文十二年（公元1543年），他出仕天神山城的浦上宗景，第二年元服，称宇喜多三郎左卫门直家——就算在战国乱世也非常罕见的一代阴谋家就此出现了。

宇喜多直家初期受封浦上氏最前线的乙子村，此处向西是细川家的儿岛郡，向北是松田氏的上道郡，并且还有犬岛的海贼不时上陆骚扰。直家招募了三十名足轻守护此地，以后的重臣户川秀安、长船贞亲、冈利胜、花房正幸等人都在其中。经过长年激战，直家不但守住了此地，还因功使自己的知行（封地年贡）增加到三千石。

宇喜多氏的旧臣们听说幼主出山，纷纷来投，结果兵多粮少，从宇喜多直家以下，大家全都下地劳作，以增加收入。就这样饥一顿饱一顿的生活，使得宇喜多家臣团空前团结起来，为以后成长为战国大名势力奠定了基础。

数年后，宇喜多直家的同族浮田大和送来密信，双方里应外合攻破砥石城。不久，大和内通备中豪族的阴谋败露，直家受命讨伐，亲斩大和，受到浦上宗景的表彰。天文十八年（公元1549年），直家终于从家主手上取回了祖父的旧居——砥石城。

天文二十年（公元1551年），通过浦上宗景的撮合，宇喜多直家迎娶了上道郡沼村的沼城主中山备中之女为妻。八年后，他获得岛村丰后守和中山备中谋叛的证据，向主君宗景进言，诱杀二人，终于报了祖父之仇。其妻闻讯自杀——但是直家才不在乎这个，他趁机把岛村氏和中山氏领地的大半收入掌中，势力俨然已经可以与主家分庭抗礼了。

阴谋家直家

永禄三年（公元1560年），宇喜多直家派其弟忠家进攻松田氏麾下上道郡龙之口城主撮所元常，结果大败而归。直家不动声色，秘密授计给小姓冈清三郎，数落清三郎的不义之行，把他赶出家去。清三郎往投撮所元常，花了整整一年时间才取得元常的信任，然后寻机将其刺死。直家亲自给清三郎元服，起名冈刚介——他不费一兵一卒，就把富庶的西上道郡吞入腹中。

西部备前国的松田氏在毛利氏支持的备中大名三村家亲侵攻下，势力逐渐衰退，于是新当主元贤提出和浦上氏和睦。元贤娶了宇喜多直家的女儿，并将其妹嫁给宇喜多春家。永禄八年（公元1565年），三村家亲侵入美作国，包围了三星城，直家遣马场职家往援，职家英勇奋战，三村势暂退，但是次年又来，在兴禅寺扎下本阵。直家派远藤又次郎和喜三郎兄弟秘密潜近三村家亲身边，用铁砲将其打死——如此反复运用暗杀手段，并且得心应手，每每成功，翻遍整部战国史，大概也只有宇喜多直家一人而已吧。

三村家亲的同族五郎兵卫提出为了吊祭被暗杀的家督而与宇喜多直家决战，遭到重臣反对后，竟然亲自统领一族五十余人，和家亲的近臣五六人，抱着决死之心杀向备前国。直家接受挑战，以三千人来迎。已有讨死觉悟的三村势大呼冲阵，宇喜多军几乎全面崩溃，多亏宇喜多忠家从侧面插入，砍下了五郎兵卫的首级，才得以将危机消弭。

第二年，三村氏新当主元亲夜袭备前国要隘明禅寺城，将之攻克。宇喜多直家立刻领兵五千包围明禅寺，引诱元亲前来决战。于是元亲发动备中全部兵马再次杀往备前：先阵庄元祐所部七千，通过富山城，前往增援明禅寺；中军石川久智所部五千，攻克宇冈山城北方的原尾岛；元亲自将大军八千，通过汤泊村和四御神村，直取宇喜多氏居城沼城。

"攻不下明禅寺，我一定会被三村军俘虏；攻下了明禅寺，三村军会全面崩溃——胜负就看这座城了，进攻！"宇喜多直家高声呼喊，军兵士气大振，终于攻破了城池。败兵逃跑中，遭遇到庄元祐的援军。听说明禅寺城已经失守，庄军军心大乱，明石、户川、长船等宇喜多氏麾下骁将趁势直进，铁砲声震动天地。最终庄元祐负伤，全军溃散。

庄氏的败兵逃到石川久智军中,进退两难的久智才刚召开军议,商讨对策,宇喜多军已然杀到,于是三村氏的中军也崩溃了。三村元亲死中求活,亲统旗本队直逼宇喜多直家的本阵小丸山——然后又是一场有死无生的搏命冲锋,宇喜多军前备明石行雄和冈刚介完全崩溃,幸亏长船、户川等军击败庄元祐和石川久智后匆匆来援,才将三村势击败。

经过此役,原三村方的冈山城主金光宗高等人见势不妙,纷纷请降,宇喜多氏势力大振。数年后,宇喜多直家杀死金光宗高,将主城移往冈山。

然而侵入备中和西美作的宇喜多势,不可避免地要与西国霸主毛利氏开启战火。永禄十二年(公元1569年)四月,毛利元就之子穗井田元清统军一万进攻备中,三村元亲也趁机包围了佐井田城的植木秀长。宇喜多直家匆忙整军一万来救,双方在一里手前对阵。激战正酣之际,毛利氏后备熊谷信直、桂元隆等将突然出现在战场侧面,夹击宇喜多军,宇喜多军丢下一百三十多具尸体后狼狈败退了。

宇喜多直家不能够放弃佐井田,此城如落,所造成的连锁反应会使得备中全境皆失。于是他召集备中豪族——石川、福井、工藤等等,联军再来解围。两军乱战之际,佐井田城中因为兵粮缺乏,植木势大开城门,向毛利阵列发动决死的冲锋。直家准确掌握战机,及时将自己的旗本部队投入战场,毛利军大败,竟被斩首六百八十余级!

当年夏季,尼子胜久在出云举兵,云州、耆州此前被毛利氏灭亡的豪族遗臣纷纷响应,一时间,烽烟遍地,战火腾起。这些势力兵数有限,于是莫不南向请求宇喜多直家增援。直家正是求之不得,遂趁毛利氏将重兵西调九州，与大友氏争雄的契机，帮助尼子等势力，先后攻克高田、幸山、丸山、山王山等城池。

毛利氏东西应接不暇，遂请织田信长和将军足利义昭出面，达成与宇喜多氏的和睦。天正元年（公元1573年），宇喜多直家扩筑冈山城，并将城下町的很大一部分赐予福冈豪商阿部善定，以报答他昔日收留自己的恩德——由此看来，说直家完全是一个冷血动物，似乎也并不很合适。

第二年，足利义昭和织田信长正式决裂，向各处发布了信长讨伐令。各地的大名、豪族，纷纷根据自己的判断来决定向背。中国地方，尼子、浦上等家族倒向信长，三村氏为了摆脱毛利氏的控制，也与织田氏暗通款曲；毛利氏当然是支持义昭将军的，而宇喜多直家，大概是考虑到自己主家浦上宗景和老对手三村元亲的态度，反而化敌为友，投向毛利氏的怀抱。

天正三年（公元1575年），在毛利氏和宇喜多氏的联军讨伐下，松山城沦陷了，三村元亲在逃亡途中自杀，雄踞备中数十年的三村势力一夕间烟消云散。这里顺便提一下三村元亲的妹妹鹤姬，她嫁给了守备常山城的上野高德，当毛利军包围常山的时候，鹤姬统率女军奋战在第一线，直至落城，这可算是战国时代罕见的女性豪杰——常山是三村势力的最后一座城池。

不久以后，毛利、宇喜多联军又击败三浦氏，此时三备地区剩余的亲织田势力就只有宇喜多直家的主家浦上宗景了。天正五年（公元1577年），浦上氏同族久松丸发动叛乱，直家趁机施计攻取浦上主城——难攻不落的天神山城，浦上宗景被迫隐居。

宇喜多直家在羽柴秀吉的一再努力说服下，才于天正七年（公元1579年）十月归顺于织田信长。然而其后不久，直家就病逝了，遗命其子八郎继承家督之位。八郎年龄还小，直家就请求羽柴秀吉收八郎为养子，拜领"秀"字，起名为宇喜多秀家。因而水淹高松的时候，可以说秀吉麾下所统率的宇喜多军，其实已非盟友之兵，而近乎他的私兵了。

御马揃

暂且放下中国地区的战事，再来说说同时期的明智光秀征服丹波之役。丹波国本是细川氏的领国，细川氏衰弱后，守护代内藤氏、豪族荻野氏、波多野氏先后崛起。三好长庆控制京畿的时代，其重臣松永长赖（松永久秀之弟）成为丹波守护代内藤国贞的女婿，并在国贞死后继承内藤苗字，基本控制了丹波一国。永禄八年（公元1565年），受"三好三人众"控制的三好义继与松永久秀断绝往来，一向不服长赖统治的西丹波豪族赤井氏（与荻野氏同源）趁机掀起反旗。当年八月，松永长赖进攻赤井氏主城黑井，赤井氏当主、有"丹波的赤鬼"之称的赤井直正奋勇反击，长赖战殁于"和久乡合战"。

织田信长上洛以后，赤井直正暂时降伏于信长，但随即便跟随足利义昭与信长对战。天正三年（公元1575年），信长派明智光秀为主将、细川藤孝为副将，领兵攻打丹波国。内藤氏首先出降，然而正当织田军与赤井・荻野相持不下的时候，八上城的豪族波多野秀治却突然发兵袭击明智光秀的侧背。

波多野氏来源不详，主要有藤原秀乡后裔和石见豪族吉见氏分支两种说法，传至波多野秀治后，他利用三好・松永势力的衰退，大肆扩充领地，颇有统一丹波的雄心壮志。织田军此番进攻丹波，秀治当然不能乖乖臣服，更不能坐视赤井・荻野氏被攻灭而不前往援救。

到了天正六年（公元1578年），播磨三木城主别所长治树起反旗，长治与波多野秀治本有姻亲关系，于是秀治便派一族的冰上城主波多野宗长率军救援长治。明治光秀趁机对波多野的领地展开猛攻，先后包围冰上、八上等城。战至天正七年（公元1579年）五月，冰上城破，波多野宗长、宗贞父子自杀。次月，八上城弹尽粮绝，波多野秀治被迫开城降伏，并与其弟秀尚一起前往安土拜谒织田信长，然而信长却毫不客气地将二人处以磔刑。

波多野氏就此覆灭，时隔不久，明智光秀又击败了赤井・荻野一族，迫使赤井直正投降，算是彻底平定了丹波一国。丹波北面是丹后，丹后守护一色氏早就失去了权柄，国人各自为政，屡次遭到周边势力，也包括丹波的波多野、赤井・荻野等家族的侵攻。明智光秀既然平定了丹波，随即兵指丹后，顺道也将其纳入织田氏统辖之下。战后，织田信长将丹波封给光秀，将丹后封与细川藤孝。

明智光秀攻克八上城是在天正七年的六月，两个月后，织田方北陆军团主将柴田胜家也攻入了加贺国，十一月，织田信长正式移居安土城，十二月，荒木谋叛被彻底平定。

翌年正月，羽柴秀吉攻克三木城，闰三月，石山战争结束，八月，本愿寺的势力完全撤出石山，十一月，柴田胜家平定了加贺的一向一揆。

各路军团都在大踏步地前进，形势一片大好，织田信长就在这种背景下，悍然驱逐了谱代老臣林秀贞、佐久间信盛父子等人。转过年来的二月份，他下令各路将领齐集京都，进行了一场声势浩大的阅兵式——日文中称作"御马揃"。

织田信长素来喜爱华丽之物，搜集了各方珍宝，据说阅兵当日，他头戴"唐冠"（乌纱帽），身穿金纱的礼服，骑着配以名贵鞍具的名马"大黑"，行进在阵列之后。织田将领们亦无不精心修饰，衣装、铠甲皆极尽奢华，引来了围观人群如潮般的喝彩。太田牛一在《信长公记》中描写此盛况为"见物成群集，贵贱惊耳目"，羽柴秀吉时在播磨，无法抽身出席，为此深感遗憾。

阅兵队伍共分十列，包括了织田信忠统率的织田氏一门，丹羽长秀、柴田胜家等统率的野战军团，信长的马迴众（亲信卫队），甚至还包括旧足利幕府的公方众，以及朝廷公卿。这似乎是在向天下宣告，全日本无论公家、武家，全都拜服在织田信长脚前，信长才是日本真正至高无上的统治者。

信长就统率着这样一支队伍，浩浩荡荡进入京都，谒见正亲町天皇，然后又浩浩荡荡地离开（等于把阅兵式又重演了一遍）——他这是不是在向天皇朝廷显示自己的威势，暗示朝廷不要挡路呢？

翌年，如前所述，织田信忠统率大军攻灭了东部日本曾经的一流豪强武田氏。战后，信长立刻撕毁了与后北条氏的盟约，自说自话地让部将泷川一益继任为关东管领——此职本为幕职，信长并未开幕，又如何能授此职——要他准备展开对后北条氏的进攻；同时以三男信孝为主将、丹羽长秀为副将，准备渡海进攻四国的长宗我部氏。

柴田胜家继续经营北陆，继平定加贺、能登后，又杀入了越中国，利用上杉氏的"御馆之乱"，节节进逼，猛攻上杉在越中的最重要据点鱼津城。羽柴秀吉则率领大军前赴高松城，准备展开他神来之笔的水攻之策——天下即将底定，其后的战斗，似乎用不着信长亲自出马了。

然而织田信长想不到的是，死神的阴影已经笼罩在了他的头上……

烈火中的本能寺

天正十年（公元1582年）五月，织田军大将羽柴秀吉攻入备中国，水淹毛利方名将清水宗治守备的高松城，当月二十一日，毛利氏当主辉元亲统大军到达高松城外，却被河水阻隔，无法前进，只能将本阵设置在高松以西二十公里的猿挂城中，真正在前线与羽柴秀吉隔水对峙的乃是"毛利两川"——吉川元春和小早川隆景。羽柴秀吉觉得，毛利与别家不同，势雄力大，若不以雷霆万钧之力击之，很难快速将其征服，于是他写信给主公信长，希望能够得到"御势御合力"，如此则"将西国于当年中悉归于幕下之事，如在掌中"。

织田信长得到此信，便下令明智光秀、细川忠兴、池田恒兴、中川清秀、高山重友等将整备兵马，火速赶往中国地区，增援羽柴秀吉。而信长本人则先要上洛觐见天皇，回应朝廷想要任命他为太政大臣或者关白的意愿，然后再集合部队作为后援。五月二十九日，信长随同小姓（年轻侍卫）百余人上洛，六月一日晚，暂居四条坊门的本能寺，而其子织田信忠则先一步进京，住在相隔不远的妙觉寺中。

——信长数次上京，都暂居于本能寺中，这已经成为一种惯例了。

次日是六月二日，天还没亮，织田信长就听到寺外传来喧哗之声，他最初还以为是侍卫们吵架，才爬起身来准备斥责，忽听铁砲发射之声，阵阵鸣响，这才感觉不妙。这时候，信长最亲信的侍卫森兰丸入内禀报说："有人谋叛，是桔梗旗印，像是惟任日向守的部队！"

惟任日向守即明智十兵卫光秀，此人的出身来历是一个谜。民间传说，光秀乃美浓国明智城主明智光纲之子，明智、斋藤两家本有姻亲，光秀论辈分算是斋藤道三的外甥，也是信长正室归蝶夫人的表兄。光纲去世后，其弟光安继任家督，后来协助道三与其子斋藤义龙相争，英勇战死，明智氏遂遭改易，光秀被迫去国流亡。

然而相关的家族谱系中却找不到"十兵卫"或"光秀"之名，因此很多学者认为他只是明智家的中下级武士，拜领或者冒认了明智苗字而已。总之光秀在流亡过程中结识了足利幕府的奉公众细川藤孝，最终与藤孝一起保着足利义昭又返回美浓，依附织田信长。信长观其人学问渊博、见识卓绝，便将他从义昭处讨要了过来，作为自己的家臣。

很快地，光秀便彻底脱离了幕府阵营，完全投入信长的怀抱，并且屡建功勋，其势逐渐凌驾于柴田胜家等织田氏谱代重臣之上。天正三年（公元1575年），信长从朝廷处求取了一批官职和已经灭亡的古老姓氏，赏赐臣下，其中就包括了光秀，赐苗字"惟任"（为丰后国古老神官的分支），赐官"日向守"。

光秀的封地，先在近江国的滋贺城，后移坂本城，是织田家中距离京都最近的臣僚——这或许得益于光秀长期担任信长与幕府、朝廷之间的联络人吧。其后随着征服领的扩大，信长陆续将臣下转封远国（如柴田胜家转封越前），光秀得到了丹波国，仍然距离京都最近！

故而光秀之得信长宠信是毋庸置疑的，得闻他突然掀起反旗，信长自然大吃一惊。

话说光秀本在安土城负责接待上洛游览的德川家康一行，突然受命远征中国地区增援羽柴秀吉后，他于五月二十六日回到主城丹波龟山，一面整合部队，一面前往爱宕山中参拜，祈祷获胜。估计就在参拜过程中，光秀下定了谋叛的决心，于是召来亲信将领明智左马助秀满（光春）、明智右卫门尉光忠、藤田传五、斋藤内藏助利三、沟口胜兵卫茂朝等五人，要他们递交誓书和人质，以表示支持自己的行动。

对于普通兵将，明智光秀并没有透露自己的真实想法，只是召集家中物头（小队长），告知说："京都的森兰丸有信使来报，主公为了加强对中国地区用兵，要在京都检阅我家的军队。"于是大军便向京都进发。

据说明智军总兵力为一万三千人，铁砲手全都点燃火绳，长枪兵也去掉枪鞘，做好了随时开战的准备。士兵们内心疑惑，普遍认为是织田信长下了密令，叫明智军前去袭击正在洛中游玩的德川家康。这可见即便最下层的兵卒，对于他们的领袖织田信长都抱有一种怎样的观感——信长公是强大的主君，但他毫无信义，诛杀甚至谋杀盟友，对他来说并非不可理解之事。

等到大军进至山城国桂川地方的时候，明智光秀终于下达了明确的指令："敌人，就在本能寺中！从今日起，殿下即将成为天下人，即便如提鞋的低贱之辈亦当欢欣踊跃，竭尽忠勇，树立武勋便在今日！"

于是明智军把本能寺包围得水泄不通。织田信长身旁的小姓众奋勇抵抗，陆续战死，连信长本人也提枪上阵，在连杀数人后肘部受伤，被迫退往内室，随即内室便燃起熊熊大火，估计信长先切腹，然后葬身于火海之中了。

得知父亲丧命本能寺的消息后，织田信忠匆忙逃出妙觉寺。他认为明智光秀既然发动叛乱，一定早就派人把守住了京都附近的各条通路，贸然出逃，凶多吉少，于是前往京都，据守二条御所——这是信长所一力扶持的诚仁亲王的官邸，修建得相当坚固，信忠退守此地时，身旁从属大概有三到五百人。

明智军很快就包围了二条御所，经过谈判，诚仁亲王一家退出御所，以免遭受池鱼之殃。等亲王一离开，明智军立刻发起猛攻，激战数小时后，织田信忠也被迫在纵火后切腹自杀——享年二十六岁。

明智光秀为什么突然谋叛呢？向来众说纷纭，莫衷一是。民间传说，光秀在攻打八上城的时候，曾经将老母送入城中为质，以换取波多野兄弟前往安土城向信长请罪，谁料信长悍然处死了波多野兄弟，导致明智之母被杀，光秀就此而深恨信长。还有一说，光秀在招待德川家康之时，端上了有异味的鱼，遭到信长的怒斥甚至拳脚相加，随即信长便命其交卸招待之职，转而协助羽柴秀吉攻打中国地区，还要没收他在丹波的领地，转封到尚在敌手的西中国去，光秀就此起了杀心。

野史传说不可尽信，比较可靠的揣测，是信长肆意践踏传统的权威，先灭亡幕府，又有彻底架空甚至抛弃朝廷之意，这使得光秀难以跟上他的脚步，惶惑无从。加上信长对待臣下非常苛刻，眼见天下大势将定，光秀害怕"兔死狗烹"的下场，这才铤而走险——一旦取胜，则可代信长统治天下，这般诱惑亦是很难抗拒的。

后人分析，当时敌视信长的绝非仅仅光秀一人，很多势力都很可能暗中参与了"本能寺之变"，成为明智光秀的同党，成为杀害信长的帮凶。这些势力，包括了足利幕府、天皇朝廷，以及德川家康、羽柴秀吉等等。

根据各势力在其后的表现，若说家康、秀吉事先得到风声，但因为种种原因隐匿不报，坐观成败，是很可能的，但说他们有主动参与对信长的谋杀，可能性极小。倒是天皇朝廷，为怕被信长彻底推翻，从而暗中怂恿光秀谋叛，甚至加以协助，那是完全可以想见的。至于逃亡柄之浦的光秀旧主足利义昭，其恨信长更甚旁人，若有机会，是定会参与的。

总而言之，织田信长与他所开创的"安土时代"，便因"本能寺之变"而全都葬身于熊熊的红莲烈火之中了。

番外篇

石高制和贯高制

战国时代的领主们计算年贡额度有两种基本方式，即"石高制"和"贯高制"。前者以粮食为标准，石读作"担"，本是重量单位，一石为一百二十斤，后来转作容积单位，一石也即一斛，合十斗或一百升或一千合；后者以货币为标准（当时日本国内并不铸钱，用的都是从中国流过去的铜钱），一贯即一千文钱，后来贯这个概念在日本也转化为重量单位，一贯仍等于一千文，而所谓重量单位的一文，指的就是一枚开元通宝的份量。

在咱们粗略想来，理当是商品经济较发达的近畿地区采取贯高制（因为流通的钱多），而主要的粮食产地则采取石高制（方便征收米粮），然而事实上的情况正好相反。封建大名才没有那样温良谦恭让，他们既需要米粮来养活家臣，也需要钱币去购买领地内不出产的各种物资，诸如铁砲、马匹等等，所以农民们越是缺少什么，他们反而越要征收什么。

比如日本最重要的粮食产地之一关东平原，小田原北条氏一直采用贯高制，规定相当额度的年贡要用钱币来上缴，至于老百姓怎么搞来钱，他们就不管了。此外贯高制还有一种来源，即从守护大名时代起，就经常临时征收"段钱"，即按段（土地面积单位，又称反，一町等于十段）收取土地税，等到庄园制逐渐崩溃，庄园领主征收年贡越来越困难，相反守护大名的段钱来源却日趋稳定，于是就把段钱的征收恒定化，并扩展到领内一切土地上去。因为段钱最初便是以钱币来缴纳的，因此维持传统，逐渐发展成为了贯高制——贯高制对战国大名摧毁领内庄园势力，进行领国一元化改革起到了推波助澜的作用。

然而强制征收钱币年贡，甚至强制征收质量好的钱币作为年贡，使得农民们不堪重负，纷纷逃亡，因此贯高制发展了一段时间之后，战国大名们又被迫逐渐转向石高制。等到丰臣、德川政权先后统一日本，则石高制也就在全国范围内固定下来。后世对于战国大名的领地大小、财政来源，往往用年贡额来推测和计算，一般也都采用石高制。

石高制还分表高和实高两种，所谓表高，是指中央政权检地后所确定的年贡额，而实高是指封建大名所实际能够征收的年贡额。天下统一以后，大名们将主要精力从对外扩张转向内政开发，领内年贡数日益增加，中央政权却不可能每年都检地核准，所以实高和表高往往差着十万八千里。

举个例子来说，从庆长三年（公元1598年）到天保三年（公元1832年）这近两百五十年间，陆奥国的石高增加了七成，出羽国增加了三倍，日向国增加了一倍八成三，摄津国增加了一成七，山城国增加了零点二成，大和国增加了一成二——越是边远地区，越可开垦新田，增加石高，发展速度很快，畿内地区则没多少发展空间了。

再举个例子来说，伊达政宗受封大片南部陆奥的土地，主城定在仙台，再加上常陆国一万石和近江国一万石，宽永十一年（公元1634年）计算的表高为六十二万石。然而事实上到了政宗晚年，经过不懈的努力，大力开垦荒田，仙台藩的实高已经接近一百万石了，时人俗称为"仙台百万石"。

年表

年号	具体年份	事件
永禄	1569年	织田信长为足利义昭建造二条御所，并修缮内里；越相和睦；信长平定伊势；武田信玄进攻后北条氏主城小田原
元龟	1570年	越前征伐和"金崎的退兵"；姊川合战；石山本愿寺开始与信长敌对，长岛一揆纷起；正亲町天皇下诏，命信长与浅井、朝仓和谈
	1571年	第一次长岛合战；毛利元就去世；传说信长火烧比叡山延历寺；北条氏康去世，甲相和睦
	1572年	三好义继、松永久秀谋反；武田信玄开始上洛，三方原合战

续表

年号	具体年份	事件
天正	1573年	武田信玄去世；足利义昭在槙岛举兵，旋败，被织田信长放逐，室町幕府灭亡；信长攻灭朝仓氏和浅井氏；第二次长岛合战；三好义继自尽，松永久秀复归信长
	1574年	第三次长岛合战，信长彻底剿灭长岛一向一揆
	1575年	长筱合战；信长镇压越前国一向一揆；信长退位，将织田家督让于长男信忠
	1576年	信长开始修建安土城；天王寺合战，塙直政战殁；第一次木津川口海战；织田信雄谋杀北畠具教；上杉谦信包围能登七尾城
	1577年	杂贺众向信长投降；松永久秀谋叛，旋被织田信忠所灭；手取川合战
	1578年	上杉谦信去世，越后爆发"御馆之乱"；淡轮冲海战；上月城陷落，尼子家彻底灭亡；荒木村重谋叛；第二次木津川口海战
	1579年	安土城天主台竣工；信长命德川信康与其母筑山院自尽；明智光秀平定丹波、丹后；有冈城破，荒木一门尽遭屠戮
	1580年	羽柴秀吉攻克三木城；本愿寺势力退出摄津，石山合战结束；柴田胜家平定加贺一向一揆
	1581年	京都大阅兵（御马揃）；织田信雄平定伊贺；羽柴秀吉攻克鸟取城
	1582年	甲斐武田氏灭亡；羽柴秀吉水淹高松城；本能寺之变，信长、信忠父子遇害；山崎合战，明智光秀败死；清洲会议，标志着织田家的分裂；天正壬午之乱

八章 "天下人"秀吉

织田家族因为信长父子的遇害而分崩离析，但统一全日本的进程却并未就此停顿，信长的部将羽柴秀吉接过了故主手中旗帜。当时有资格继承信长事业的共有三人，即柴田胜家、德川家康和羽柴秀吉，最终历史却选择了出身最为低微的秀吉。

十日天下

天正十年（公元1582年）六月二日，爆发了震动全日本的"本能寺之变"，明智光秀悍然掀起反旗，逼死了距离统一整个日本只差最后一步的织田信长父子。因为畿内地区已经彻底平定，故而织田氏留守的兵马不多，主力全都跟随着柴田胜家、羽柴秀吉等将在北陆、中国等地区鏖战，待到信长一死，畿内彻底崩盘，光秀很快便攻克了安土城，基本将京都周边地区收入掌中。

六月八日，明智光秀献给朝廷银五百枚，五山名寺和大德寺各银百枚，同时下令免除京都的田赋。随后，他又通过朝廷公卿，表达了自己希望开设幕府，就任新的征夷大将军的愿望，据说朝廷当即应允，准备择机颁下诏旨。

然而明智光秀拉拢畿内织田氏旧臣的图谋却遭遇了意想不到的阻碍，首先是有姻亲关系、曾经并为足利义昭左膀右臂的细川藤孝断然回绝了光秀的使者，还命令其子、光秀的女婿细川忠兴禁闭思过。继藤孝之后，光秀的与力（助手）筒井顺庆、中川清秀、高山重友等人也对归从光秀表示出了相当谨慎的态度。

中川濑兵卫清秀、高山右近重友都是摄津国内豪族，曾为荒木村重之将，荒木谋叛后归降信长，被任命为明智光秀的与力——也即他们并非光秀家臣，而属于信长的直臣，暂归光秀统辖。

筒井顺庆则是"南都"兴福寺的僧侣，同时也是地方豪族，其父筒井顺昭曾几乎征服了大和一国。顺昭去世时，顺庆年仅两岁，他是十八岁正式剃度的，法号阳舜坊。可是在此之前，松永久秀便已经侵入了大和国，年轻的顺昭被迫退入南方山地打开了顽强的游击战。元龟二年（公元1571年），顺庆在"辰市合战"中大败松永久秀，就此得到了织田信长的关注，此后不久，在明智光秀的调解下，顺庆与久秀握手言和，并且归顺到织田麾下。

大和守护之职，初由足利义昭授予松永久秀，不久后又被信长废止了义昭的所有任命，转封自家亲信塙直政。如前所述，天正四年（公元1576年），塙直政在攻打石山本愿寺的过程中战殁，于是通过光秀的进言，信长跳过松永久秀，任命筒井顺庆为大和守护——据说久秀之谋叛，亦有这一层缘由在内。

由此可见，筒井顺庆与明智光秀的关系非同寻常，然而当光秀发动了"本能寺之变"，要求顺庆加入己方阵营的时候，顺庆却犹豫不决，迟迟不肯正面回应。

当然啦，细川、筒井等家族的兵力有限，即便他们不肯加入明智光秀的阵营，也根本无力与此时的光秀相抗衡，只能暂作壁上观，以等待时局的变化。相信只要光秀在畿内彻底站稳脚跟，然后收拾掉织田家东西两大军团的主将柴田胜家和羽柴秀吉，细川藤孝等人为了家族的平安和延续，还是会被迫跳上光秀的战车的。于是光秀秘密修书给上杉景胜及毛利辉元，要他们牵制织田氏兵马，等待他缓过手来，再两面夹击，予以全歼。

此时上杉氏在越中的统治已濒临崩溃，就在"本能寺之变"的翌日（六月三日），重要据点鱼津城终于被柴田胜家攻破了，包括山本寺孝长、吉江宗信、中条景泰等上杉重臣十三人全数自尽，援军在须田满亲的统领下只差一步，未能赶及。

可是就在这个时候，突然传来了"本能寺之变"的消息，柴田胜家被迫放弃鱼津城，收缩防线，准备一摆脱与上杉军的接触，便立刻转身杀向畿内，讨伐明智光秀，为主公织田信长复仇。然而得到消息的须田满亲却衔尾直追，终于顺利地把柴田军绊在越中、加贺一带动弹不得——倘若强要在敌前退兵，必然全军崩溃，恐怕胜家最终只能孤身前去讨伐光秀了。

然而西方的情况却与此迥然不同，据说光秀送给毛利氏的书信居然误投入羽柴军中，导致羽柴秀吉先"毛利两川"一步得到了信长的死讯。于是秀吉立刻展开与毛利氏的谈判，以高松守将清水宗治切腹自杀为条件，答应宽放所有守城兵将，双方各自罢兵退去。此时被大水淹没的高松城已然岌岌可危，毛利氏无奈之下，只得赞同了和议。于是清水宗治乘坐一叶小舟来至两军阵列的中央，含笑自尽。

才刚检视完毕清水宗治的首级，羽柴秀吉立刻下令全军撤退，等到"毛利两川"从柄之浦的足利义昭处辗转得知信长已死的消息，已经为时太晚，再难追及羽柴军了。据说吉川元春仍欲追击，小早川隆景却劝他，和议未干即行撕毁，是为不义，毛利本无野心，只为讨伐篡上的织田信长，如今信长既死，不如市恩以秀吉，以便来日相见。

毛利军就此退去，羽柴秀吉得以安然返回姬路城中。随即他留下浅野长政、小出秀政等将守城，自己以惊人的速度驱动大军团快速赶往畿内——从姬路动身是在六月九日清晨，到了十一日午前，便已经抵达了摄津的尼崎地方，史称"中国大返回"。

织田方多位城主，如池田恒兴、堀秀政、高山重友、中川清秀等人陆续来合，到了十二日晚间，秀吉屯兵摄津的富田，总兵力已经超过三万。次日清晨，织田信长的三男织田信孝和重臣丹羽长秀也派使者前来联络。

羽柴军回师速度如此之快，令明智光秀大吃一惊。其实光秀本人的动作并不算慢，他二日在本能寺弑杀了织田信长，五日便攻陷安土城，然后又先后攻克羽柴秀吉和丹羽长秀在近江的封地——长滨城和佐和山城，只是因为细川藤孝、筒井顺庆等人不肯归顺，才打乱了他的既定步骤。当时光秀正出兵河内，以威压筒井顺庆，在得到羽柴军东来的消息后，立刻回归京都，然后十日从京都出发，率领一万六千大军进驻山崎以北的胜龙寺城。

山崎在摄津国和山城国的交界处,临近通往中国地区的交通要道,最终惨烈的决战便在这一地区展开。羽柴秀吉奉戴织田信孝为名义上的总大将,将主力分为三队,左翼、天王山麓布设的兵马由其弟羽柴秀长和军师黑田(小寺)孝高统率,右翼、淀川附近的兵马由池田恒兴、加藤光泰、中村一氏等将统率,中央、西国街道上的兵马则由高山重友、中川清秀和堀秀政统率。

十二日夜,两军开始小规模接触,到了十三日凌晨,明智军首先对羽柴中军发起猛攻,高山重友队一度陷入绝境,幸亏中川、池田队从右侧、堀队从左侧夹击敌军,才勉强挽回败局。双方恶战整整一天,因为羽柴军兵力既众,又占据了较好的地理位置,明智军逐渐败下阵来。到了晚上七时左右,明智光秀眼见败局已无法挽回,于是下令撤退,自己率领败兵七百余人退守附近的胜龙寺城。

羽柴军团团包围了胜龙寺城。军师黑田孝高劝道:"明智军笼城坚守,我方很难快速攻克,所谓'围城必阙',不如放开一面,则光秀必走,我军乃可从后追杀。"秀吉听取了他的建议,空开一个缺口,明智光秀与少数亲信出城逃亡,想要回归老巢近江坂本,重整兵马以待后举。然而在经过京都山科小栗栖地方的时候,他们却遭到了"落武者狩"的袭击——所谓"落武者狩",是指专门刺杀和抢劫败战武士的农民或者土匪。

据说明智光秀虽然击退来犯之敌,但也身负重伤,自忖无法再走,于是命部下沟尾庄兵卫茂朝为介错,就在当地切腹而死。这是六月十三日晚间的事情，距离本能寺之变不过才短短十一天而已——此事即被后世称为明智氏"十日天下"。光秀的辞世句为："逆顺无二门，大道澈心源。五十五年梦，觉来归一元。"

"猿"或者"秃鼠"

为故主织田信长报了大仇的羽柴秀吉，本名木下藤吉郎秀吉，家世不详。如此一位平地蹿起的豪雄，对其出身来源的猜测从来都会走两个极端，或者尊为名门后裔（秀吉自己就编造过天皇私生子的谎言），或者贬为贩夫走卒。按照传统说法，北条早云本是狱吏，斋藤道三卖油郎出身，而秀吉则是彻底的农民、泥腿子。

传说这个木下藤吉郎本是尾张乡下的农民，其父当过织田家的足轻，很早便去世了，其母改嫁给织田信秀的一名仆佣。据说母亲在怀着藤吉郎的时候，梦见红日入怀，等到生下儿子来，发现相貌独特，好像猴子，就取供奉猴神的日吉神社之名，称其为日吉丸。因为继父子之间不合，日吉丸十多岁的时候便离家出走，从尾张到骏河，一路贩针为生，其本钱乃是父亲遗留下来的一贯永乐钱……

其实一贯钱在当时是笔不小的数目，能够留下一贯钱的藤吉郎的父亲，绝对不会是普通农民或者足轻，这类传说往往自相矛盾，不攻自破。况且，若是农民，或逢战才临时征召的足轻，也不大可能拥有苗字。目前比较合理的推测，木下藤吉郎乃是织田家下级武士木下弥又卫门之子，而其继父则是织田信秀的"同朋众"筑阿弥——同朋众乃是战国大名家中负责艺能、茶事和杂役的职务。

因为父亲和继父的关系，木下藤吉郎很年轻便开始侍奉织田信长，一开始只是打理家中杂务，因为心思灵巧，又善揣摩上意，故此被信长提拔为侍卫。传说当信长攻打美浓国主斋藤龙兴的时候，想在长良川畔的墨俣地方修建一座城砦作为前线基地，但因为此地距离敌人太近，筑城过程中易受武力骚扰，故此先后派遣重臣佐久间信盛和柴田胜家前往，全都铩羽而归。最终，身份低微的木下藤吉郎秀吉跳了出来，主动请缨。藤吉郎首先说服了附近的乡下武士集团（其实也就是山贼、土匪）"川筋众"，利用川筋众蜂须贺正胜、前野长康等人的兵力牵制敌军，然后把木料先在远处整理好，再沿长良川送至墨俣，就地拼搭。就这样，他一夜间完成了一座城砦，被称为"墨俣一夜城"。

墨俣一夜城是否真的存在都还需要打个问号（虽说日本式的小砦子一夜搭成并不困难），更别说是木下藤吉郎的杰作了。其后丹羽长秀招抚"西美浓三人众"，民间传说也都安在藤吉郎头上，其实藤吉郎当时身份还很低微，就算为此出过力，也不会是主要策谋和出使人员吧。

木下藤吉郎崭露头角是在织田信长上洛以后，信长命他与明智光秀一起负责京都的治安，并且监视将军足利义昭。不久后，他便改木下苗字为"羽柴"，据说是从织田家数一数二的重臣丹羽长秀、柴田胜家二人苗字中各取一字，编造而成。

羽柴藤吉郎秀吉先后参加过对伊势和越前的征伐，尤其是"金崎退兵"之役，他担任殿后，阻遏浅井、朝仓联军的追击，居功甚伟。由此开始，此人的身影便开始在历史中鲜明起来，他跟随织田信长南征北战，很多大战中都可看到有他参与的记录。

终于，在灭亡浅井氏以后，羽柴秀吉被封与北近江的大片领地，成为一方大名，将主城定在琵琶湖畔的今滨地方，改名为长滨。并且，信长还向朝廷求得了"筑前守"的官位下赐，从此秀吉的通称便从"藤吉郎"改成为"筑前守"。

民间传说中，羽柴秀吉身材矮小，相貌丑陋，绝似猿猴，因此信长便时常戏称其为"猿"，后来鄙视、厌恶他的人也往往如此称呼。但在正式文献上却并无相关记载，只有一次，秀吉因为四处渔色，其妻浅野氏（弥弥）向信长告状，信长作书责备秀吉，称之为"秃鼠"，这大概是形容秀吉身材矮小，面孔瘦狭，并且毛发稀疏吧。

总之，羽柴秀吉在织田家中的蹿升速度，几乎不亚于明智光秀，亦深得信长宠信，隐然已可与谱代重臣柴田胜家、丹羽长秀等平起平坐。织田家中，本多这种原本身份低微，或纯从他国来归之人，除羽柴、明智外，还有志摩豪族出身的九鬼嘉隆、甲贺国人出身的泷川一益等等，全都成长为方面重将。能够不拘一格选拔和任用人才，正是信长得以成功的重要因素。

拉回来再说"山崎合战"，彻底改变了畿内地区的局势，明智光秀在小栗栖自杀后，其部属遂土崩瓦解，据说他们败退时还放火焚烧了安土城——一说早为信长次子信雄所误烧——从此织田氏雄踞天下的象征便被破坏殆尽，毫无存留了。

其中值得一提的是光秀的女婿、重臣明智左马助光春（秀满），传说他被羽柴军团团包围在琵琶湖边，竟然纵马入水，一直游到坂本城下。光春从容登岸下马，入守坂本，在被堀秀政团团围住，料无生理的时候，先把城中宝物细细整理一番并开列目录，绐到城下，然后才平静地放火焚城，切腹自杀。后人都慨叹说光春是一位真正爱好文化的武人，与以名茶器殉葬的松永久秀之辈全然不同。

羽柴秀吉在击败明智光秀后，很快便控制了畿内地区，随即，织田家各路重臣也纷纷赶了回来。当然，各人境遇不同，有些深为懊悔未能赶上为主复仇的战斗，有些却异常的狼狈、凄惨——

当"本能寺之变"的消息传到关东地区以后，后北条氏立刻发兵来攻，而刚被织田氏征服的武田旧领也到处爆发一揆，最终织田信长的爱将河尻秀隆在甲斐被一揆所杀，受封关东管领的泷川一益则在"神流川合战"中被后北条氏击败，率残部退出上野，逃回自己的老窝伊势。只有柴田胜家算是勉强打退了上杉军，昂首挺胸返回近畿的。

于是，此种背景下，在织田信长的旧日主城——尾张国清洲（清须）城内召开了重臣会议，议题主要为织田氏新家督的推举和众臣领地的安排。换言之，统一的织田家族已经不存在了，重臣们都希望割地自雄，成为新时代的战国大名。

这就是著名的"清洲会议"。

清洲会议

织田信长麾下臣僚众多,但并非每个人都有资格参与推举新家督和商定领地分割的会议,最终核心会议只有五名重臣参与,即:柴田胜家、羽柴秀吉、丹羽长秀、泷川一益和池田恒兴。

柴田权六郎胜家是侍奉过织田信秀的老臣,也是织田家中第一猛将。信长初继家督之时,胜家曾经党同信长之弟信行掀起反旗,但为信长亲自率军击败,就此诚心归服。"金崎退兵"以后,如前所述,他曾受命镇守要隘长光寺城,结果遭到六角义贤煽动江南国人一揆将外郭攻破,只余本丸。一揆切断了本丸的水源,使守兵陷入苦境,随即六角氏家老平井甚助以谈判为名入内查看。此计被柴田胜家识破,谈判中,甚助起身如厕,请求舀水来洗手,胜家的侍从就捧过来一大盆水,等对方洗完手后,又把残余的水全部泼入庭院。甚助出城后向六角义贤禀报说:"城中存水尚足,最宜长久围困,不能硬攻。"

然而事实上,此时本丸食水已将告罄,于是柴田胜家将士卒们全都集合在庭院里,把最后三瓶水摆放在他们面前。胜家大声鼓舞士气:"明日我们就将杀出城去打败敌人,现在大家把这最后三瓶水喝掉吧!"一人一口水,竟然还有剩余,胜家毫不吝惜地拔出刀来,将水瓶劈碎,残水渗入泥地——这是"破釜沉舟"之计。翌日清晨,柴田胜家率领已抱必死决心的部下突然杀出,一揆猝不及防,瞬间全线崩溃。经此一战后,柴田胜家遂得到了"破瓶之柴田"的异名。

而丹羽五郎左卫门长秀,曾是与柴田胜家齐起并坐的织田氏家老。

丹羽氏本是尾张守护斯波氏的家臣，后来因为同僚织田信秀势力膨胀而降格成为信秀之臣。丹羽五郎左卫门长秀从少年时代便担任织田信长的侍卫，性格严谨诚实，因此逐渐被提拔为大将。据说长秀长时间负责内政、外交和调略（策反）等事务，人称"米之五郎左"。

泷川久助一益并非织田家的谱代家臣，他本为甲贺国人。我们知道，甲贺为"忍者之国"，因此也有传说，一益本身便是忍者，后来才成为武士大将。他精通兵法，并擅长使用铁砲，约在信长继位后不久便来相投，此后屡建功勋，得到重用。池田胜三郎恒兴（晚年出家，法号胜入）则是织田信长的奶兄弟，从信长小姓起家，几乎参与了自"桶狭间合战"开始的每一场恶斗。

五位重臣在织田氏家督人选问题上分为两派，争闹不休。因为织田信孝担任总大将击败了明智光秀，因此柴田胜家主张拥立信孝为主，他以为素来与其不合的羽柴秀吉定会抬出织田信雄这尊泥菩萨来捣乱，没想到秀吉却石破天惊地提出以织田信忠之子、年幼的三法师担任织田氏一门总领。秀吉的理由是：织田家督本来是织田信忠，固然可以兄终弟及，但信雄、信孝都已出继别家（北畠氏和神户氏），和他自己的养子织田（羽柴）秀胜一样都不能再拥有继承权，故此理当父死子继。

会议之上唇枪舌剑，会议之下互相串联、游说、许愿，其中种种阴谋诡计，自非后人所能窥其一斑。总之，擅长谋略的羽柴秀吉最终占据了上风，他先后说服丹羽长秀和池田恒兴，一起支持三法师继位。

估计，相当重要的原因是这三人全都参与了"山崎合战"对明智光秀的讨伐——若论家中资历和地位，柴田胜家不作第二人想，则一旦织田信孝继位，拥戴信孝的胜家必将成为织田家中说一不二的权臣，则我等英勇奋战，为主报仇，岂非为你做嫁衣裳吗？你都没能赶上"山崎合战"，还有什么脸面来抢夺胜利果实呢？

于是羽柴、丹羽、池田支持三法师，只有泷川一益与柴田胜家支持信孝，少数服从多数，羽柴秀吉得偿所愿。

会议最后商定，由三法师继任织田家督，留居安土残城，织田信雄领有尾张国，织田信孝领有美浓国，织田秀胜复归本宗，领有明智光秀的丹波国，由羽柴秀吉担任三法师的后见。织田家臣们各有升赏，但羽柴秀吉的领地虽在中国，经过"山崎合战"，却已将势力伸入畿内，便于操控京都朝廷和三法师，而柴田胜家的领地远在北陆，鞭长莫及。为了达成平衡，秀吉答应把自己的旧日主城近江长滨让给胜家的养子柴田胜丰，这样胜家利用楔入近江的胜丰势力，对安土和京都也都可以朝发夕至了。

原本统一的织田家至此分裂，权臣们各有所领，甚至超过留给三法师的直辖领地，如此不稳固的政治格局，明眼人都能看出潜藏的危机很快便将爆发。

果然，柴田、羽柴两大阵营各拥党羽，相互对立。织田信孝为了篡夺家督之位，靠拢和利用柴田胜家，甚至做主将自己的姑母市姬（原为浅井长政之妻）也嫁给胜家为继室。而在柴田胜家从北方向羽柴秀吉施压的同时，泷川一益则在南方的伊势长岛蠢蠢欲动，四国的长宗我部和纪伊的杂贺众，也陆续接纳了胜家的联合。

羽柴秀吉的着眼点与对手不同，他一方面继续拉拢丹羽、池田等势力，遥通越后的上杉势，同时于当年十月，并不通告信孝、胜家等人，抢先在京都为故主织田信长举办了七天七夜的隆重葬礼。葬礼上手捧信长供奉灵牌，作为丧主出现的，乃是一度做过秀吉养子的四男织田秀胜。

供奉灵牌上写着织田信长的法名："总见院殿赠大相国一品泰岩大居士。"织田信长的官位，尾张、美浓时代为上总介，放逐足利义昭后先后升为参议、从二位右大臣和右大臣兼右近卫大将，直至遇害，就名位而言，并未真正达到人臣的顶峰。这"大相国"、"一品"，乃是羽柴秀吉从朝廷请来的追赠。

据说朝廷曾经派遣武家传奏劝修寺晴丰通告天下所司代村井贞胜，请信长在征夷大将军、太政大臣和关白三职中选择其一，信长临终前往赴京都，据说就要对此给出明确的回答。一般认为，信长是想婉言谢绝，从此再不立于天皇朝廷的传统架构之内，即所谓的"三职推任"，然而他的真实心意却随着本能寺的烈火化为灰烬了，后人只能揣测而已。

化为灰烬的不仅仅是信长的心意，自然还包括他的肉体。因为无法从火场中捡出遗骨，羽柴秀吉乃斥巨资、请名匠，用香木雕刻了两尊真人大小的信长木像，一尊供奉起来，一尊即在葬礼上焚化。

秀吉为信长举行葬礼，无疑是在向天下人，尤其向朝廷表明，他，才是信长事业的真正的继承人！

贱岳合战

织田家中的内斗来得比人们预想中更快。就在清洲会议的当年十月，柴田胜家首先致信堀秀政，指责羽柴秀吉违背了清洲会议的承诺，擅自更改诸将领地。然而到了十一月份，胜家却又派遣前田利家、金森长近、不破胜光（不破光治之子）前往拜见秀吉，进行和睦交涉——这是因为北陆地区气候寒冷，今冬又再降下豪雪，行军困难，故此胜家欲行拖延之策，且待来年雪化冰消，再与羽柴秀吉一决雌雄。

然而秀吉不会给他这个机会。十二月二日，他留下宫部继润守备山阴道、蜂须贺正胜守备山阳道，以监视毛利的动向，随即亲率大军杀入近江，攻打长滨城主柴田胜丰。柴田胜丰本是柴田胜家的养子，有望继承家督之位，然而胜家更宠爱自己的外甥、另一名养子佐久间盛政，这使胜丰寝食难安。在这种心理压力下，加上羽柴军大兵压境，胜丰遂被迫开城出降——羽柴秀吉拔掉了自己身边的一枚钉子。随即秀吉兵进美浓，收取了同僚稻叶一铁的人质，迫降了岐阜的织田信孝。

翌年正月，泷川一益在伊势起兵，一度逼退羽柴军，但随即就被卷土重来的秀吉攻至主城长岛城下。一益匆忙遣使向柴田胜家求援，虽然残雪尚未融尽，胜家却再也无法忍耐了，竟然集结兵马，铲雪前进，于三月十日开到了北近江的柳之濑地方。十二日，北陆各家兵马陆续集结，总势两万余，胜家在内中尾山立下本阵，佐久间盛政在行市山，前田利家在别所山，皆在本阵之南。

十七日，羽柴秀吉留下织田信雄、蒲生氏乡的万余兵马继续包围长岛，自己亲率约五万兵马也开到了柳之濑南方、琵琶湖畔的木之本。随即命其弟秀长屯兵田上山，堀秀政屯兵左弥山，中川清秀屯兵大岩山，高山重友屯兵岩崎山，桑山近晴屯兵贱岳——大半都是山崎合战时候的老同僚，如今变成了新部下，甚至已向秀吉递交过人质了。

羽柴军兵马众多，但所处地势较为低洼，柴田军兵数虽少，却占有地利之便，其势五五之分。不久后，丹羽长秀从若狭出兵，进至柴田军的侧翼——如此则羽柴、丹羽两方向对阵柴田、泷川两方向，双方各有顾忌，故此谁都不敢抢先发起进攻，前后对峙达一个月之久。

四月十六日，一度降伏的织田信孝又蠢蠢欲动了，就此以三敌二，形势对羽柴方不利。羽柴秀吉被迫率军进入美浓，想抢先击破织田信孝。秀吉的离开，使得佐久间盛政认为战机来到，便于十九日不遵柴田胜家之命而擅自发兵，绕过余吴湖，从侧面进攻羽柴军前阵。结果大岩山、岩崎山阵营瞬间就被攻克，中川清秀战死沙场，高山重友败退到木之本。

同时，佐久间盛政的副将柴田胜政也进攻贱岳，眼看就要得手，却被渡琵琶湖赶来增援的丹羽长秀军击退。柴田胜家多番遣使，要求佐久间盛政见好就收，不要前出太远，但连连得手的盛政却置若罔闻，继续挥师挺进。

在这种情况下，柴田军分为前后二部，相隔越来越远，极容易被敌人从中切断。柴田胜家无奈之下，只得挥师杀下内中尾山，前进至柳之濑旁的狐塚，前田利家则进至余吴湖北的茂山。

战报在当日午后便传到羽柴秀吉耳中，于是二时左右，正在美浓国大垣城附近的秀吉命令大军掉头，全速前进，当晚九时即赶回了木之本。大垣和木之本之间距离为52公里，数万大军竟然只走了七个小时（另一说是下午四时动身，则只跑了五个小时），这不能不说是一个奇迹——据说秀吉曾派出先遣队，通知沿途农民全都汇聚在道路边，每人递上一挑水、一升粮、一支火把，均有赏赐。

于是次日天还没亮，羽柴秀吉就对正在大岩山和岩崎山上休息的佐久间盛政部队发起猛烈攻击。佐久间盛政不敌后退，在贱岳附近遭到夹击，溃不成军。据说当时有七名秀吉麾下的年轻武士在战斗中立下大功，被后世称为"贱岳七本枪"，他们是：加藤清正、福岛正则、糟屋武则、片桐且元、加藤嘉明、平野长泰和胁坂安治。

且说羽柴军追击败退的佐久间盛政，一路向北，还没等遭遇到茂山上的前田利家势，前田军就先自撤退了。前田右左卫门利家乃是尾张国的小豪族出身，从小便侍奉织田信长，一般认为，他和羽柴秀吉素来交好，因此不愿与秀吉交战，但也很可能是事先与秀吉达成过某种密约——这从战后秀吉将北陆大片领地封赠给利家，便可看得出来了。

非止前田利家一人，金森长近、不破胜光等部亦尾随着前田军而陆续撤离战场——正好是当日胜家派去与秀吉和谈的三名使者，很可能秀吉在当日便已暗中策反了这三个人。

当日织田信长委派柴田胜家负责北陆地区的战事，交给他三名与力，即前田利家、佐佐成政和不破胜光之父光治，因为最初的封地都在越前府中地区，故称"府中三人众"。金森长近本是信长侧近、"赤母衣众"

的一员,亦在"长筱合战"后不久归属于柴田胜家指挥。

因而这些将领原本并非胜家的家臣,只是同僚,在与羽柴秀吉的争斗中,可以称为盟友。只是如此松散的体系是无法凝聚力量,在战场上取胜的,因而胜家在此次出兵之前,便要求诸将全都向北庄城递交人质,意欲将他们家臣化。或许就是此事惹恼了诸将,故而才阵前背反的吧,只是羽柴秀吉在畿内也是同样办理,却并没有遭到太大的反弹,可见论起治政之能,胜家不及秀吉远矣。

三将的退去,导致柴田胜家的本阵直接暴露在羽柴大军面前,以寡敌众,再加人心因佐久间盛政之败而惶惑浮动,很快便全线溃散了。佐久间盛政在逃跑途中遭擒获,被处以磔刑,而柴田胜家则在回归主城(越前的北庄城)后,被羽柴军团团围困,无奈之下只得和妻子市姬登上天守阁,对刺而死,同时引燃火药,炸了个尸骨无存。随即岐阜城也在织田信雄的围困下,被迫开城投降,羽柴秀吉勒令织田信孝移往尾张国内海,谁料织田信雄却派遣使臣前往,逼迫兄弟自尽——信孝命运之可悲,信雄之狠辣无情,至此表露无遗。

泷川一益亦被迫降伏,随即剃发出家。

天正壬午之乱

"贱岳合战"以柴田胜家派的失败而告终,然而战事并未就此终结,因为很快便有一人举起了胜家跌落的大旗,也想要竞争织田信长后继者的位置，那便是东方的德川家康。

德川家康以三河国起家，其后与武田信玄东西夹攻今川氏，得到了远江国，织田信长灭亡武田家以后，又赐予他骏河国，势力仿佛当年的今川义元。但这还并非家康所有的筹码——"本能寺之变"前，他受信长所邀前往京都游览，随即转向堺市，当噩耗传来之后，他狼狈地逃回主城滨松——同行的穴山信君则于途中被"落伍者狩"所杀。

据说，家康麾下有一重臣名叫服部半藏正成，出身伊贺国，其先祖本为伊贺三上忍之一，因而通过半藏居中联络，家康才得以通过伊贺的崇山峻岭，躲过了明智军和"落伍者狩"的追捕、袭击，历经千辛万苦，好不容易才逃得一条性命。

回到滨松的德川家康，立刻集结兵马，准备上洛去讨伐明智光秀，为怕自己实力不足，他又写信联络甲斐的河尻秀隆等织田将领，并派遣武田旧臣冈部正纲去接收家主遇难的穴山领。可是尚未正式动兵，便传来了羽柴秀吉在"山崎合战"中击败明智光秀的消息，家康喟然长叹，时机错失了，无法依靠讨伐明智来接收老盟友织田信长的产业，他不禁把目光全面转向了北方的甲斐和信浓。

因为此时武田旧领内一揆纷起，乱作一团，最终河尻秀隆遇害、森长可狼狈逃归美浓。当日接收骏河之时，德川家康收纳了大批武田遗臣，于是便派遣这些人返回甲斐和信浓，游说一揆和各地豪族，要他们向德川氏称臣。

然而看中信长留在东方这块肥肉的，并不仅仅德川家康一人而已，很快，北方的上杉景胜、东方的北条氏直（北条氏政之子）全都陆续派兵进入甲斐、信浓、上野三国。三大势力围绕着武田旧领杀作一团，史称"天正壬午之乱"。

后北条氏首先在神流川之战中击败了关东管领泷川一益，随即降伏真田昌幸，接收了上野一国。继而后北条、真田联军四万三千人越过碓冰峠进入信浓，亲德川家的武田旧臣依田信蕃被迫全线退却。

"本能寺之变"的时候，柴田胜家从西方、森长可从南方，一起压迫上杉领，随即两部全都后撤，上杉军即利用追击森长可的机会进入奥信浓，很快便夺取了海津城。后北条氏和上杉势首先碰撞到了一起，上杉家因为尚有"新发田之乱"未能敉平，深恐后方空虚，又怕遭到后北条和德川的夹击，因而首先提出和谈，愿意止步于川中岛地区。

随即后北条军便全线南下，同时命令安房的里见氏协同发兵，欲图一举击溃德川在甲、信的势力。八月十二日爆发了"黑驹之战"，想要偷袭德川军后路的一万后北条军遭到德川方将领鸟居元忠、水野胜成等三千兵马的阻击，遭讨取三百余人，被迫后撤。

但即便如此，后北条军依然在数量上占有压倒性的优势。德川家康一看战局不利，于是展开了柔韧的外交手段，很快便将信浓西部的木曾义昌和上野的真田昌幸拉入己方阵营。真田昌幸切断了后北条军的退路，常陆的佐竹义重也趁机蠢蠢欲动，无奈之下，北条氏直只得以织田信雄为中介，提出和谈。

谈判的结果是，北条氏直迎娶德川家康之女督姬为妻，两家结为姻亲，后北条方仅取上野一国，将甲斐和川中岛以南的信浓土地全都让给德川方——"天正壬午之乱"就此终结，三家瓜分了旧武田领，其中获利最丰的是德川家康。

德川家忙着在收取北方领地，羽柴秀吉趁机击败柴田胜家，掌握了织田家中的实权。天正十一年（公元1583年）八月，秀吉重新分封诸将领地，把织田系的武将泰半纳入自己麾下，这一举动激怒了一个人，那便是织田信长的次男织田信雄。

织田家中二分的时候，织田信雄党从羽柴秀吉，并且自说自话地逼死了兄弟织田信孝，在信雄想来，如此则可使自己距离织田家督的位置更近一步，最不济也可以混个三法师的后见当当。然而秀吉在战胜后却根本没有尊奉信雄的打算，德川家康趁机与信雄联络，加以煽动，因而天正十二年（公元1584年）三月，织田信雄正式宣布与羽柴秀吉绝交。

当月七日，德川家康从主城滨松出兵尾张，十三日与织田信雄会师，联军兵力三万余，羽柴秀吉亲率八万大军来迎，首先攻克了犬山城——"小牧·长久手合战"就此爆发。

小牧，即织田信长曾经的主城、尾张国小牧山城。德川家康在小牧山附近筑起蟹清水、北望山等砦，严密防守，而羽柴秀吉也在犬山和小牧山之间的二宫山地修筑内久保山、外久保山、小松寺山等砦相抗。双方数度接触，羽柴军仗着人多势众，一开始略占优势，羽柴秀吉也干脆把本阵从犬山城转移到二宫山麓的乐田城中。

对峙到四月六日，羽柴秀吉焦躁起来，打算出一支奇兵从战线东侧秘密南下，切断德川家康与其三河老家的联系，则德川军即可不战而败。这本是一步妙棋，然而用人不当却使策略彻底失效，不仅如此，还斩断了秀吉的臂膀，从而丧失了彻底消灭德川势力的可能性。且说秀吉派其养子羽柴秀次为总大将，池田恒兴、森长可、堀秀政为副将，率军两万南下。作为奇袭部队来说，这两万人的数量也未免太大了，消息很难不被泄露，因此奇袭军也分为两路，总大将羽柴秀次在西，随时戒备德川军的动向，池田恒兴等人在东，希望能够尽快攻克边境附近的岩崎城，突入三河国。

奇袭军是四月六日半夜出发的，翌日一早，德川家康便得到了消息，他派大将榊原康政前往追击，并且自己于八日晚间也秘密离开小牧山城，亲率近万兵马前往增援。四月九日凌晨时分，羽柴秀次军行动迟缓，还驻扎在本阵乐田城东南二十多公里外的白山林中，前锋池田恒兴等人倒已经杀至岩崎城下。四时左右，德川军突然对秀次军发动奇袭，羽柴秀次年纪很轻，没有战斗经验，短短两个小时就被兵力稍弱于己的德川军击溃了。

羽柴秀次逃回乐田城，副将堀秀政则收拢残部，在白山林东南方的长久手地方构筑工事，想要挡住德川军，以掩护正在攻打岩崎城的池田恒兴部。七时左右，德川大军挟着战胜之势南下长久手，堀秀政战败退却。直到这个时候，岩崎城下的池田恒兴、森长可才得到消息，匆忙返身来战，却已经来不及了。九时左右，德川军猛攻池田恒兴部，池田恒兴、森长可全都战死——森长可是织田家谱代重臣，当年在近江宇佐山城战死的森可成是他的父亲,在本能寺为保护织田信长而被杀的森兰丸是他的兄弟。

"猿"与"狸"

因为长久手战斗的胜利,德川军士气如虹,羽柴秀吉更不敢再贸然发动进攻了,就这样,他竟然被兵力小弱于自己的德川家康牵制在尾张境内,一直对耗到当年冬季。

羽柴秀吉身世寒微,缺乏谱代家臣,他手下一半是当年织田信长派给的与力(助手),一半是清洲会议以后才陆续收服的老同僚,心腹将领数量很少,而加藤清正、福岛正则等一手养育、提拔起来的年轻武士还未成熟,无法独当一面。在这种情况下,秀吉不可能长时间陷身于一场战役中,时间拖得久了,恐怕威望下降,导致内部有变。因此他大耍最拿手的外交手腕,利用威逼、利诱等种种策略,终于在当年的十一月十一日说降了残暴而又软弱的织田信雄。

失去了拥戴信雄的大义名分,德川家康也便只得与秀吉签署和睦协议,双方各自罢兵归去。这份协议虽然就表面上来看,是秀吉占据了上风——家康应允将庶子於义丸送往秀吉处作为人质,拜领偏讳,改名为羽柴秀康(即后来的结城秀康)——但德川家仍然勾连四国的长宗我部和纪伊的杂贺党等势力,随时都可能卷土重来,东西夹击畿内。

民间传说中,瘦小而狡猾的羽柴秀吉被称之为"猿",矮胖而诡诈的德川家康则被称之为"狸",二人的心思全都如同深海一般使人难窥其貌。这猿与狸的第一回合较量,狸在战阵上取得了胜利,猿却在战阵外底定胜局,相较起来,可谓棋逢对手,势均力敌。随即,二人便又展开了第二回合的较量——

"小牧·长久手合战",使羽柴秀吉见识了德川军的善战和顽强——三河武士本来便耐苦战,更何况家康还收编了大批威名赫赫的武田武士——知道纯靠武力是很难将其击败的,最终决定要以势压人。

这所谓的势,一是指战略态势,秀吉大力笼络越后的上杉氏,并通过上杉策动新近服属德川的真田氏,给家康编织了一张巨大的包围网;二是指名位和权势——

秀吉对天皇朝廷的态度与故主信长不同,信长表面上对朝廷颇为关照,贡钱赠物,还遣人翻修内里,实际上根本不愿被拘束于朝臣架构之内,或许这也是导致本能寺悲剧的重要原因之一。秀吉则是真心实意地亲近朝廷,官位一路攀升,很快便升任从四位下参议,成为殿上人——他的官职,已经凌驾于家主织田秀信(三法师)之上,标志着独立于织田政权之上的羽柴政权,正式诞生。

不仅如此,秀吉最终还从朝廷处获得了"丰臣"的赐姓,就任关白和太政大臣,成为朝臣领袖。太政大臣而兼关白,在世上已无幕府的时代,无疑为天皇之下、万人之上的最高统治者,即以此势威压,德川家康又岂敢不拱手臣服呢?

而且到了这个时候,双方的战略态势也已经彻底扭转,绝对有利于丰臣秀吉。

秀吉从"贱岳合战"后不久，便下令在摄津国的海岸边，也是原来石山本愿寺旧址附近为自己修筑一座新的主城。这座城池规模之宏伟，丝毫也不逊色于当年织田信长的安土城，据说动用超过六万民伕，花费了将近三年时间才得以竣工，起名为大坂城。因为秀吉的暴发户心态，他把搜集来的各种宝物全都放置在大坂城中，并且天守阁内部漆金涂银，华丽无比。秀吉是打算用这座天下无双的城堡向全日本大名宣布：我关白秀吉才是真正的统治者，我是天皇的代理人，即便信长公的权势也未必能有我烜赫。

天正十三年（公元1585年）三月，大坂城尚未竣工，丰臣秀吉即发动了"纪州征伐战"，据说出动了包括毛利水军在内的十数万水陆兵马，最终将作乱的杂贺党、根来众击败，就此彻底稳固了近畿的局势。

数月后，其弟丰臣秀长（即羽柴秀长）又率十数万大军渡过海峡，攻打四国，征服了即将统一整个四国的长宗我部氏；天正十四年（公元1586年）八月，出兵越中，降伏了佐佐成政。

佐佐内藏助成政，乃是织田家的谱代之臣。佐佐氏自称出于源的名门佐佐木氏，后来侍奉胜幡织田家，受封春日井郡的比良城。佐佐成政为家中三男，其长兄胜通战殁于"桶狭间合战"，织田信长突袭今川义元本阵之前，次兄成经于更早些时候，即在织田家中二分的"稻生合战"中为当时跟从织田信行的柴田胜家所杀。成政这才得以继承家督之位，因为性格刚毅果决，武艺出众，尤其擅长指挥铁砲部队，逐渐成为信长的爱将。

后来成政被拨隶于柴田胜家麾下，在北陆剿灭一向一揆和对战上杉氏，受封越中一国。"贱岳合战"的时候，他因为留守越中，监视上杉军的动向，故此并未从征。战后，柴田的势力瞬间灰飞烟灭，成政无奈之下，只得暂且降伏于羽柴秀吉，领地得以保全。然而他素来与秀吉不睦，寻机便想掀起反旗。

据说，成政自知兵微将寡，曾经趁着严冬翻越飞驒的崇山峻岭，亲自跑到滨松去向德川家康哀求协助。虽然家康应允了成政所请，但双方相隔遥远，是很难呼应得上的。此番秀吉兵锋所指，势如破竹，成政被迫剃发出家，以示臣服。如此一来，德川家康在东方和北方的党羽，便陆续都被秀吉所铲除了。

秀吉的威压导致德川家中分裂，主张坚决抵抗的酒井忠次和本多忠胜等重臣，与主张向秀吉妥协的石川数正等重臣产生严重对立，最终导致石川数正出奔，投靠秀吉，将家中机密全都泄露了出去。

局势既然走到这一步，德川家康不可能再高昂着他的头颅了。秀吉倒也并不欺人太甚，在占据上风以后，反而以更柔软的手腕、更温和的姿态来劝降德川氏，他甚至将其妹朝日姬送去做家康的继室，还一度以探望女儿为名，把母亲也送往滨松，以换取家康上洛来向自己低头。

天正十四年（公元1586年）十月二十六日，德川家康抵达大坂城下，寄宿于丰臣秀长的宅邸之中。秀吉深夜往访，二人密谈良久，最终家康表示愿意公开向秀吉展示臣从之意。翌日，家康进入大坂城中，在诸大名群集之下，当众拜谒了秀吉。

据说家康曾向秀吉请求，将对方身着的阵羽织下赐。秀吉说："此衣随我征战多年，实不便与人。"家康俯首道："我家康既已臣服于关白殿下，日后关白殿下若有所指，必竭诚效忠，为殿下讨平不臣。如此，则殿下亦无须再上战场也。"秀吉大喜，当场脱下阵羽织，披盖在家康身上。

这当然是演给在座众人所看的一场戏，或许戏的内容，这一"猿"一"狸"，在昨日晚间便已经商量定了吧……

分久必合

在此介绍一下关白秀吉的官途。"小牧·长久手合战"后，他急于要为自己寻找一个大义名分，从而慑服天下——当然最方便的办法便是开设新的幕府，然而秀吉出身寒微，很难攀附上武家名门，因此事情变得格外难办起来。

从源赖朝开创镰仓幕府以来，历代幕府将军都出自源氏（皇族和藤原氏的将军也都继承的源氏正统），镰仓的执权北条氏则是平氏一门，故而民间相传，只有源、平两家才能担任武家领袖，就任征夷大将军之职。传说自可付之一笑，但无论源还是平皆为皇族后裔，因此代天皇执政便顺理成章——织田信长曾自称出于平氏，故此朝廷欲拜他为征夷大将军；明智光秀自称为土岐氏分支，土岐为源氏名门，自然也有开幕的可能；而秀吉的出身不过是尾张下级武士，他又哪有这种资格呢？

有传说，为了达成夙愿，羽柴秀吉还专门跑去央告流亡的室町末代将军足利义昭——从足利义满时代开始，足利氏把"源氏长者"，也就是源氏的宗家地位牢牢掌握在自己手中——秀吉希望获得"源氏长者"义昭的认同，最好义昭还能收他当养子，赐予足利苗字，那么自己便可以名正言顺地开幕了。可惜足利义昭流浪多年，雄心消磨殆尽，性格却反而变得格外执拗起来，在他想来，自己的人生不可能更凄惨了，又何必要对强权低头呢？

听闻羽柴秀吉求告于足利义昭，朝廷公卿们未免有些起急。多年以来，朝廷一直受到武家幕府的压制，公卿们生活窘迫，朝不保夕，好不容易织田信长为了平衡公武势力，达到打压室町幕府的目的，对朝廷多少给了点好脸色看，朝廷立刻封官许愿，想把信长拉拢到自己身边来。当初信长是软硬不吃，坚决辞去朝廷赏赐的各种官位，搞得朝廷异常被动，如今羽柴秀吉对待朝廷的态度比信长更好（其实初上台者莫不如此），倘若不能及时拉拢他，让他又去新建了一个幕府出来，朝廷会不会再度沦落到镰仓时代甚至室町时代的窘迫处境中去呢？

然而朝廷高官，皆由皇室后裔或藤原氏世袭（织田信长亦曾自称为藤原氏后裔，故此朝廷欲请他就任关白或太政大臣），羽柴秀吉门第太低，能成为殿上人已经破例了，再要给他升官几无可能——越是落魄，天皇朝廷就越是紧抓住传统不放，因为若是抛弃了传统，则朝廷便真正地一无所有了。这时候，右大臣菊亭（今出川）晴季突然跳将出来——晴季素来与秀吉关系密切，此前秀吉想摇身一变成为源氏，便是此人去找足利义昭关说的——表示他愿意帮忙牵线搭桥，让秀吉和藤原氏扯上关系，如此一来，不就可以名正言顺地就任朝廷高官了吗？

当时是正亲町天皇在位，正亲町天皇时代的第一位关白是近卫晴嗣，后来改名为近卫前久，然后是二条晴良、九条兼孝、一条内基和二条昭实。藤原北家历代担任摄政、关白，逐渐分为近卫、鹰司、九条、二条和一条五个分支，时称为"五摄家"，虽然没有明文规定，但关白若不由"五摄家"的子弟充任，乃是不被朝议和世俗认可之事。于是同为藤原氏出身的菊亭晴季（家格为仅次于"摄家"的"清华家"）便跑去说服前关白近卫前久，让前久认了羽柴秀吉做犹子（名义上的儿子），给予秀吉藤原北家的身份资格。天正十三年（公元1585年）七月，朝廷正式下诏，让藤原（羽柴）秀吉接替二条昭实就任关白一职。

藤原秀吉的名字喊了一年半，然而朝廷公卿本来就假清高地瞧不大起武人，何况秀吉在武人中也属于出身较低的那一类，整天在背后指指点点，搞得天皇和秀吉本人都不大有面子。到了天正十四年（公元1586年）十二月，正亲町天皇痛下决心，授予秀吉养老令官制中的第一位太政大臣，并下赐新姓为"丰臣朝臣"。从此，羽柴·藤原秀吉就正式改名为丰臣秀吉了。

天下大势，合久必分，分久必合，战国乱世一百余年，即便没有织田信长和丰臣秀吉的横空出世，实在也到了该收束的时候了。如前所述，战国初期虽然亦不乏跨道连国的大势力，但基本构架还都属于传统的守护大名，向心力很弱，随时都可能分崩离析，许多家族一门而拥有数国守护职，但这些守护职未必都捏在当主手中，甚至当主未必能够随心调动。然而到了后期，小弱的势力多被淘汰，松散的势力大多分裂，能够仍然存活或者瞬间脱颖而出的，莫不进行了领国一元化改革，迈入了战国大名的阶段，即便改革尚未完善，其统治力、向心力，也非传统守护大名可比。

因此在日本列岛的各地区，都逐渐冒出来一两家足以雄踞一方的大势力，若说其中之一将会最终统一全日本，真是无人敢于怀疑之事。比方说，在东北地区有诞生于传统守护大名家族的伊达氏，在关东和东海道有短期内崛起的后北条氏和德川氏，北陆地区有长尾／上杉，中国地区有毛利、宇喜多。四国地区，原本弱小的长宗我部因两代人的奋斗而几乎统一全岛；九州地区，古老的萨摩岛津家如同疾风烈火一般，瞬间横扫大半个岛屿，唯余根基深厚的大友氏尚在苦苦支撑"岛津四兄弟"的侵攻。

当然，东北、九州那些势力，因其位处偏远，想要席卷全日本，难度是相当大的，德川、后北条氏等则皆有机会。而最终机会落到了尾张出身的织田信长、丰臣秀吉身上，自然也非偶然，尾张临近畿内，同时拥有富庶的田地和发达的交通，无论农业还是商业基础，在诸国中均可跻身上流。从来时势造英雄，英雄再推动时势发展，于是小小的织田家和凭空出世的丰臣家，便迈上了统一全日本的艰辛道路。

且说丰臣秀吉在平定四国、降伏了德川家康以后，天正十四年（公元1586年）发动"九州征伐战"，击败了岛津氏，天正十八年（公元

1590年）发动"小田原征伐"，不但灭亡了后北条氏，还趁机横扫整个奥、羽。约在当年七月，通过"奥州仕置"（对东北地区诸侯的土地进行重新分割），秀吉彻底统一了整个日本。

就此，丰臣秀吉也便实至名归地成了"天下人"。

番外篇

日本刃的知识

冷兵器时代，最负盛名的三大名刃，是指大马士革刃、日本刃和马来刃。有人称其为"三大名剑"，那是很不科学的，因为按照我国的传统分类法，单面开刃为刀，双面开刃为剑（当然，偶有例外），而大马士革刃和日本刃的全盛时期，产品大多为刀，并且是曲刀，只有马来刃刀剑并重。

日本本土产铁量少并且多为砂铁，所以要造好刀，只能高价从我国购入钢锭，或者反复精炼砂铁，这就使得古代日本人极为宝贵刀剑，既独辟蹊径琢磨出一整套打造名刃的工艺，又世代相传，好刀不使损毁、湮灭，才在世界上留下了那么大的名声。

制造日本刃的第一步是冶铁，即将砂铁渗碳强化，造出铁、钢和铣来。以铁中的含碳量为依据的话，一般含炭量较小的即称为铁，特征是非常柔软，在常温下便可以弯曲；含碳量接近1.85%的铁称为钢，特征是坚硬而较脆，常温下很难弯曲，加热后可以锻造；含炭量高过1.85%的铁称为铣，较易融化，无法锻造，因为实在是脆得可以，很轻易便可折断。

其实光用钢就能打造出兵器来，但这种兵器被称为"丸锻"、"割刃铁"或"数打物"（指一天可以打出好多把来），乃是下品。必须将不同质地，也即不同柔韧性和坚硬度的钢、铁甚至铣结合在一起，经过反复捶打，使得刃利背韧，才真正成其为日本刃。专用名词有"三枚合"、"本三枚合"、"四方诘"、"五枚合"等等，指用几种原料合而为一。

最繁复的是"四方诘"，就是用一条铁料为基干，一面加铁为背，一面加钢为刃，左右再包夹两条铁料，使其更为坚固。打造出这样的复合材料，然后再加淬火和研磨，真正的日本刃就算完成了。

这样将多重软硬不同的钢材或铁材锻炼、敲砸在一起，再经淬火和研磨，使兵器表面呈现出或如水波、或如鱼鳞的各种不同的花纹来，就是所谓的"高碳花纹钢"（三大名刃，考其质地全都是高碳花纹钢）。这种花纹深入肌理，虽千年以后，磨去铁锈，依然美妙无伦。不过日本刀流线状的外形非常美观，而日本刃本身的花纹种类既少，也不够规整，属于"平面碎锻复合暗光花纹刃"，就远没有大马士革刃和马来刃来得漂亮了。

元服礼和"乌帽子亲"

按照《周礼》规定，贵族男子二十岁要行冠礼，贵族女子十八岁要行笄礼，这是一种成人仪式。经过这种成人仪式，男子就可以出仕为官，可以娶妻生子，而女子也可以准备嫁人了。这一礼仪，中国古代数千年延续不变，日本人学了过去，加以改造，称为"元服"。

其实"元服"一词出于中国，本来就是冠礼的另外一种说法。元，便是脑袋，服，便是服装，在这里指的是"冠"。中国古代男子行冠礼的时候，要由父祖辈把他带到宗庙里去，剔去前发（小孩子都是有流海的），挑选一位德高望重的人士为其戴上冠，同时起一个表字。冠并非普通的帽子，它是贵族身份的象征，因此非贵族、女性和未成年的男子是不能戴冠的。

日本的元服礼与此相近，不过他们给男孩子戴上的不是中国式用竹、木所制的冠，而是乌帽子。乌帽子也是中国原装，指的就是乌纱帽，唐朝以后开始流行，后来官员平常所戴的都是乌纱帽，帽子后面经常会支楞出两个帽翅来，称为"角"，帽翅上立称为"立角"，上立而交叉称为"交角"，向左右两侧舒展开称为"展角"，此外帽翅还有"硬角"和"软角"之分。

日本古代的乌帽子没有帽翅，一般分为"立乌帽子"和"折乌帽子"两种，区别在于乌帽子的上端是朝上舒展还是打折下垂。贵族男子在行元服礼的时候，会由一位德高望重或者有权有势的人为他戴上乌帽子，系上帽带，并且拟定一个大号（有时候还同时拟定通称）。这位执行仪式的人就被称为"乌帽子亲"，他通过为少年男子行元服礼，从此就与此男子结为养父子关系，不但要关照此男子，还经常把自己名字里的一个字赐给对方。织田信长便曾经应长宗我部元亲之请，做了元亲嫡长子的乌帽子亲，下赐一字，给这孩子取名为长宗我部信亲。

在中国，虽然规定男子二十岁（虚岁）行冠礼，但大概为了让孩子早些成年，好娶妻生子，接续香火吧，历代不断把时间往前推，后来改为十八岁，再后来十六岁就能行冠礼。日本一般的规定年岁是十六，但到了战国时代，为了家族的延续，很多孩子往往十岁左右甚至更早就被迫元服了（三好长庆便是虚岁十岁即元服的）。这种情况经常发生在老子横死，儿子还小的背景下——不早点元服，少主就不能继承家督之位，那么家中便要无主了呀！

武士的孩子行过元服礼以后就可以上阵打仗了，初次上阵即称为"初阵"——可怜那些提早元服的孩子，才小学、初中的年纪，就必须要学会面对鲜血和死亡。然而，在残酷的乱世，元服前的初阵也绝非罕见，比如关东的宇都宫广纲之子国纲，年仅十一岁便替代病弱的父亲去参加壬生城的会战。当然，反过来的例子也不是没有，以当主不出阵而闻名的朝仓氏，末代义景直到三十一岁，才在战场上露了一小脸儿……

九章　南海风起，西海浪涌

丰臣秀吉在基本接收了故主信长的基业以后，因为东方有强大的德川氏阻路，因此首先将目光投向西方，先后发动"四国征伐"和"九州征伐"，主要目标，乃是才刚统一四国地区的长宗我部氏，和即将统一九州地区的岛津氏。

从"姬若子"到"鬼若子"

丰臣秀吉在获得赐姓和太政大臣的官位前后，主要向西方用兵。他首先彻底降伏了毛利氏，平定了纪伊国，随即于天正十三年（公元1585年）夏季进攻四国岛。四国岛，顾名思义，是由赞岐、阿波、伊予、土佐四国所构成的，此外还有一个淡路岛，早在秀吉奉信长之命进攻中国地区的时候，便捎带手平定了。"应仁之乱"的时候，四国主要属于东军的势力范围——赞岐和土佐是细川胜元、阿波是细川成之、伊予是细川胜久。但是，西军也在伊予国埋下了一颗钉子，那便是河野通直，后来战国大名河野氏的祖先。

"战国时代"，东四国的赞岐、阿波基本上仍在细川氏，后来在篡夺细川氏权力的三好（十河）氏的掌控之中，而西四国的伊予和土佐则群雄并立，恶战不休。先说土佐国，主要割据着七家有力豪族，史称"土佐七雄"，他们是——津野、吉良、本山、安艺、大平、香宗我部和长宗我部。土佐多山而贫瘠，区区一国之中的所谓"雄长"，也不过是些拥有一郡或数乡领地，三五个砦子，不到一千人马的小势力罢了。

"土佐七雄"之中，势力最大的要算土佐郡的本山氏、安艺郡的安艺氏，还有两个宗我部氏。在古代日本，有一个姓"秦"的家族非常烜赫，枝繁叶茂，繁衍了分家无数，他们自称是中国秦始皇的后裔，始皇的子孙弓月君东渡到日本，在与迈向统一日本进程的大和王国战斗失败以后，即被吞并和同化。据说，秦家有一位著名人士叫作秦河胜，他的子孙曾经移居信浓国，成为关东许多秦姓豪门的始祖。到秦河胜第二十六世孙秦能骏的时候，西迁入土佐国长冈郡宗我部乡，于是定苗字为"宗我部"。

源平争战的时候，宗我部氏跟随土佐香美郡的豪族夜须行宗为源赖朝作战。镰仓幕府开设以后，行宗得到了长冈和香美两郡的土地作为奖赏，跟随行宗的宗我部氏也因此分在两郡，演变成了长宗我部（在长冈）和香宗我部（在香美）两支。宗我部也称曾我部，因此长宗我部和香宗我部也经常会被写成长曾我部和香曾我部——日本人使用汉字，并不如我们的祖先那样严谨。

战国初期，长冈郡宗我部氏的当主乃是长宗我部兼序，主城在冈丰。土佐国内的几大豪族——本山、山田、吉良、大平——联军进攻，打破冈丰城，杀死兼序。兼序的儿子千雄丸当时年仅六岁，传说被家臣藏在箱驮中逃出城，去往侬中村的土佐国司一条房家。

土佐一条氏和飞驒姊小路氏、伊势北畠氏，并称"三国司"，是很少的从朝廷公卿转化为战国大名的势力，当主一条房家的祖父一条兼良还曾经就任过关白。千雄丸便在一条家中成长起来，元服后起大号为长宗我部国亲，传说，房家曾经和国亲开玩笑："你能有胆从高楼上跳下来，我就帮助你复兴长宗我部的家业。"没想到国亲真的去跳楼了。房家惊叹之下，对他喜爱非常，果然在永正十五年（公元1518年），通过协商将冈丰城要回，还给了国亲。

从此，长宗我部国亲便开始了艰苦卓绝的重新创业的历程。一直到天文十六年（公元1547年），他才终于积聚力量，向南攻灭大津城的天竺氏，向东攻灭山田氏，扩大了领土。接着，他让次子亲泰继承同源的香宗我部家，基本控制了香美全郡——人送外号"野虎"。

但是长宗我部国亲非常头疼一件事情，那就是他的嫡长子长宗我部元亲，这孩子从小身体就不好，面色苍白，沉默寡言，被家臣暗地里称为"姬若子"，意思是"像女人一样的男孩子"。这样的孩子怎么能够继承自己的事业呢？国亲对此一直犹豫不决，直到元亲的初阵——

和其他战国武将相比，长宗我部元亲实在是晚熟，他直到二十二岁才始初阵，并且已经这么大了，连怎样使用长枪还不会。他偷偷跑去请教某位武士，对方告诉他："很简单啊，只要把目光和枪尖连成一条直线，然后不怕死地往前冲就可以了。"元亲牢牢记住，于是依法统率五十骑冲锋陷阵，一下子就改变了大家对他的看法。从此以后，他的外号也从"姬若子"，变成了"鬼若子"——如同鬼怪一般的男子。

长宗我部国亲一直切齿痛恨着土佐郡的本山氏，因为那是当初攻破冈丰城，杀死他父亲兼序的主谋者。一条房家为了消弭这段仇恨，使两家和睦，要求国亲把女儿嫁给本山氏当主清茂的儿子茂辰。国亲答应了，但这并不说明仇恨已经化解，而仅仅因为他估计自己的力量暂时还不是本山氏的对手。

弘治元年（公元1555年），本山清茂去世，茂辰继位。第二年，认为时机已经成熟了的长宗我部国亲悍然发兵攻打本山氏麾下的秦泉寺扫部，扫部败死。永禄三年（公元1560年），他更攻下本山氏的两座重要支城——长滨和浦户，并于六月十五日驱全族之力，指向本山城。但就在进军途中，国亲突患急病去世，享年五十七岁（一说五十九岁）。

在此之前，长宗我部国亲其实已经将一门总领之位传给儿子元亲了，他自己剃发出家，法号瑞应觉世。

永禄五年（公元1562年），那时候织田信长才刚打完桶狭间合战不久，长宗我部元亲再度征讨本山氏，发兵三千余，攻击敌人的重要城堡朝仓。本山茂辰挥军来救，九月十六日，双方在朝仓城下展开大战。长宗我部军先锋乃是元亲之弟香宗我部亲泰，以及久武肥后守亲源、中岛大和守亲吉。战斗从辰时（上午八时左右）开始，打了整整一天都没能分出结果。第二天一早，双方再度进入战斗状态，本山茂辰的嫡子亲茂当先冲阵，勇不可当，逼退了元亲本队。多亏鹈来巢、几井等七百人急袭本山军侧翼，才挽回了全军崩溃的态势。

香美郡土豪野中、五百藏等家族，援护长宗我部元亲本阵退往神田城休整集结。第三天卯时，元亲重整旗鼓，离开神田城驰向前线，在鸭部的宫前地方，与也几乎同时杀出朝仓城的本山茂辰军遭遇。战斗持续到酉时下刻,经过三十余回合的交锋,长宗我部军终于获得了胜利。本山军战死武士三百四十三名,茂辰被迫放弃朝仓城,退归居城本山。两年后,本山茂辰去世,新家督亲茂迫于长宗我部氏越来越强的压力,于永禄十一年(公元1568年)前往冈丰城投降。就这样,长宗我部元亲终于消灭宿敌本山氏,把整个土佐郡都纳入了掌握之中。

永禄十二年(公元1569年),长宗我部元亲又发兵安艺郡,先后攻下新庄、穴内等城,直取安艺城。由于安艺氏谱代家臣的内应,很快城破,当主安艺国虎安排儿子千寿丸逃去阿波,又把夫人送回娘家一条氏,然后自杀,安艺氏灭亡。于是除土佐国司一条氏以外,"七雄"归并于一。

无鸟岛之蝙蝠

本山和安艺两个家族的灭亡,燃起了长宗我部元亲的熊熊野心,他不顾弟弟吉良亲贞的劝阻,开始向西进发,准备向大恩人一条家下手。这时候一条房家早已去世,当主为其重孙一条兼定,一个整天沉溺于酒色之中的无能家伙。随着长宗我部势力的逐步入侵,一条氏属下的城堡纷纷变节。终于,再也无法忍受当主所为,并且恐惧暗淡前途的家臣们,在老臣土居宗珊的带领下,追放兼定,改立兼定之子,同时也是长宗我部元亲的女婿一条内政为新家督。兼定恓恓惶惶地逃到九州,去依靠自己的岳父、丰后国主大友宗麟,宗麟要他静待时机,以图再举。

时机终于到了,因为长宗我部元亲借口一条内政谋反,杀死内政,而把自己的弟弟吉良亲贞分封在原一条氏主城中村，打算完全吞并土佐国幡多郡，于是天正三年（公元1575年），受到丰后大友氏支持的一条兼定进入伊予国，立刻得到当地豪族法华津播磨守、御庄越前守等人的支持，集结一千七百多兵马，南下土佐。

一条兼定纠合旧臣，重构名城栗本，然后在四万十川西岸一带，筑乱杭、逆茂木等砦，布置了三百支铁砲，以防备长宗我部氏的进攻。一条氏复兴的速度实在太快，长宗我部元亲一下子懵住了，没能及时拿出对应的策略。不久后，兼定完全控制了幡多郡西部，兵力上升到三千五百。他进攻长宗我部方的敷地城，守将敷地相模不敌而走，逃到盐冢城后自杀。

这时候，回过味来的长宗我部元亲终于统合了七千三百大军，离开主城冈丰，进入中村城。两军在四万十川东西岸布列阵势。元亲把全部兵力分为两个部分，一队主攻，一队佯动，以迷惑敌军。一条军果然中计，拔阵而行。趁此时机，元亲亲自统率本队从四万十川上流浅滩横渡，直插一条军侧翼。一仗下来，一条方武士被讨取二百余名，全线崩溃。三日后，栗本城也被攻落，一条兼定逃亡中被家臣所杀。至此，长宗我部元亲完全统一幡多郡，也同时完全统一了土佐国。

统一土佐以后，长宗我部元亲的下一个目标是伊予国，伊予最大的势力是西园寺和河野两个家族。西园寺氏是藤原北家的名门出身，到西园寺实充这一代，所领规模最大。实充传子公高，公高在与豪族宇都宫氏激战的时候战死于飞鸟城下，实充之弟公宣继承了家督之位，又传给公广。西园寺公广一辈子都在和河野氏、大友氏、毛利氏、一条氏和长宗我部氏争战不休，家族越来越衰弱，终于灭亡在麾下武将的谋叛之中。

河野氏出自越智氏，从源平争战时代起就是伊予的强大国人势力。"应仁之乱"的时候，这一家族也是唯一扎根四国的西军势力。但等传到河野通直做家主的时候，河野氏也已经在大友氏和毛利氏的反复攻击下衰弱了。通直想把家督之位传给同族村上水军的来岛通总，遭到家臣反对，只好传位远支的河野通宣。最终，河野氏也和西园寺氏一样，拜倒在长宗我部元亲统一四国的脚步前。

天正八年（公元1580年），长宗我部元亲开始进攻南部伊予，灭亡了宇都宫氏——这个宇都宫，与咱们前面提过的下野宇都宫本为同源，下野为其嫡流，庶流则散布于四国的伊予和九州的筑后、丰前。

可是这个时候，织田信长已经击败了石山的本愿寺，畿内稳固，势力开始伸向四国地区。元亲知道不是织田家的对手，于是便派家臣中岛可之助前往与织田信长谈判，请求让儿子拜领信长的一字，结成"乌帽子亲"。信长在提到元亲的时候，叫他"无鸟岛之蝙蝠"，意思是"没有我信长（鸟）在的四国（岛）的元亲（蝙蝠）"。中岛可之助回答说："蓬莱宫之カンテン。"蓬莱宫也是指的南方岛国四国，カンテン则一解为"恩惠"，一解为"天狗"。不知道信长究竟是怎样理解这句话的，但总之他对这样的回答非常满意，可之助不辱使命而归。

天正十年（公元1582年），长宗我部元亲开始对东伊予和赞岐国展开大规模侵攻。当时东四国（赞岐和阿波）的最大势力乃是三好氏的分家十河氏，当主十河存保早就已经归附了织田信长，因此信长对长宗我部氏的东进非常不满。最终信长撕毁盟约，命令三男信孝和大将丹羽长秀做好进入四国增援十河氏的准备。然而双方军队尚未接触，便传来了"本能寺之变"的消息，织田军仓皇后撤。

当年八月，长宗我部元亲统率二万三千大军进攻阿波国胜瑞城，这是十河存保的主城。此时正当秋收时节，传说元亲下令割尽敌国境内的稻子——这也是一种常见的军事手段。然而，割稻刚开始不久，元亲却又突然修正了命令："稻子虽然是敌人的，但是种稻的百姓却不是我的敌人，给百姓们留下一畦吧。"

二十七日，长宗我部军延中富川布阵，十河军五千余在胜兴寺布阵。十河存保派先遣队两千人前往河原探查敌军动向，结果遭遇香宗我部亲泰部下三千兵马，战斗正式展开。这场战斗打了几乎整整一天，最终十河存保在突击元亲本阵失败以后，率先脱离战场，逃归胜瑞。战争的结局是很惨烈的，长宗我部方阵亡六百六十人，而十河方被讨取八百四十三人。九月二十一日，胜瑞城被攻陷，十河存保逃依丰臣秀吉，长宗我部元亲完全统一四国。

一领具足

考究长宗我部氏从土佐的穷乡僻壤中快速崛起的原因，就不得不提到其家独有的"一领具足"政策。

所谓"具足",乃是日本甲胄的通称,最早产生于镰仓时代,但在这里,"具足"是泛指武器和铠甲,"一领具足"也即一套武器和铠甲。"战国时代"各大名、豪族的军队可以大致分为四个层级:一是担任各级指挥官的高级武士,二是作为战斗主力的中级武士,这两者全都脱离生产,可以算是真正的职业军人(贫困起家时中上级武士也有被迫参与产生的,比如德川家、宇喜多家,此乃特例);三是半脱产的下级武士,四是平时种地,也不训练,临战才拉上战场的农民兵。长宗我部家规定,凡拥有三町(约等于三公顷)以上土地者,都必须自备铠甲武器,视为武士,随同出征——此即"一领具足"。

也就是说,因为领地狭小、土地贫瘠、人口稀少,所以长宗我部家无法供养太多数量的全脱产武士,所以把大群农人、土豪也都归入最下级的武士队伍。这样做的好处是显而易见的,即可以比周边势力组织起更多的兵力来,同时也不耽误农业生产。害处同样明显,首先是这些低级武士的训练度和组织力与农兵几无区别,其次是农忙时节很难召集,更难出征。

战时征召农民兵的举措,传统称为"兵农合一",保证了数量,但根本无法保证质量。随着战事的频密,规模也越来越大,提高士兵质量就日益提上议事日程,很多财力丰厚的大家族遂逐渐从"兵农合一"向"兵农分离"转化,也即明确武士和农民的身份、职责,尽量使武士脱产,转化为职业军人,农民则只管种地,不再需要挥枪上阵。如此一来,不但使得军队的训练度、组织力得以大幅度提升,还使得战争不会妨碍农业生产，无论农忙、农闲，都同样具备跨国远征的能力——织田家和后来的丰臣家，在此种改革上，就都走在了诸大名的前列。

所以说，长宗我部氏的"一领具足"政策是逆军事发展的潮流而行的无奈之举——无他，太过贫穷，根本不可能培养、训练足够多的职业军人。据说这一政策乃是重臣吉田孝赖建言，而被长宗我部国亲所采纳，最终由长宗我部元亲确定下来的。也正因为如此，长宗我部的军队在四国或可横行一时，对战某些与自己规模相近的势力甚至足以碾压，但对上织田、丰臣之兵，那就如同孩童之对力士，胜算渺茫了。

这就是长宗我部元亲通过明智光秀等人为中介，主动表示臣服于信长的重要缘由——据说，信长出尔反尔，欲图发兵攻打长宗我部，从而使得光秀对四国的谋划彻底破产，这也是光秀发动"本能寺之变"的重要原因之一。

只是长宗我部元亲走对了第一步棋，却走错了其后的几乎每一步。他首先是悍然攻打已经臣服于织田的十河氏，惹来信长发兵攻伐（虽然因为"本能寺之变"而未能成行），其次，又先后勾连柴田胜家和德川家康，妄图对抗近在咫尺的羽柴秀吉。

一直等到柴田胜家灭亡，而德川家康亦蛰伏于东海道上，暂时不愿与秀吉再度刀兵相见的时候，元亲才察觉到危机迫近，急忙遣使秀吉，表示愿意和睦相处。秀吉开出的条件是，让长宗我部家吐出赞岐、伊予两国，而光留下土佐和阿波，但是元亲不肯答应，只肯交出伊予——谈判就此破裂。

天正十三年（公元1585年）五月，丰臣秀吉命令军师黑田官兵卫孝高为先锋，首先自淡路出发，登陆四国岛，六月，任其弟丰臣秀长为总大将，统率十万大军进讨四国——因为这时候佐佐成政还在身后，故此秀吉不敢亲自出阵。

丰臣秀长，本名羽柴小一郎秀长，是秀吉的同母异父兄弟，据说从小在家务农，秀吉成长为织田家大将后才命其出仕，一直担任兄长的副将，或者主城的留守，此番还是首次统率一军出征。然而秀长虽非帅才，亦可称为宿将，经验足够充足，双方兵力对比又是如此悬殊，兵质差别更大，长宗我部根本无力相抗。

大军分三路挺进，一路从淡路而趋阿波，一路自备前指向赞岐，一路由安艺而向伊予。长宗我部元亲尽搜领内，才得兵二万余（一说四万，其中土佐兵六千），本阵安排在阿波的白地城。经过激战，各地重臣把守的城砦陆续被攻克，元亲最终在重臣谷忠澄等人劝说下，被迫俯首称臣。

臣服的条件有四：一，长宗我部让出阿波、伊予、赞岐，仅留下土佐一国；二，逢有征伐，当主应率三千兵马从征；三，递交人质；四，破弃与德川的盟约。应该说，为了尽快稳定四国的局面，以便全力压服德川家康，丰臣秀吉所开出的条件还算比较优厚的。

长宗我部元亲的晚年非常凄惨。在归降丰臣政权以后，天正十四年（公元1586年）十二月，秀吉命令长宗我部元亲、信亲父子参加九州征伐战，元亲前往土佐神社祈祷战胜，结果头上的斗笠撞上鸟居（神社前类似牌坊的建筑物）折断了。家臣们都说这是凶兆，元亲倒不在意："胡说，明明是吉兆！"谁承想，不久后信亲就在"户次川合战"中横尸沙场。

那一年，长宗我部信亲年仅二十二岁，他为人勇猛英武，一直是元亲最寄予厚望的儿子。信亲死后，元亲下令推倒神社门前的鸟居，此后再不修建。这位豪雄从此一蹶不振，并且开始倒行逆施，他重用佞臣久武亲直，疏远弟弟香宗我部亲泰，杀死次子香川亲和、侄子吉良亲实，最后还不顾所有人反对，传位于末子长宗我部盛亲。就这样，他在极度的悲伤、寂寞和胡作非为中，结束了自己的残生。

拉回来再说丰臣秀吉，他在平定四国的同一年，降伏了佐佐成政，翌年又笼络住了德川家康，用外交手段稳定了东线，随即再度将目光投往西方。于是他以太政大臣的名义，发布了《关东·奥两国总无事令》，即命令以关东的后北条氏、奥州的伊达氏和羽州的最上氏为首的东方各诸侯，都不得随意开战，侵攻他人领土，也就是别给自己惹麻烦。扔下这一纸文书后，七月，丰臣秀吉下令九州征伐，攻击正在北进侵扰大友氏的岛津氏。

切支丹大名

战国前期，北九州地区最大的割据势力是大友氏和少贰氏。大友氏自称其祖先乃第一代幕府将军源赖朝的私生子，根子不正，血统可纯。室町幕府开创之初，足利尊氏被楠木正成等打败，逃往中国地区，受到以大友氏、少贰氏为首的九州豪强的支援，据说数日间会兵五十万，终于东进攻克京都，把历史推入"南北朝时代"。尊氏于是嘉奖大友家督氏泰之功，一下子给了他肥后、丰后、肥前和日向四国守护职。

大友氏传至第十九代家督大友氏长的时候，开始确立战国大名体制。氏长死后，传子义鉴——大友义鉴时代主要是与中国地区的大内氏交锋（北九州的丰前国，是掌握在大内氏手中的），为此还暗中联络并支持尼子氏，大耍远交近攻的手段。

大永六年（公元1526年），大内军占领了大友氏的马岳城，大友义鉴命令麾下户次家族出兵收复。但户次氏当主亲家重病卧床，只好由他十四岁的儿子户次守亲统率三千兵马出阵——这是守亲石破天惊的初阵，因为他勇猛善战、用兵神速，竟然仅用一天时间就完成任务，攻克了马岳城。于是大友义鉴赐以一字，改其名为户次鉴连——也就是后来支撑大友家的名将、"雷神"立花道雪。

大友义鉴也算一代豪雄，最终却毁在自己儿子手里。他的长子义镇勇悍骄狂，锋芒毕露，遭到包括叔父菊池义武、师傅入田亲诚在内的家中诸多重臣的反感。为了巩固地位，义镇利用父亲与叔父对大内氏或战或和的意见分歧大做文章，终于使其兄弟反目，削弱了反对自己的势力。

然而大友义鉴不是白痴，他很快就察觉到儿子的阴谋，于是准备废掉义镇，另立三子盐市丸为继承人，并且还和宠臣入田亲诚密谋，逐一诛杀亲义镇的家臣。天文十九年（公元1550年）二月，据说义镇派的津久见美作守、田口藏人佐（鉴亲）留宿在大友馆的二阶（二层）时，就突然遭到袭击，二人奋起抵抗，终因众寡不敌而倒在了血泊之中……

可是再如何奋战吧，杀死、杀伤来袭的武士本是情理之常，但这二位临死前却不但刺伤了根本不可能参与谋杀行动的大友义鉴本人，还杀死盐市丸及其生母，以及义鉴的两个女儿——一句话，戏演得太假了，谁都能够瞧得出来，那是大友义镇的授意，找个借口就把老爹、兄弟全都砍掉算了。

此即大友氏"二阶崩之变"，大友义鉴身负重伤，没过几天就咽了气，于是家中群臣以户次鉴连为首，拥戴大友义镇登上了家主的宝座。入田亲诚则逃往肥后，投奔岳父、阿苏神社大宫司阿苏惟丰，然而阿苏惟丰不敢与大友氏作对，主动处死了亲诚。

大友义镇是日本最早的切支丹（即天主教徒）大名之一，他在永禄五年（公元1562年）成为教徒，随即取号为宗麟（宗麟在拉丁文中意为"带来光明的人"）。他组织了全日本第一支铁砲部队，利用"严岛合战"的机会吞并了大内氏在九州的领地，随即对外挡住了毛利氏强大的九州攻势，对内兼并了秋月氏、城井氏、高桥氏等豪族，永禄二年（公元1559年）六月因为向幕府将军足利义辉献上贡金而被补任为"九州探题"，就此成为实至名归的北九州霸主。

当时大友氏最著名的将领就是户次鉴连。永禄四年（1561年），毛利大军入侵北九州，攻陷了重镇门司城。大友义镇亲统大军前往争夺，战斗正酣之时，鉴连所部八百名弓兵冒着被反击的危险，将卷有字条的箭矢如雨般射向敌人。毛利军打开字条一瞧，无一例外都写着："户次伯耆守鉴连随时候教！"此后，无人不知户次鉴连的大名。

户次鉴连后来号为"麟伯轩道雪",又受封为立花山城主,继承立花氏的苗字,这就是大名鼎鼎的立花道雪。天正三年(公元1575年),他将城主之位让给年幼的独生女儿暗千代,自己退居二线(女性而为城主,恐怕是绝无仅有的了)。六年后,同僚名将高桥绍运之子统虎入赘,就是赫赫有名的立花宗茂——高桥绍运和立花道雪经常统一作战,时人称为"大友双璧"。

传说立花道雪壮年时曾在大树下躲雨,响雷落地,他以爱刀"千鸟"劈向雷光,结果被打得半身不遂,从此不能骑马,只好由亲兵抬舆,指挥作战。但这丝毫也不影响其战绩,平生经历大小三十七战,竟然无一失败,因此被人称为"雷神的化身",又称"鬼道雪",名刀"千鸟"也自此被称为"雷切"。

然而即便拥有这般名将,一样无法挽救大友氏衰败的命运。大友宗麟做人的准则是:"顺我者昌,逆我者亡。"他先后流放了恃功自傲的家老佐伯惟教和曾经反对过他的叔父菊池义武,在这种雷霆手段之下,家族内部开始产生纷争。而成功后的大友宗麟,却像许多战国大名一样犯了贪享太平的毛病,不但沉溺于天主教,还爱好茶道,拥有十多种全国知名的茶器,据说连远在京都的足利义昭将军都产生了邀他上洛的期望。

就这样,天正六年(公元1578年)的"耳川合战"宣告了大友氏的末日将近,大友宗麟被南九州的岛津氏打得落花流水,连本领丰后都遭到侵入,遂向丰臣秀吉求救。丰臣秀吉正是打着帮助大友氏的旗号杀向九州,征伐桀骜不驯的岛津氏的。西海地区,陡起烽烟。

红炉上一点雪

天正十四年（公元1586年）七月，关白丰臣秀吉以援救大友氏为借口，调集大军进攻九州——因为这个时候，原本称霸北九州的大友氏已经被打得千疮百孔，眼看就要灭亡了。敢于挑战大友氏霸权的势力共有两个，先是龙造寺氏，然后是岛津氏。

先说龙造寺氏，这个家族自称出于藤原秀乡，不过可以查考的其先祖乃是九州豪族高木季纲，季纲的次男季家约在镰仓幕府初期得到了肥前国小津郡东乡内的龙造寺的地头职，从此就以龙造寺为苗字。战国时代，龙造寺氏从属于名门少贰氏——应仁、文明年间，北九州诸国守护，筑前是大内氏，筑后、丰前、丰后是大友氏，肥后是菊池氏，肥前是少贰氏和涉川氏。少贰氏一直与大内氏争战不休，势力逐渐衰弱。

天文五年（公元1536年），因为后藤氏、波多氏、龙造寺氏等肥前豪族纷纷倒向大内方，大内义隆遂挥师南下，顺利攻破少贰氏的主城梶峰，少贰氏当主资元自杀。少贰资元之子冬尚逃到筑后国，经过数年奋斗后卷土重来。其间少贰冬尚得到了龙造寺水之方分家的老将龙造寺家兼（刚忠）很大协助，等他重新站稳脚跟，龙造寺家兼也就顺理成章地成为家中宿老，掌握权势。

少贰冬尚与大友氏结盟，以对抗大内势力，而正当他打得还算顺手的时候，家中却产生了分裂，重臣马场赖周愤恨龙造寺家族的专权，便引诱其一门出阵，退兵时于后袭击，把一家上下杀得几乎鸡犬不留——不过这是指龙造寺本家，分家的龙造寺家兼已经隐居去了，从而逃过了大劫。

马场赖周没有杀死龙造寺家兼，是他最大的失策，事变后仅两个月，家兼就在大内氏的暗中支持，和豪族锅岛清久的辅佐下，卷土重来，杀死马场赖周，收复旧领。随即他拥立龙造寺胤荣为新的家督，但同时又命令一个法号圆月的曾孙还俗，继承自己的水之江分家。他对这个十八岁的孩子寄予厚望——此子名为龙造寺胤信，后来受大内义隆赐字，改名龙造寺隆信，人称"肥前之熊"。

天文十六年（公元1547年），龙造寺胤荣去世，本家绝嗣，经众臣合议后，决定让受龙造寺家兼青眼看顾的隆信迎娶胤荣的寡妇，当了新一任家督。然而隆信虽然胸怀大志，他的靠山大内氏却瞬间崩塌了。天文二十年（公元1551年），陶晴贤谋叛，大内义隆自杀，龙造寺氏的家臣土桥荣益趁机起兵，凭借少贰氏和大友氏的力量，拥立龙造寺鉴兼为主。隆信战败，逃至筑后蒲池家隐居——这又是一个尼子经久故事的翻版，卧薪尝胆的龙造寺隆信终于在三年后卷土重来，流放了鉴兼，重登家督之位。

巩固了权力的龙造寺隆信开始对外用兵，连年苦战，终于降伏大村、松浦、有马等家族，并且杀死少贰冬尚，基本统一肥前国，并且杀入肥后国。当然，这个暴发户一定会威胁到北九州霸主大友氏的权力，于是永禄十二年（公元1569年），大友宗麟统率六万大军杀至肥前。

龙造寺家想要谋求发展，必须寻找来自本州西部也即中国地区的强大势力的支持，大内氏灭亡以后，龙造寺隆信选择了垂涎北九州的毛利元就。此次大友宗麟发兵来攻，隆信自知不是对手，于是向毛利氏求援。元就老头也蛮讲义气，立刻南下攻击大友氏重镇立花山城。大友宗麟被迫与隆信议和退兵，但第二年却又整合了更强大的军势杀将过来。

大友军号称有八万之众，龙造寺隆信手下虽然只有五千人，却个个奋勇，战斗良久，大友军依然无法取得胜利。为了打破僵局，大友宗麟派其弟八郎亲贞从侧翼袭击龙造寺方成松信胜和锅岛信昌（锅岛清久之子）部。战斗在夜间进行，多亏锅岛信昌部下七百骑决死突击，不但打败了大友军，成松信胜还亲手取下大友亲贞的首级——这就是北九州历史上著名的"今山合战"。

今山合战虽然取胜，但龙造寺方损失也很巨大，龙造寺隆信被迫暂时蛰伏，臣从于大友氏。但他的武勇和锅岛信昌的智谋却已经响彻了北九州，各方豪族纷纷倒戈来投。锅岛氏本来就以善战闻名，据说自家主以下，人人上阵时都戴一个赤熊假面，被称为赤熊武士——为了使赤熊武士们更加忠诚于自己，龙造寺隆信还让寡母下嫁锅岛清久，两家结为姻亲。

天正元年（公元1573年），大友宗麟南下日向国，结果在耳川被岛津氏打败，势力大为衰退，龙造寺氏趁机再度掀起反旗，势力更伸展入筑后、丰前、筑前等国。然而此时龙造寺隆信却志得意满，日益骄狂，沉湎于酒色之中，变得暴戾好杀，最后竟然还消灭了他最大的恩人蒲池氏。于是领内国人纷纷离心，终于迎来了家族的末日。

天正十二年（公元1584年），龙造寺隆信与北上的岛津军在冲田畷展开恶战——据说此时那头"肥前之熊"由于过于肥胖，竟然无法骑马，只能坐轿上阵。以众凌寡，龙造寺军却遭逢惨败，岛津氏将领川上忠克更杀入龙造寺本阵，直冲到隆信面前。他见隆信铠甲外面罩着袈裟，神情镇定自若，于是问："如何是剑刃上？"隆信回答："红炉上一点雪。"忠克三拜，然后挥刀斩下了隆信的首级。

耳川合战

南部九州所居住的，并非大和国主体民族，在相当长一段时间内，风俗习惯都与别处迥然有异。这个民族，古代称为"熊袭"，日本神话中即有大和武尊征服熊袭的传说。"平安时代"以后，"熊袭"逐渐被一个新的名词所替代，即——"隼人"。

这是按照四神方位来定名的，南部九州为日本列岛的最西南端，南方的神兽为朱雀，也即"隼"，故此南方民族即被定名为"隼人"。隼人勇猛善战，与东北的虾夷人一样，被征服以后，往往成为大和朝廷武力的重要来源，兵部之下即专设"隼人司"以统辖之。

隼人分布在南部九州各国之内，因此也产生了很多分支，包括阿多隼人（萨摩隼人）、大隅隼人、日向隼人、甑隼人（居住在甑岛）等等。"战国时代"最为声威显赫的就是萨摩隼人——虽然这时候，隼人已经跟大和民族基本上融为一体，习俗也相当接近了——而统领萨摩隼人击败大友宗麟，杀死"肥前之熊"的，则是岛津氏。

岛津是个历史悠久的家族。关于岛津氏的来源，历来就有惟宗氏、源氏、藤原氏三种说法，甚至还有源赖朝落胤（流落民间的遗子）的谣传。但总之"源平合战"的时候，岛津苗字就已经出现了，到室町幕府足利义满将军在位的时候，授予岛津氏家督元久萨摩、大隅、日向三国的守护职——但这并不是岛津氏繁荣发达的开端。

在与领地内国人的较量中，更在家族内部频繁的纷争中，岛津氏日益衰弱。战国前中期，岛津氏分裂出许多个不卖本家面子的强横分家，其中以萨州（萨摩）、向州（日向）和伊作三家势力最为庞大。而完成各分家的统一，重新振兴岛津氏的，乃是伊作分家的岛津忠良。

岛津忠良首先在母亲的帮助下，成为向州家养子，完成了两个家族的合并。就在此时，本家家督岛津胜久为对抗实力最强的萨州岛津实久而向忠良求援。大永七年（公元1527年），忠良请胜久退位隐居，让自己的儿子贵久以养子身份继承本家，更在九年后攻灭岛津实久，吞并了萨州分家。

据说当时有句俗话："岛津家没有暗主。"从岛津忠良往后连算五代，这句话都没有说错。忠良以后，岛津贵久通过十多年的努力，终于基本恢复了三州旧领。天文二十年（公元1551年）的岩剑山攻城战时，岛津军初次使用铁砲，赢得了辉煌的胜利——那是铁砲传入日本后初次被运用于实战当中。

岛津贵久是一代英主，但他的几个儿子就更为了得。祖父日新斋（忠良）这样评价几个孙子："长子义久具有出色的政治平衡感，次子义弘犹如摩利支天（密教守护神之一）在世，三子岁久能够察觉到微妙的利害关系并加以利用，四子家久则是优秀的战术指挥官。"

永禄四年（公元1561年），也就是长尾景虎关东出阵，继承了上杉苗字的时候，岛津贵久让位于长子义久，并命其余三子悉心辅佐。岛津四兄弟没有辜负父亲的期望，果然同心一力，再加上忠诚而勇敢的家臣团，很快就击败宿敌大隅的肝付兼续和日向的伊东义佑——元龟三年（公元1572年）的木崎原合战，伊东氏三千兵马退入狭窄地域，被岛津义弘三百人从中央突破，几乎全数覆灭，人称"九州桶狭间"。

岛津义久不但具有敏锐的政治眼光和缜密的军事头脑，他还是一位出色的民政家。有一则传说，萨摩的国分城的门楼是稻草铺顶，某次遭到了损坏，家臣对义久说："正好趁此机会改成木板顶吧，三国之主用稻草铺城门顶，会遭他国使者嘲笑的。"义久笑笑答道："使者来到此处以前，一定看过了我领内的百姓生活，无论城门多么简陋，都能从百姓的富足生活中看清我们的国力。如果领内百姓疲惫穷困，即便城门是由豪华木板所制，又有什么用呢？"

然而，岛津氏势力的扩张，必然会引发北九州霸主大友氏的不悦。且说伊东义佑在丢失了日向国内的领地后，逃到丰后依附大友宗麟，宗麟遂以此为借口起兵，四万大军浩浩荡荡南下，欲与岛津氏决一雌雄——著名的"耳川合战"就此拉开序幕。

大友宗麟虽然来势汹汹，然而失败的阴影一直笼罩在他头顶——军师角隈石宗，大将立花道雪、高桥绍运等人都一致反对此次劳师远征，在谏言被拒绝后，干脆托病不肯从行。宗麟只好以田原亲贤为总指挥，两路进军，往南杀来——本队直扑日向，别动队从肥后南下，牵制来自萨摩岛津氏主城的增援。

进入日向国以后，大友宗麟在无鹿地方设立大本营。无鹿不仅是军事上的大本营，更是宗麟建立天主教国家的根据地，他才刚安营扎寨，就派兵废除了附近的寺社，着手建立天主教堂。天正六年（公元1578年）九月底，大友军的先锋部队渡过了耳川。

防守耳川地区的乃是岛津家久，他手下才不过数千兵马，虽然英勇奋战，多次击退大友军渡河部队，防线最终还是被突破了，大友军包围了岛津氏重镇高城。高城是由名将山田有信把守的，有信的顽强抵抗，逼得大友军放弃硬攻计划，改为长期围困。就在这种情况下，岛津义久发布了领内总动员令，声称："每人携带五日的干粮，务必在粮草耗尽前分出胜负！"他拉出数万大军，十一月初抵达前线。

用来击破大友军的法宝，乃是岛津氏著名的"钓野伏"战术。"钓野伏"战术听着神秘莫测，其实就是伏兵口袋阵，首先用前锋吸引敌军深入，然后两翼伏兵以铁砲射击，最后配合后方的主力将敌军包围歼灭。但作为诱饵的部队既须灵活，又要顽强，不仅吸引敌军，还要保存反攻的实力，这只有忠诚敢战的萨摩隼人才可以办到。

十一月十日夜间，岛津军开始行动了。诱饵部队三百人，两翼伏兵约三千人，总大将岛津义弘坐镇于后。第二天正午时分，诱饵部队奇袭了一支正在转移的大友军，随即击溃援军数百人。田原亲贤见势不妙，派大将田北镇周率军反击，岛津氏诱饵部队向后退却，田北镇周一直杀到岛津义弘的面前。

岛津义弘看到时机成熟，立刻下令两翼铁砲齐发，先打乱大友军的阵脚，随即众武士抛下铁砲，拔刀冲上。大友军乱成一团，很快就被分割包围，逐一歼灭，田北镇周战死。此时，防守高城的岛津家久、山田有信也开城杀出，前后夹击，大友氏本阵瞬间崩溃。

"耳川合战"，大友军战死者数千，负伤不计其数。岛津氏则趁机完全吞并日向国，并寻机继续北上——笼罩在大友宗麟头顶的炫目光环，从此黯淡了下来。

征伐九州之阵

趁着大友氏一蹶不振，"肥前之熊"龙造寺隆信开始抖擞威风，然后，就是龙造寺氏与岛津氏的决战。天正十二年（公元1584年），双方为争夺对肥前南部有马氏领地的控制权，在岛原冲田畷地方展开恶斗。龙造寺方出动了三万大军，岛津、有马联军才不过六千之数，但在联军总大将岛津家久的指挥下，再次运用"钓野伏"战术，赢得了辉煌的胜利。

龙造寺军败得比"耳川合战"中的大友军还要惨，因为地势狭窄，前锋被岛津氏铁砲手压制无法前进，龙造寺隆信一时昏了头，竟然命令部队穿越附近的沼泽前进。结果大军被困在沼泽中难以发挥战斗力，岛津军主力直插龙造寺大本营，顺利砍下了隆信的首级。

龙造寺家有著名的猛将"四天王"——其实诸说不一，入选的共有五人——都在此役战殁。江里口信长突入岛津军本阵，被岛津家久近卫所杀；圆城寺信胤死在乱军之中；木下昌直协助锅岛直茂（即锅岛信昌）安全撤退后，返身战死；百武贤兼突入有马军中战死；还有前面提到过的成松信胜，在得知家主遇难后，高呼："我乃讨杀大友八郎的成松是也！"冲入敌阵，血战而亡。

"冲田畷合战"之后，在锅岛直茂的建议下，龙造寺氏新任家督政家拒绝了大友宗麟联合对敌的请求，转而臣服于岛津氏。而大友氏在"耳川合战"后不久，大将立花道雪就病逝了，大友宗麟也把一门总领之位传给其子义统，自己退往丹生岛城（臼杵城）隐居——义统拜领丰臣秀吉一字，改名为大友吉统。此时岛津氏的北伐军席卷北九州各地，丰臣秀吉下令岛津、大友谈和，岛津义久却当他是放屁，完全不予理会。当年七月，岛津家久攻克了筑前岩屋城，"大友双璧"之一的高桥绍运也战死了。大友吉统心惊胆裂，加紧向丰臣秀吉求救。

然而这个时候，丰臣秀吉却还在为德川家康不肯上洛觐见自己而感到头痛。家康不肯确定两人间的主从关系，则秀吉不敢调动大军远征九州，只好以黑田如水（孝高）为中国方面的监察，统领毛利辉元、吉川元春、小早川隆景等军，以仙石权兵卫秀久为四国方面的监察，统领长宗我部元亲、十河存保等军，用这两路外样兵马前往增援大友氏。

中国诸军在筑后地区与岛津军激战，四国诸军则进驻大友氏的主城丰后。大友吉统一看援军来到，腰杆立刻硬了，不遵守丰臣秀吉要他固守以等待诸路兵马合流的命令,匆匆出兵丰前。岛津义久在得知这一情况后,立刻命令各路人马一齐向丰后进军,希图趁联军立足未稳之机,一举端下大友氏的老巢。

十一月二十五日,岛津家久率领两千五百兵马进攻丰后丹生岛城。丹生岛是四面环水的坚城,在此隐居的大友宗麟又在城楼上配置了被称为"国崩"的大炮,岛津军在大炮面前伤亡惨重,被迫退却,绕路杀往大友氏主城府内。十二月初,岛津家久又包围了鹤贺城。

大友吉统听说丰后老家遇险,匆忙从丰前赶了回来,随即会合四国联军救援鹤贺城,与岛津家久所部隔户次川对峙。岛津军兵力较弱,向后退却,引诱联军渡河决战,虽然长宗我部元亲一力谏阻,监察仙石秀久却认为自己是奉关白之令,衔王命出师,若不渡河,将会示弱于敌。于是联军陆续渡过户次川,与岛津军展开决战。

十二月十二日晨,战斗打响。联军前锋乃是仙石秀久所统率的淡路军,战斗力不强,很快就被岛津氏大将新纳忠元攻破,忠元甚至一直杀到仙石秀久面前,秀久被迫后退。长宗我部元亲及其子信亲急率第二阵土佐兵补上缺口,拦住了新纳忠元的去路。土佐兵本是凶悍善斗的劲旅,此战碰上同样勇猛顽强的岛津武士,双方杀了个难解难分。

第一日战罢,岛津军因为数量不足,吃了点小亏,阵线向后退缩,岛津家久将计就计,于十三日晨再度交锋后,佯装败走,再次使出了"钓野伏"战术。土佐军不知是计,猛追退却的新纳忠元所部,结果被岛津氏将领伊集院忠栋率军从侧翼插入,将其前后切断。联军就此遭到痛击,土佐武士伤亡七百余人,长宗我部信亲、十河存保等将先后战殁,仙石秀久竟然一路逃离九州,逃回本领淡路岛。大友吉统也只得放弃主城府内,逃入了丰前的龙王城。

败报传来,丰臣秀吉异常恼怒,立刻剥夺了仙石秀久的淡路封地。然而就当四国联军在九州惨败的时候,秀吉对东方的外交策略却终于起到了作用,德川家康上洛谒见。于是翌年三月,秀吉亲自离开大坂城,统合麾下兵马进攻九州。虽然秀吉是名义上的总大将,但他并没有莅临第一线战场,真正的前线指挥者仍是四国征伐时的主将,也即其弟丰臣秀长。

因为丰臣秀吉出身寒微,没有谱代家臣,因此他对这个唯一的弟弟秀长寄予了厚望,把麾下近二十万大军全部交到秀长手里。秀长果然不负兄长所托,指挥兵马快速挺进,岛津军在数量占压倒性优势的敌军面前,更在秀长无隙可乘的部署面前,终于被迫从北九州后退了。他们在日向国中东部的高城附近构筑起牢固的防线,以此抵抗汹涌而来的丰臣大军。

四月六日,丰臣秀长率军包围了高城,高城守将还是那个在"耳川合战"中立过大功的山田有信,他组织了一支敢死队,数度夜袭丰臣秀长本阵所在地根城坂砦。到了四月十七日,丰臣方大将宫部继润利用大量铁砲的优势,终于将这支敢死队歼灭,据说杀死了八百余人。于是翌日,丰臣秀长下达了总攻高城的命令。

作为一座坚固的城塞,高城附近当然配备了很多砦子以拱卫城堡,这些砦子里大多配有铁砲手，丰臣军才一发动攻击，立刻硝烟腾起，铳弹横飞。然而岛津氏僻处西海，经济实力当然无法与控制了大半个日本国的丰臣氏相比，丰臣秀长以极大数量的铁砲与岛津兵对射，很快就将敌人压倒，进而攻克了高城。

高城的失陷，使得岛津氏在日向方面屏障尽失，于是家中气氛变得极为悲观，再战必亡、不如和议的舆论一时间甚嚣尘上，岛津义久最终不得不直面现实，遂以剃发出家作出姿态，派重臣伊集院忠栋前赴丰臣秀吉处递交了降表。

当时岛津家中分为两派，义久、义弘、家久都主张暂时后退一步，以待时机，岛津岁久则主张继续抵抗。因此在义久降伏后，岁久仍然固守宫之城不肯认输，虽然最终在兄长义久的反复劝说下，这个三弟被迫含泪承认了败局，但从此就埋下了岛津氏兄弟相残的悲剧的种子……

丰臣秀吉接受了降表，随即命令岛津氏退出九州中北部地区，只留下萨摩、大隅两国和日向南部地区作为封地。岛津义久为此灰心丧气，不久后便将一门总领之位让给了弟弟岛津义弘，而他另一个弟弟、优秀的战术指挥官岛津家久，则突发暴病去世了——传说是被丰臣秀长下毒害死的。

岛津氏降伏，乃是天正十五年（公元1587年）五月间的事情，就在当月，大友宗麟终于安然地辞别人世，享年五十八岁。

番外篇

切支丹和切支丹大名

公元16世纪初，欧洲进入大航海时代，首先远航到远东地区的是葡萄牙人，然后是西班牙人，以及英、法、荷兰人。1511年，葡萄牙人占领了马六甲，随即在东南亚大肆扩展势力，1553年甚至北上强占了中国的澳门。就在这种背景下，天文十二年（公元1543年），一艘开往宁波的葡萄牙商船遭遇风暴，漂流到日本九州的种子岛——这是日本人第一次见到所谓的"南蛮人"，也是铁砲传入日本的开端。

"发现"日本以后，葡萄牙等国的商船陆续航来九州，急于增加收入、扩军备战的九州大名们大多与之展开贸易，逐渐形成了平户、长崎和府内三大南蛮贸易中心。而随着商贸往来的频繁，天主教也终于在天文十八年（公元1549年）传入了日本。

最早来到日本的传教士是西班牙的耶稣会士方济各·沙勿略，他先在萨摩的鹿儿岛上岸，其后主要在九州北部的丰后府内和中国地区的山口传教，据说也去过堺和京都。从此以后，大批天主教传教士涌入日本，传播教义。这些传教士乃是殖民势力的探路先锋，不过他们本身不能和殖民者等同起来，绝大多数传教士的本意只是"把日本人的灵魂从恶魔手中拯救出来"——已经厌倦了乱世的许多日本人，很容易便接受了这个鼓吹上帝面前人人平等的外来宗教。

甚至很多封建大名也受洗成为天主教徒（当然，他们中很多人只是垂涎南蛮贸易的利润而已），因为葡萄牙语基督教徒一词，日本翻译为汉字"切支丹"（也写作"吉利支丹"），所以他们也被称为"切支丹大名"。当时九州地区的切支丹大名是很多的，其中最著名的就是大友宗麟、大村纯忠和有马晴信。宗麟的洗礼名为弗朗西斯科，纯忠的洗礼名为唐·巴尔特罗密欧，晴信的洗礼名为唐·普罗塔基奥。此三人还一起出资搞了一场朝觐活动，于天正十年（公元1582年）派一群信教的少年武士前赴罗马朝见教皇——是为"天正遣欧使节团"。这群孩子还真的到达了目的地，并于八年后平安返回日本。

顺便说一下割据肥前国南部的大村纯忠，此人本出自有马氏（有马晴信是他侄子），过继并继承了大村家名。永禄六年（公元1563年），纯忠接受洗礼，皈依了天主教，传说他受洗的第二天便领兵上阵，前往支援兄长有马义贞。在出阵前，纯忠先把领内世代供奉、保佑战胜的摩利支天神像给烧掉了，在原供奉神像的地方竖起了十字架，以表示自己和佛教一刀两断的决心。

织田政权一直和天主教保持着密切的联系，因为切支丹百姓也好大名也罢，全都在九州及其周边地区，根本威胁不到织田信长的统治，而丰臣秀吉统一日本以后，却开始大肆迫害天主教徒，禁止日本人信仰这种外来宗教。江户幕府建立以后，在宗教方面的基本政策与秀吉如出一辙，五代将军德川纲吉认为"吉利支丹"这种好字眼不能赋予外来的邪教，按照发音，从此改叫天主教徒为"鬼理死贪"。

战国群雄概略（六）

所在地	家名	结局
土佐国	长宗我部氏	1600年关原合战后遭改易
	安艺氏	1569年为长宗我部氏所灭
	本山氏	1569年为长宗我部氏所灭
	一条氏	1574年为长宗我部氏所灭
伊予国	河野氏	1587年为小早川隆景所灭
	石川氏	1585年为小早川隆景所灭
	金子氏	1585年为小早川隆景所灭
	宇都宫氏	1580年为长宗我部氏所灭
	西园寺氏	1585年后没落
	土居氏	1560年为大友氏所灭

续表

所在地	家名	结局
赞岐国	十河氏	先为三好氏篡夺，1586年当主十河存保战死九州，遂灭
	香西氏	1585年为长宗我部所灭
	香川氏	一度臣服于长宗我部氏，1585年被丰臣秀吉改易
阿波国	三好氏	曾臣从于细川氏，后独立，终为分家十河存保所篡夺
	筱原氏	1573年为三好氏所灭
筑前国	少贰氏	1559年为龙造寺隆信所灭
	高桥氏	1569年臣服于大友氏
	秋月氏	1557年为大友氏所灭
筑后国	蒲池氏	1581年为龙造寺隆信所灭
丰前国	城井氏	即丰前宇都宫氏，先后臣从于岛津、丰臣，因不愿转封而于1589年被黑田氏所灭
丰后国	大友氏	1593年，当主大友吉统因在"文禄之役"中阵前逃亡，而遭改易
肥前国	龙造寺氏	1584年当主龙造寺隆信战死，泰半领地被丰臣秀吉转封锅岛直茂，1607年家系断绝，遂被锅岛氏彻底吞并
	松浦氏	江户幕府平户藩
	大村氏	江户幕府大村藩
	肥前有马氏	江户幕府越后丝鱼川藩、越前丸冈藩
肥后国	菊池氏	1550年后没落，领地为三家老：赤星、城、隈部所瓜分
	相良氏	1581年臣服于岛津氏，旋降丰臣秀吉，江户幕府人吉藩
对马国	宗氏	江户幕府对马府中藩
日向国	伊东氏	1577年为岛津氏所灭
大隅国	肝付氏	1576年臣服于岛津氏
萨摩国	岛津氏	江户幕府萨摩藩
	菱刈氏	1569年为岛津氏所灭
	吉田氏	1518年为岛津氏所灭

十章　关东之城，奥北之月

> 丰臣秀吉的统一策略是先西后东，这是因为在他东进的前方横亘着两条凶猛的巨虎，即旧主织田信长的盟友德川氏，以及称霸关东已历五世的后北条氏。然而当整个日本中部、西部皆已臣从于秀吉之后，除非德川、后北条，以及东北地区扩张势头强劲的伊达氏联起手来，否则绝非秀吉对手——况且，这曾经结盟的三家，很快便各谋出路了……

名胡桃城夺取事件

天正十五年（公元1587年），眼看即将统一九州的岛津氏在丰臣秀吉的征伐大军面前一再败北，最终于五月八日拜降在秀吉军门之前。

丰臣秀吉重新划定九州中北部各大名的领地，他先把肥后封给了老同僚佐佐成政，但于翌年闰五月却又借口佐佐氏领内一揆而逼迫成政自杀，随即把其领地分而为二，赐给了自己的两名亲信侍卫：加藤清正和小西行长。此二人本有矛盾，现在领地相邻，纠纷更是层出不穷，最终各自代表了丰臣家中文治和武断两个派别，导致兵戎相见——此乃后话，暂且不提。顺便说一句，天正十八年（公元1590年）三月，丰臣秀吉还剥夺了龙造寺政家的封地，转交给龙造寺家的谱代重臣锅岛直茂。

从九州归来以后，丰臣秀吉暂时专心于内政，先是建造了一座豪华的别墅，起名为"聚乐第"，还邀请后阳成天皇行幸，君臣赏花咏诗，做出一副和乐融融的景象。随即秀吉发布了海贼禁令和"刀狩令"——所谓刀狩，前面提到过，就是不允许农民持有武器，从而可以更牢固也更安稳地把农民束缚在土地上，避免发生转职和一揆。这种种政策并不是秀吉的独创，而是织田信长政策的延续，只不过信长的政策很多都带有浓厚的地域性和暂时性，将其固定下来，并推广到全国，功在丰臣秀吉。

西面既然已经镇定，丰臣秀吉遂把目光转向东方。此时越后的上杉景胜已然归降，东方仍不肯接受他关白兼太政大臣大人的领导，或者只是名义上尊奉却自行其是的势力，还有关东的小田原北条氏，以及陆奥、出羽群雄。秀吉正想着找个什么借口出兵关东，最终统一整个日本呢，可巧，机会立刻就送上门来——史称"名胡桃城夺取事件"。

如前所述，"本能寺之变"以后，东部日本随即便爆发了"天正壬午之乱"，后北条氏首先占据上野，继而与上杉、德川共争信浓。其间的"第一次上田城之战"，真田氏两千五百兵马大破德川氏七千余众。

当时真田氏当主乃是武田旧臣真田幸隆之子昌幸，幼名源五郎。昌幸本为幸隆三子，上面还有两个同胞兄长——信纲和昌辉，本来一门总领的位置是根本轮不到他的，因此少年时代即被送往甲府当人质，成为武田信玄"奥近习众"（年轻侍卫）的一员，并被信玄指定出继武藤氏，改名为武藤喜兵卫。

天正二年（公元1574年），真田幸隆去世，传位给长子真田信纲。然而仅仅一年以后，真田信纲、昌辉兄弟便在"长筱合战"中双双阵亡，于是在武田胜赖的认可下，武藤喜兵卫复归本家，成为真田氏一门总领，定名为真田喜兵卫昌幸，不久后更拜领从五位下安房守的官位，改通称为安房守。

天正六年（公元1578年），如前所述，上杉谦信去世，越后国爆发"御馆之乱"，导致甲越联姻，同时甲相之间的盟约正式破弃。于是翌年，武田胜赖即遣真田昌幸攻打后北条氏在东上野的领地，昌幸运用娴熟的策谋手段，首先说降了名胡桃城的铃木重则和小川城的小川可游斋，继而攻克东上野的中心城砦沼田城。真田氏的封地，本在世代所居的信浓国小县郡内，此战之后，亦受封东上野的沼田领。

数年后，织田大军汹涌东进，瞬间灭亡了武田家，武田遗臣或归德川，或从织田，无人再敢顽抗——真田昌幸就此投入信长麾下，并迎接织田军大将泷川一益进入上野，还把沼田城让给了一益的从兄弟（一说为其侄）泷川益重。

"本能寺之变"后，泷川一益于"神流川合战"中惨败，在真田昌幸的护送下逃往诹访。随即昌幸便重新接收了沼田城，然后掉过头来，降伏于北条氏直军前。此后不久，昌幸即在信浓川中岛地区的旧海津城附近修建了上田城，作为自己的主城。

"天正壬午之乱"中，上杉最先收兵，德川、后北条则为了争夺中、南部信浓国连番激战。按照真田昌幸的如意算盘，自当坐山观虎斗，瞧最终哪家胜利，自己再臣从于哪家。然而他料想不到的是，本来以为会延绵日久的纷争，竟然很快便落下帷幕，德川和后北条氏最终议和，商定信浓归德川，上野归后北条。如此一来真田氏夹在两大家族之间，地位变得非常尴尬——真田的领地有二，一在信浓上田，一在上野沼田，那么究竟是跟从德川为好，还是跟从后北条为好呢？倘从德川，后北条氏必然要他吐出沼田领；倘从后北条，德川氏必然要他退出上田领……

真田昌幸有个外号，叫"表里比兴者"，意思是说他城府甚深，智谋甚广，表面一套，内里一套，谁都无法看穿他的真实心意。这般枭雄，所为自然与凡俗庸将不同，而别有奥妙——既然德川、后北条都无法保证自己两片领地的完整，那干脆，我换一家侍奉吧！

出乎所有人意料之外，真田昌幸竟然将次子信繁送到越后去做人质，向上杉请求援军，以抵御德川军对上田领的侵攻——就此爆发了"第一次上田城之战"，德川军以众凌寡，竟然大败亏输。不久以后，昌幸还击退了进攻沼田领的后北条军，随即通过上杉景胜抱上了丰臣秀吉的粗腿。

丰臣、德川和睦以后，丰臣秀吉任命真田昌幸为德川家康的与力大名。天正十五年（公元1587年），昌幸前往骏府拜见家康，随即又前往大坂拜见秀吉。这表明从武田到织田到后北条再到德川，一直以依附势力形象出现的真田家，终于赢得了实际上的独立，与上杉、德川一样，都成为"天下人"丰臣秀吉的直属诸侯。

丰臣秀吉的崛起、上杉的归从、真田的独立，自然会使得后北条氏感觉到危机迫近。此时后北条氏家督为氏康嫡孙氏直，但其父氏政虽然退位，仍然把持着家中大权，于是在北条氏政的谋划下，先后与在奥州迅速蹿起的战国大名伊达政宗和德川家康结盟，并迎娶家康之女督姬为家主氏直的正室夫人，就此，广袤的东海、关东、奥羽地区连成一片，反过来对正在谋夺天下的丰臣秀吉造成很大威胁。于是秀吉在用外交手段降伏了德川家康以后，如前所述，便于天正十四年（公元1586年）以太政大臣的名义，发布了《关东·奥两国总无事令》，即命令以关东的后北条氏、奥州的伊达氏和羽州的最上氏为首的东方各诸侯，不得随意开战，侵攻他人领土。

丰臣秀吉当时正准备九州出阵，所以对于东方诸侯，暂且使用威吓策略。同时为了避免后院起火，他还出面调解后北条氏和真田氏之争，将上野沼田地区分为三份，两份给后北条氏，以名胡桃城为中心的三分之一留给真田氏——作为补偿，将信浓国伊那郡的箕轮领封给昌幸。

可笑北条氏政以为天下六分之一的领土已在手中，又有坚不可摧的小田原城，与德川氏、伊达氏的联盟牢不可破，竟然把秀吉的警告当成耳旁风。就在这种形势下，天正十五年（公元1587年）十二月三日，"名胡桃城夺取事件"发生了——

北条氏康的第三子、北条氏政之弟北条氏邦，时为武藏国钵形城主，其家臣猪俣范直奇袭名胡桃城，真田方守将铃木重则城破后引咎自杀。这一事件，便成了丰臣秀吉小田原出阵的直接借口。

小田原评定

天正十七年（公元1589年）十二月十日，丰臣秀吉在聚乐第大会德川家康、前田利家、上杉景胜等有力大名，随即召开东征军事会议。最终的部署如下：

首先，伊贺以东的东海道诸将，以近江、美浓之兵为主力，沿东海而上直取小田原城，先阵为德川家康；其次，中国、四国地区的诸侯，包括纪伊、伊势的水军，沿东海道海岸指向伊豆和相模；第三路，越后、信浓之兵，从东山道经上野、武藏南下，称为"北陆支队"，总大将为前田利家和上杉景胜。以当年二月一日到三月一日为出阵日期，以长束正家为兵粮奉行，准备军粮二十万石，并用黄金两万枚从伊势、尾张、三河、远江、骏河诸国收购粮草随时补充。

此次小田原征伐，联军兵力统计为：德川氏先阵三万人，沿东海道而上的丰臣秀吉本队十四万，水军一万，北陆支队三万五千，另外东海道诸城守军一万余——总兵力竟高达二十二万之众，对外号称三十万！这是战国百余年间从来没有出现过的强大军势。

其实以丰臣秀吉当时的实力，四国、九州已平，三分日本拥有其二，根本不用动员半数兵力便可平定关东。但是一来秀吉习惯以强大军势或者惊人谋略不战而屈人之兵，二来也要向天下人展示自己有如天神一般的强大威势。可惜，俏眉眼做给瞎子看，北条氏政根本不是那种有头脑、有眼光的人，仍然顽固地梗着脖子，不肯降服。

当然，终归也有知情识趣的人存在。丰臣秀吉之所以叫与北条氏有姻亲关系的德川家康为先阵，正是想试探家康之心。且说出阵前的正月三日，家康主动把第三子，同时也是嫡子长丸送到了大坂城做人质，秀吉心花怒放，立刻亲自给长丸举行了元服仪式，并赐一个"秀"字——

这便是后来的德川幕府二代将军德川秀忠。

大军进处，原本还在观望风色的各路诸侯纷纷赶来会合，到了天正十八年（公元1590年）四月，丰臣氏大军团团包围了小田原城，等到六月，一直以来桀骜不驯的奥州大名，同时也是后北条方另一位重要盟友的伊达政宗也终于南下参阵，身穿死服，亲自觐见丰臣秀吉。

那么，防守方的后北条氏又究竟是怎么打算的呢？当时后北条氏名义上的家督乃是北条氏直，氏直下达总动员令，得兵三万五千，再加上友军两万余，总兵力也达到了五万六千。如果纯从数字方面考虑的话，用五万重兵防护坚城，没有三五十万兵马确实难以攻克。然而，天下大势已经完全变更，军队的编组也与战国时代有了很大的不同：后北条氏仍然采取"兵农合一"的传统政策，所谓的五万六千兵马，乃是尽数搜集领内十五岁到七十岁之男子，免除部分劳役和年贡的结果，也就是说，相当多是少经战阵的农民；而丰臣秀吉的直属部队，因为兵农分离和刀狩等政策，正从临时义务兵向职业兵转化中。用五万民兵对抗十余万职业军人，再加丰臣方诸侯之军近十万，其结果也便可想而知了。

这里要提到"小田原评定"，本来这种每月两回的重臣评定，乃是后北条氏独创的先进会议制度，然而这一名词，后世却成为"久拖不决的会议"的代名词。因应丰臣秀吉来攻的重要评定主要有三次：第一次，天正十六年（公元1588年）五月，商讨臣从还是敌对的问题；第二次，天正十八年（公元1590年）正月，商讨笼城还是出阵的问题；第三次，同年六月，商讨降伏还是决战的问题。

第二次评定的时候，主张笼城的乃是重臣松田宪秀，主张全军出击，在箱根天险迎击丰臣大军的，乃是钵形城主、一门众北条氏邦。双方各执己见，相对侃侃而谈，长久不能达成决议。最后还是北条氏政亲自出面，以乃父氏康当初两度笼城，上杉谦信、武田信玄先后来攻却全都铩羽而归为理由，敲定了笼城的方略。

把拥有二十二万军势的丰臣秀吉，和顶多可以动员三五万人的上杉谦信、武田信玄相比，北条氏政的头脑真是僵化到了极点！

且说天正十八年（公元1590年）三月一日，丰臣秀吉亲率三万两千直属部队出阵，十九日抵达骏府。当时，德川家康已经在伊豆、骏河国境上的长久保城扎下本阵，翌日即赶到骏府，与秀吉共商进攻方略。二十七日，秀吉进入沼津的三枚桥城，二十八日，与家康一起来到后北条氏的前线阵地山中城附近视察。视察后交换意见的结果，是从二十九日开始，向山中城和附近的韮山城发起第一轮攻击。

北条氏政、氏直父子，一直致力于把整个关东地区整合成独立于中央政权的私领，为此因应新的强力中央政权之诞生，很早以前便开始加紧军事准备了。天正十五年（公元1587年），丰臣秀吉平定九州，后北条氏理所当然地认识到，下一步发生的必然会是"关东平定战"。于是当年，北条氏直即以"京势阵用意"为名，征发领内各寺社的铁钟，改铸为用作城守的大炮。同时，加修各支城的城防工事，尤其在东海道必经之路的箱根天险附近，构筑了足柄、山中、韮山三座坚固要塞，作为第一道防线。

山中城守将，乃是后北条氏重臣松田康长。当时，玉绳城主北条氏胜，小田原旗本众间宫康俊、朝仓景澄等将亦皆入城增援，总兵力约为四千到五千人。

而攻城方则由丰臣秀吉的养子秀次为总大将，秀次自身兵力就有一万九千强，另配给中村一氏、山内一丰、田中吉政、堀尾吉晴、一柳直末等将所部，总兵员据《毛利家文书·山中城取卷人数书》统计，达到六万七千八百。

山中城乃是依据箱根天险筑就的险峻山城，是后北条氏引以为傲的坚固要塞，但是面对十倍以上的强大敌势，仅仅数小时的激战就被攻克了。根据参与此战的渡边勘兵卫之《渡边水庵觉书》残卷记载，攻方先阵中村一氏首先从岱崎出丸攻入，转向东丸，最后攻陷城将松田康长的大本营西之丸。

在进攻山中城的同时，丰臣秀吉命令织田信雄、细川忠兴、蒲生氏乡、蜂须贺家政、福岛正则等将统军四万四千，进攻韭山城。韭山城乃是平山城，由北条氏规三千六百兵马把守。从三月二十九日到六月二十四日，此城一直被重重包围，成为整体棋局上一枚被看牢的死子。

一边包围韭山城，一边丰臣秀吉亲驱大军，于四月一日进入箱根山区，三日便来到了小田原城下。小田原乃是广五里的大城，堑宽壕深，石垒坚固，外城上全部布置了战斗力最强的后北条氏一族重臣。秀吉甫见之下亦不禁赞叹不已，认识到长期包围战是不可避免的了。

后北条氏的末日

为了做好长期战的准备,丰臣秀吉在小田原城东南方修筑了石垣山城,作为本阵。史称"石垣山一夜城",但德川家康的家臣松平家忠在日记中却记载道:从围城之日起,直到六月二十六日,此城才最后完工。

丰臣秀吉把爱妾淀姬(浅井长政和市姬的长女)也接到了石垣山城中,并且打破惯例,允许诸大名的妻妾随阵。在长时间无聊的围城战中,或者召太夫、观幸若舞,或者置酒宴、开茶会,日子过得倒十分悠闲。同样,小田原城中的后北条氏一样优哉游哉,用围棋、将棋、双六等博戏来打发日子。北条氏政声称城内军民都已经贮备了足够两三年的粮草,气焰嚣张,只等丰臣军乏食自退。

然而,丰臣秀吉可不是个只会耐心等待胜机的人,他在亲率主力包围小田原城的同时,亦分遣各部队扫荡原后北条氏领内的每一座城砦。首先,三月二十八日,前田利家和上杉景胜统帅北陆支队三万五千大军沿东山道而下,翻越碓冰峠,包围了后北条氏重臣大道寺政繁守备的松井田城。四月二十日城落,打开了上野的门户。从此,上州的后北条氏支城次第陷落,北陆支队直扑武藏。

呼应北陆支队的长驱直入,丰臣秀吉又派出木村吉清、浅野长政等部,以及德川家康的部分兵力,前往策应。于是,继上州陷落以后,武州和上下总也逐步落入丰臣氏的掌握之中。

四月二十七日,江户开城;五月初,前田、上杉联军攻降河越城和松山城,五月十九日再包围岩付城,在浅野、木村、本多(忠胜)、鸟居

（元忠）、平岩（亲吉）等军的支援下，二十二日将其攻克。

武藏钵形城主，即为主张出击野战的北条氏邦，然而在强大的攻势下，六月十四日，氏邦开城向前田利家投降。至此为止，后北条氏残余的支城，便只剩下前面提到过的韮山城，以及八王子城和忍城了。六月二十三日天还没亮，前田、上杉联军便乘雾猛攻山城八王子，将其攻陷。

忍城本为国人成田氏的居城，前代家主成田长泰，就是前面提到过，在镰仓鹤冈八幡宫门前，被上杉谦信一扇子打落了乌帽子的那一位。随着谦信的去世，上杉势力全面退出关东地区，始终首鼠两端的成田氏遂彻底降伏于后北条氏，当主为成田长泰之子氏长，此时受命率军协防小田原，将守城之责托付给了叔父成田泰季。

可是才刚开战，年老体衰的成田泰季就突然间死掉了，把城代之位又传给了儿子长亲。面对以石田三成为总大将的二万三千大军，长亲尽搜领内，也不过召集起五百名武士和三千农民兵而已——众寡悬殊，这仗可该怎么打才好呢？

好在忍城的地势颇佳，城周都是沼泽，只有数条道路通往城门，使得攻城方很难组织起有效的进攻，即便兵数再多，也几乎使不上力气。因而六月五日攻城开始以后，攻方数度受挫，主将石田三成和副将长束正家等人经过详细地勘察和商议，遂决定仿效当年丰臣秀吉"水淹高松"之举，筑坝拦水，将忍城彻底化为一片泽国。然而由于种种原因，尚未完成的堤防却突然间崩垮，未能伤敌，反倒折损了己方许多兵马，忍城竟然得以幸存，一直守备到小田原城的开城降服。工程失败，原因是多方面的，后人往往因此而嘲笑石田三成毫不知兵，未免太过"成王败寇"了一些。

暂且不提一直守到最后的忍城，且说领内支城次第陷落，小田原城内的士气就此为之糜沮，就连北条氏政和氏直父子的信心也开始动摇。然后，发生了两件大事，最终促使后北条势全面崩溃：

第一，是六月二十四日，北条氏政之弟氏规再也支持不下去了，以韭山城归降丰臣秀吉。第二，此后不久，小田原城内的笔头重臣松田宪秀竟被发觉乃是丰臣军的内应——宪秀旋遭拘禁，其长男笠原政晴被处死。城内人心惶惶，谣言满天，人人自危，早已不复昔日的骄横景象。

北条氏规离开韭山城以后，受秀吉委派，直接返回小田原城内，劝说其侄、后北条氏家督北条氏直投降——部分学者认为，这着棋乃是德川家康的功劳，家康和氏规曾经同在今川家做人质，交情非常不错——经过彻夜长谈，氏直终于被说服了。

七月五日，北条氏直的兄弟氏房出城，来到丰臣方大将泷川雄利阵中，要求以切腹来换取城兵尤其是兄长氏直的性命。丰臣秀吉闻报后答应了他的请求，但要求北条氏政、氏照兄弟，以及二人的老臣大道寺政繁、松田宪秀四人一齐切腹谢罪——可怜的宪秀，背主不忠，却未能真正发挥效用，最终乃落得一个悲惨的下场。

丰臣秀吉的理由是，氏政兄弟是顽强的主战派，绝对不可饶恕，而氏直作为德川家康的女婿，则可网开一面，流放高野山完事。

七月六日，德川家康率军进入小田原城，次日，笼城兵全部出城来到家康阵所接受收容。十日，北条氏政、氏照兄弟也来到家康本阵，并于第二日在城下医师田村安栖家中切腹。就这样，北条早云以来称霸关东近百年的小田原北条氏，到第五代终于灭亡了。

但是这一家族并未就此灭绝，北条氏直作为德川家康的女婿留得了一条小命，数年后被丰臣秀吉所赦免，并赏赐一万石领地，勉强跻身诸侯之列。氏直旋即病逝，享年仅三十岁，其领地为叔父氏规所继承，最后成为新的江户幕府的狭山藩，一直延续到"明治维新"。

奥北的新月

攻克小田原城，灭亡后北条氏以后，丰臣秀吉并没有立刻收兵，而是转道东北，前锋开入了奥、羽两国。

且说日本的东北部地区，原为虾夷人的居住地，大和王朝的征服与开发最晚，这一地区主要包括陆奥、出羽两国，以及大部分仍在化外的北海道岛。天正十八年（公元1590年）的小田原出阵，竟然整备了二十二万大军，说明秀吉并不仅仅为了对付后北条氏，他还想趁便杀向奥羽，一举统一整个日本。而当时奥羽地区的最大势力，要算奥北的南部氏、奥南的伊达氏，以及出羽南部的最上氏了。

奥羽两国，在"源平合战"的时代由藤原氏统治，开始繁荣起来。南北朝时候，大部分地域都掌握在北朝任命的守护斯波氏手中，此外，南朝方的北畠显成、南部信光则控制了奥州最北部。先说说斯波氏，本为足利氏将军的同族，镰仓末期，足利泰氏（尊氏四世祖）的儿子尾张守家氏来到奥州斯波郡的高水寺城，成为斯波氏的始祖。家氏的长兄赖氏是足利尊氏的曾祖，弟公深开创一色家，此外，其堂兄弟满氏开创吉良家，国氏开创今川家。

足利尊氏肇建室町幕府以后，即以斯波家氏的玄孙家长为陆奥守护，因为是将军同门，所以普遍尊称这一家族的家督为"志和御所"。此外，幕府在奥、羽两州设置"探题"一职统管国内事务，权力要超过守护。奥州探题曾先后由斯波、吉良、石塔、畠山四个家族担任，但最后权力还是完全落到了斯波氏手中。斯波氏的分支大崎氏控制了大半个陆奥地区，后来纵横一方的伊达、葛西、南部、留守、白河、苇名、岩城等诸氏都曾接受其领导。但是，随着幕府权力的下降，奥州斯波氏也衰弱了，日益遭受北方南部氏和南方伊达氏的侵攻。

南部氏是清和源氏武田氏的支族，据说其远祖加贺美次郎远行因为在文治五年（公元1189年）跟随源赖朝奥州征伐，被赐奥州北部的糠部、岩手、閇伊、鹿角和津轻五郡。南北朝时代，南部氏先属南朝，后来攻灭津轻郡的同阵营豪族曾我部氏，投向北朝。这期间，南部氏世传的系谱疑点很多，可以确定的要在其十四代家督南部义政以后。义政在"永享之乱"中参与讨伐关东公方足利持氏，威名远播。

南部氏第二十三代南部安信，在大永年间平定津轻郡的叛乱，几乎灭亡浪冈氏，开始在乱世中杀出一片天地。说起浪冈氏，那可是大名鼎鼎的北畠显家的后裔，因为以浪冈为主城而定苗字为浪冈（另说是继承当地豪族浪冈氏的苗字），被南朝封为陆奥镇守府将军。浪冈氏家督世代称为"浪冈御所"，而北畠显家之弟显信的儿子守亲，后来也逃入浪冈地方，这一支称"川原御所"。战国初期，浪冈、大光寺和大浦三家平分陆奥国津轻郡。永禄五年（公元1562年），爆发了"川原御所之乱"，即川原御所的北畠具信杀害了浪冈御所的北畠具运，妄图篡夺宗家之位。浪冈氏因此急速衰弱，遂于天正六年（公元1578年）七月，最终被南部氏的分家大浦为信攻灭，末代家督、具运之子显村剖腹自杀。

南部氏在灭亡浪冈氏以后，基本完成战国大名体制。南部安信之子便是北陆奥一代豪强南部晴政。南部氏是一个庞大的家族，说他庞大，不是指其势力范围，而是指其家族谱系。在描述南部氏的兴亡盛衰之前，咱们必须先谈谈他的众多苗字诡异的同族——

加贺美远行之子光行始称南部氏，光行的几个儿子分了家，除去南部氏宗家外，都改苗字为几户，如一户行朝（另说其为久慈氏之祖）、四户宗朝、七户朝清、八户实长、九户行连，等等。宗家实光生时实和宗光，宗光又开三户家族。这几个家族互相争夺，代为宗家，又相互通婚甚至过继，就此把系谱搞得一塌糊涂。

其中，势力最大的是八户、九户和三户三家。八户氏原领在甲斐国波木井郡，故又称波木井氏，镰仓末年趁乱进入奥州，后来长时间盘踞宗家位置。九户氏则分出城守、久慈、伊保内、中野诸氏。三户南部氏便是南部安信的一支，安信有弟数人——石川高信、南长义、石龟信房和马毛内秀范。此外，各支系分出的其他家族还有北、东、野泽、堤弹、横田等等。

且说三户安信的长子名为晴信，后改晴政，乃是擅长闪击战的名将，他继承家督以后，短短数年间便攻入户泽氏统治的岩手郡、秋田氏统治的鹿角郡，武力既盛，简简单单便从八户氏手中夺取了宗家位置，从此改称南部晴政。

此后，南部晴政以叔父石川高信、同族九户政实为左膀右臂，调解了八户氏家中的内乱，又灭亡浪冈北畠氏、压迫守护斯波氏，几乎统治了整个北部陆奥国。晴政以新月为军旗，狂言声称："凡新月所照之处，南部的领土不可动摇。"但是真的不可动摇吗？"津轻的风云儿"大浦为信之崛起，以及继承人纠纷，最终打破了他的美梦。

南部晴政一直没有儿子，他把长女嫁给石川高信之子信直，次女嫁给九户政实，并收石川信直为养子，作为首选继承人。但是正和"应仁之乱"的契机事件相同，继承人才刚确定下来，老头子竟然得了一个儿子，起名晴继。于是，家中群臣或拥护信直，或拥护晴继，分为两派，争斗不休，削弱了南部氏的实力。最终，溺爱亲子的晴政不顾大多数人反对，公然指定晴继为继承人。

南部信直的后台，当然是他亲老子石川高信，而支持南部晴继的，则是九户政实，以继承人风波为导火索，高信和政实这两大派阀长久以来积累的矛盾终于表面化了。元龟三年（公元1572年），爆发了"屋里之乱"，晴政和信直养父子之间正式对立。十年后，信直攻克南部氏主城三户，一代豪强晴政被杀，亲子晴继下落不明。九户政实闻讯，急忙推举其弟实亲为宗家继承人，但遭到一致反对。同族的北信爱发兵百人，将南部信直迎入三户城，并正式发布就任第二十六代家督的声明。

南部信直接手的是一个烂摊子，庞大的九户家族就在身边秣马厉兵不说，自己的亲老子也眨眼间就被人做掉了。原来，南部晴政灭亡浪冈北畠氏以后，就封石川高信担任津轻郡代，这一任命引起了功臣大浦为信的不满。为信本出南部氏分支久慈氏，继承津轻豪族大浦氏的家名，在灭亡浪冈氏以后，他本以为可以独霸津轻郡，却不料被宗家的宠臣抢了先。于是心怀不满的大浦为信暗中积聚实力，终于在晴政遇害后不久，趁着宗家乱成一锅粥的机会，突然起兵反叛，奇袭石川城，石川高信战死，津轻郡落入为信手中——他从此就自称为津轻为信。

九户氏反目、津轻氏分裂，使得南部宗家雪上加霜，南部信直忧心忡忡。还好，正如南部晴政麾下有石川高信和九户政实一样，信直手下也有两位智勇双全的同族名臣，一个是北信爱，一个是八户政荣。信爱献计，利用已经占领大半个日本的丰臣秀吉的势力稳固现有领土。信直采纳了他的建议，即命信爱前往与加贺金泽大名前田利家联络，通过利家，获得了丰臣政权的"南部总领权公认状"。

天文年间父子相争

天正十八年（公元1590年），丰臣秀吉大举进攻后北条氏的主城小田原城，写信邀请南部信直参阵。其实，这是一种试探，也是一种仪式，要信直向秀吉证明自己的忠诚，同时向天下宣示，南部氏已是丰臣氏的藩属。于是信直一面让八户政荣统兵一千牵制九户氏，一面亲自南下小田原城。战争结束后，秀吉趁胜向奥州进军，信直在大森地方再度谒见，获得了盼望已久的"南部五郡（糠部、闭伊、岩手、鹿角、紫波）所领安堵朱印状"。

野心勃勃的九户政实却没有南部信直那样看得清天下大势，他联络津轻、伊达等有力大名，召集梻引、七户、久慈诸家，并征募葛西、大崎等已灭亡家族之浪人，终于在第二年正月，正式向三户城发动进攻——史称"九户之乱"。

南部信直无法抵挡猛将九户政实烈火般的猛攻，急忙向丰臣秀吉请援。政实没有考虑到，向已经臣服于丰臣政权的信直动兵，无疑是向"天下人"秀吉的权威挑战。于是，丰臣秀吉急派蒲生氏乡、浅野长政等大名重组奥州征讨军，北上攻击九户城。津轻、伊达等滑头见势不妙，立刻退出联盟，九户政实因此遭到惨败。当年九月，九户城落，九户家族不分男女老幼，尽遭屠戮……

南部信直趁着"九户之乱"的机会完善了领内控制，并将剑尖指向北方，准备解决津轻问题。胆战心惊的津轻为信立刻开始了有效的政治外交活动，终于使得秀吉承认他对津轻郡的统治权。为了安抚南部氏，秀吉又赐信直和贺、稗贯两郡，以交换津轻郡。此后，南部信直破弃领内诸城，另筑盛冈作为居所，并且坚决贯彻"靠拢中央"政策，先是丰臣氏，后是德川氏，恭顺忠诚，终于保住了庞大的领地不被削夺。

奥北有南部，奥南有伊达，"九户之乱"之中亦有伊达氏插手的迹象。

伊达氏出自藤原氏，其源头非常混乱，异说很多。文治五年（公元1189年），常陆入道念西与其四个儿子都加入源赖朝的奥州讨伐军，战后被封陆奥国伊达郡——伊达苗字因此而生。这个念西和尚就是伊达氏的始祖，而至于他是伊达朝宗，还是朝宗的儿子宗村，却就谁都说不清了。

南北朝时代，伊达氏家督行朝站队选择了南朝，北畠显家对这一势力非常重视，甚至把自己的主城也设在伊达郡内的灵山地方。行朝子宗远与北朝的奥州探题大崎氏数度交锋，武名很盛，而更加享有盛誉的，却是行朝之孙、宗远之子——伊达政宗。

伊达家系谱上有两个政宗，这第一位，乃是拥有"伊达家中兴之祖"美誉的名将。此人曾三次向镰仓府的镰仓公方足利满兼举起反旗，史称"政宗之乱"，趁机扩大了领土，加强了实力。

话要从北朝明德三年（公元1392年）说起，当年幕府将奥、羽两州的探题职降为守护，划归镰仓府镰仓公方直辖。可是镰仓府权力才刚扩大，几乎立刻就产生了严重的独立倾向，甚至和室町将军足利义满兵戎相见。伊达政宗因为娶了义满的姨母为正室，所以站在幕府一方，先后进攻镰仓公方足利满兼安插在奥州的两个兄弟——稻村御所足利满直和筱川御所足利满贞，反抗镰仓府的统治。

以东北偏远地方的一介乡下小大名，敢于对抗强大的镰仓府，这份忠义之心实在令将军感动。政宗死后，其子持宗两度上洛进谒将军，受将军足利义持赐以偏讳，此后，每代伊达氏当主几乎都受过将军赐字：

持宗的孙子为尚宗（受足利义尚讳），尚宗子为稙宗（受足利义稙讳），稙宗子为晴宗（受足利义晴讳），晴宗子为辉宗（受足利义辉讳）……

先说伊达稙宗，此公最擅长娶媳嫁女，他一共生了十一个儿子，六个女儿，遂利用政治婚姻，先后和相马、苇名、大崎、二阶堂、田村、桑折、亘理等家族交好，并在此后利用过继出去的儿子继承家督，把不少家族直接就给吞并掉了。同时，稙宗还以一副更加恭顺的态度面对幕府，投入超过先祖无数倍的巨额政治献金，终于骗到了原属斯波氏的奥州守护职。

伊达稙宗所编纂的《尘芥集》，乃是战国大名分国法中条目最为详细的，全文统共一百七十一条。可以说，他最终使伊达氏成长为战国大名，并且奠定了称霸奥州的基础。

然而伊达稙宗的外交搞得很妙，内政方面却多少有点捉襟见肘，这引起了许多家臣，也包括嗣子晴宗的不满。前文已述，天文十一年（公元1542年），就是否将稙宗的三男过继给越后守护上杉定实的问题产生争执，导致父子正式反目，引发了"奥州天文之乱"。稙宗和晴宗各自拉拢一批家臣，攒出一队人马来，鏖战不休。而因为前此稙宗的成功外交政策，使得大部分奥羽诸侯和臣从伊达氏的豪族，都因为和伊达家有亲，也自觉不自觉地被卷进了这场纷争。田村、畠山、相马、最上、葛西等势力支持老子，岩城、留守、小梁川、国分等势力支持儿子，更有可笑的，大崎、黑川等家族也随着伊达氏的分裂而分裂，就像室町幕府后期，最早同门阋墙的乃是畠山政长和畠山义就一样。

这场大动乱持续了整整七年，伊达晴宗渐占上风。最后，在天文十七年（公元1548年），经将军足利义辉出面调停，伊达稙宗被迫宣布隐居，退往丸森城，晴宗正式进入主城——羽州最南方的米泽城，继任为伊达氏的新家督。

伊达晴宗的对外政策一秉其父，他让几个儿子分别过继并借机吞并了留守、石川、国分等家族，同时和岩城、二阶堂、佐竹等势力也都结为姻亲。在用兵方面，晴宗主要把目标指向北方的相马氏和大崎氏，但因为受到羽州最上氏的牵制，所获甚少。对内，他运用"采地下赐录"政策，重新规定了家臣的知行和俸禄，稳定并巩固了家臣团。

也许因为势力扩展得并不顺手，也许因为老爹稙宗的阴影不时从丸森城头浮现，伊达晴宗最终也退隐了，让位于嫡子辉宗，自己前往杉之目城定居。

年纪轻轻的伊达辉宗，其才干远不及父祖，更糟糕的是，父祖两个并不真肯放手让他主管一切。辉宗二十二岁那年，老头子稙宗擅自做主，向羽州的最大势力最上氏提出联姻的请求，最上氏当主义守当即允诺，就把自己十八岁的宝贝女儿义姬送到了米泽城。

义姬后来有"奥州的鬼姬"之称，她性情刚烈勇猛，和老实敦厚的伊达辉宗形成鲜明对比。对于这桩婚姻，伊达家是希望可以笼络住最上势力，不要随便插手奥州事务，而最上氏则希望借此控制伊达氏。据说，最上义守和义姬早就有刺杀伊达辉宗，并劫持其嫡子，以完全吞并伊达氏的计划。乱世中的婚姻，若是买卖还算好的，恐怕不少都彻头彻尾是桩阴谋，悲夫！

"独眼龙"政宗

最上、伊达两家联姻后的第三年，也即永禄十年（公元1567年）八月三日，义姬生下一个男孩，小名梵天丸，元服后取大名为藤次郎政宗——这是伊达家的第二位政宗。就在他诞生后数日，织田信长攻克稻叶山城，灭亡了美浓斋藤氏，两相对照，这个孩子实在诞生得太晚了——但也许要怪他自己，在乱世终结时，却不合时宜地独具在乱世中才需要存有的能力和野心……

伊达政宗五岁的时候，也即织田信长火烧圣山比睿，纵横京畿的那一年，他突发疱疮，导致右目失明，"独眼龙"的名号便从此而来。但也有一种完全不靠谱的传说，说他其实并未失明，故意遮上一只眼睛，是为了凝聚视线，观望天下。就像传说中宋初独眼大将郑恩是好眼观阳世、坏眼观阴世一样，这种为尊者讳的流言，实在可笑到了极点。

且说天正五年（公元1577年），虚岁十一的伊达政宗元服了，当年，祖父晴宗去世。两年后，政宗迎娶了三春城主田村清显的公主爱姬为妻，这桩婚姻，恐怕是其父辉宗在位时唯一高明的外交策略了吧。

伊达政宗十五岁的时候初阵，到了十八岁，辉宗突然宣布退位，而让政宗继承伊达家业。考究年富力强的辉宗让位幼子的原因，恐怕并非是俗谓的"慧眼识英才"，而是因为其妻"鬼姬"并不喜欢政宗，却偏爱次子小次郎，屡次设谋想更改嗣子的缘故吧。辉宗知道，倘若兄弟、母子相争，导致更改立嗣决定，势必引发家中大乱，既然自己无力约束义姬，最好的应对之策，就是趁尚未老朽的时候先确立政宗的家督身份。自己虽称隐居，实际作为新家督的坚强后盾，则义姬必不敢妄动，这样过个几年，等政宗培植好了自己的势力，获取了家中的人心，即便老子死去，也无人可以动摇儿子的地位了。

况且，在当时的武将们看来，别管年龄大小，只要已经元服，且经过初阵，男孩子就已经成长为一个大人了，可以把重担交付到他的肩膀上了。

伊达政宗继任家督时隔不久，就发生了一桩恶性的反叛事件。小滨城主大内定纲，虽是名门多多良氏流大内氏的后裔，但在奥州，不过是小小一个国人领主而已，是靠着下克上才成为一方豪族的。这样芝麻丁点儿的势力，在芦名氏和伊达氏之间来回摇摆，也就很正常了。不幸的是，定纲甚得伊达辉宗的信任，但他却辜负了这种信任，一边名义上臣服伊达氏，一边暗地里投靠芦名氏。初继位的政宗当然不能允许类似事件发生，更需要以此为契机，杀人立威，于是亲统大军，讨伐小滨城。

天正十三年（公元1585年）八月，伊达政宗攻克了大内氏的小手森城，将笼城兵卒及其家眷八百余人不分男女老幼全数屠戮干净。大内定纲肝胆俱裂，放弃小滨城，逃往芦名氏的领地。

这位大内定纲后来通过伊达政宗的重臣片仓景纲联络，再度复归伊达氏，并且成为政宗家臣团中忠心耿耿的一员，按下不表。且说他有一个好友,乃是二本松城主畠山义继,真正的幕府分支,奥州名门。义继非常讲义气,前此响应了大内定纲的反伊达行动,因此也遭到政宗的攻击。义继卑躬屈膝,向隐居的伊达辉宗求情,才终于被放过一马。

可是,大概被小手森城的血案刺激得寝食难安,畠山(二本松)义继一直对伊达政宗怀有刻骨仇恨。数月后,他带着一批家臣来向辉宗致谢,却趁机就在宴会上劫持了辉宗,准备捉去二本松城,要挟政宗吐还侵夺自己和大内氏的领地——颇有些中国春秋时期劫持齐桓公的曹沫的气概。

在米泽城外,伊达追兵赶上了畠山义继一行人,双方展开激战。据说,当时义继用短刀顶着辉宗的脖子,辉宗于是大叫:"不要顾虑,向我发砲!"铁砲鸣响,一枚子弹先穿过辉宗的身体,又要了义继的性命,两人同归于尽。

有关这场悲剧的版本很多,包括伊达辉宗是否真的喊过前面提过的话,包括当时其子政宗在不在追赶队伍中,全都众说纷纭。各种疑点聚合起来不外乎:辉宗之死是否为本人意愿,他真是自杀的吗?这究竟是一场事故,还是一个阴谋?政宗有否存在杀死掣肘的父亲(同意畠山义继投降,就是辉宗对政宗军事、外交政策的掣肘)之心,并且他是否真的这么干了?

父亲之死,使伊达政宗怒发如狂,或者说必须表现得怒发如狂,他不顾当时外交态势不利于己,辉宗去世后才七天,就贸然发兵一万三千,讨伐二本松畠山氏。佐竹、苇名等势力应援二本松,联军三万,于当年十一月十七日在阿武隈川边与伊达军展开大战——这就是著名的"人取桥合战"。

伊达政宗以少敌多，打得很不顺手，全军一度濒临崩溃，老将鬼庭左月良直战死，他自己也险些被擒。但是，激战竟日，终于迎来了夜晚，佐竹军因为听到"水户氏准备进攻佐竹领"的传闻，同时担任军师职务的佐竹义政被家仆暗杀，而被迫主动撤退，脱离战场。联军因此崩溃，伊达方将领片仓景纲、伊达成实等趁机于后追赶，斩获颇丰。

伊达政宗最为依赖的重臣就是上述的片仓景纲和伊达成实。伊达成实通称藤五郎，是稙宗子实元之子，按辈分算政宗的叔父，但其实比政宗还要小一岁。他是政宗的左右臂膀，也是武勇威震奥羽的名将，但在此后的文禄四年，却因为无法确定的原因而离开伊达家，出奔高野山。此后成实曾一度出仕德川家康，上杉景胜也想以五万石的待遇招募他，但遭到拒绝。政宗愤恨成实的出奔，发兵讨伐成实治下的角田城，成实的妻儿被迫自杀。

但在出奔五年后，通过片仓景纲和留守政景等人的斡旋，伊达成实却又回归伊达家，并且竭尽忠诚，直到七十九岁高龄去世。他晚年曾受邀前往江户幕府担任"战话"的讲师，还完成后世借以研究奥州伊达氏的重要史料《成实记》。成实的盔饰，据说是毛虫的前立，以宣示"绝不后退"的信念。

片仓景纲则通称小十郎，后世称其与上杉家的直江兼续并为"天下二大陪臣"。景纲本是米泽八幡神社的神职人员，家系不明，受伊达辉宗的重臣远藤基信推举，成为幼年伊达政宗的侍卫，而他的姐姐（一说母亲）於喜多则是政宗的乳母，政宗因此以兄事之，对他言听计从。传说，政宗幼年时罹患疱疮，右目失明并且鼓出，非常丑陋，打击了他的自尊心，景纲因此挥起小刀，一刀割去政宗右目，并教导政宗要振作起来。"人取桥合战"中，片仓景纲在最危急的时候，大呼"我是伊达政宗"，吸引了敌军主力，从而挽救了政宗的性命。

统一奥州的障碍

"人取桥合战"以后，伊达政宗接受了教训，开始稳步扩展自己的领土。因为此时丰臣秀吉已成"天下人"，不日便将关东出阵，因此政宗急欲统一奥州，以准备好与秀吉对战或者谈判的本钱。"人取桥合战"后的第二年，他攻克二本松领；第三年，讨伐内通羽州最上氏的家臣鲇贝宗信，接受大内定纲的归降；随即为了援助老婆的娘家田村氏，又与相马氏展开激战——可谓马不停蹄。

就此顺便说说田村氏。田村氏本出自名将坂上田村麻吕，而战国时代的田村氏，则自称为平氏的后裔，是于南北朝初期过继并继承藤原氏田村苗字的。田村隆显以伊达稙宗之女为正室，而其嫡子清显却娶了相马显稙之女，清显并将自己的女儿爱子又嫁给伊达政宗——田村氏在相马氏和伊达氏两大势力的夹缝中艰难求生，由此可见一斑。

伊达政宗的老丈人田村清显，据称乃是豪勇的名将，曾与会津芦名氏同盟，在东白川郡的寺山城击破过北侵的佐竹军。天正十四年（公元1586年）十月，清显还没来得及指定继承人就突然暴毙，家中分裂，田村月斋等支持显赖，田村梅雪斋等支持显基，新当主的人选久议不决。伊达政宗遂利用这个大好机会，拉拢月斋，压制梅雪斋与其后台相马夫人（清显的后妻）。最后的结果是，相马夫人退隐到船越城，伊达政宗进入田村氏主城三春城，立清显的侄子宗显为新家督。大名田村氏从此失去了独立性，成为伊达氏的属臣。

奥州南部，堪与伊达争雄的家族还有葛西、相马和苇名。葛西氏出自平氏，曾受封下总葛西郡，乃以葛西为苗字。源赖朝奥州征讨，葛西清重因功出任奥州总奉行。南北朝时代，葛西清贞跟随北畠显家转战奥羽，势力渐趋庞大，占领了磐井、胆泽、牡鹿、江刺、气仙、本吉、登米、桃生诸郡的全部或一部分。既然领地不断扩充，当然会和奥州探题大崎氏产生摩擦。进入战国时代以后，葛西氏将主城由石卷移至寺池，几乎每年都向大崎领栗原郡发起进攻。

这样长时间没有结果的战争，耗尽了葛西家族的财力和物力，葛西晴信被迫联合伊达氏。名为联合，实际等同于半归附，因为商定当葛西家无嗣的时候，要过继伊达家的男子为继承人。这样苟延残喘了几十年，终于因为没能及时赶上小田原之阵，而遭到丰臣政权的讨伐，葛西军在栗原郡佐沼城作了最后的抵抗，城破被灭。

相马氏乃是平将门的后裔，将门作乱被杀，其子逃往常陆国信田郡，传到第五代胤国，再度逃亡到下总国相马郡，遂以相马为苗字。源赖朝奥州征讨的时候，相马氏家督乃是过继的千叶常胤之子师胤，因功受封陆奥国行方郡——这便是战国大名相马氏的由来。

南北朝时代，相马氏响应足利尊氏而与北畠显家作战，得以在室町时代保有领地。战国时代的相马氏，基本是利用政略结婚的手段维持家系的——当主相马盛胤就娶了芦名氏的公主，而其子显胤则与伊达氏联姻。但是因为伊达氏内部的动乱（即天文大乱），使得显胤与伊达氏新主晴宗交恶，兵燹陡燃，两家在五十年内交战三十余次，打得不亦乐乎。虽然相马氏屡战屡败，面对如日中天的伊达氏，还是勉强维持住世系不被灭绝，后因相马义胤参与小田原之阵，被丰臣政权封与宇多、行方、标叶三郡四万八千七百石领地。

芦名氏又写作芦名氏，也是平氏的后裔，但在"源平合战"的时候，其始祖佐原义连却站在源赖朝一方。后来奥州征讨参阵有功，义连受封会津、河沼、耶麻等郡。室町时代，芦名氏仗着天高将军远，自称"会津守护"，得意扬扬地当起土皇帝来了。战国初年，芦名盛高、盛滋父子相争，家中搞得一片混乱。

最终，芦名盛高传孙盛氏，芦名氏迎来了它的全盛时期。芦名盛氏武略无双，政略也是一时翘楚，先后降服二本松、二阶堂、田村等近邻势力，和伊达、结城、相马等强豪结为姻亲，又与后北条、武田、上杉等霸主势力结盟，领地和影响力都膨胀到最大。室町幕府永禄六年（公元1563年）记载的《大名在国众》名单中，就有芦名盛氏之名，和北条氏康、武田信玄、上杉谦信、织田信长等人并列。奥州群雄中，当时幕府只承认两位战国大名，那就是苇名修理大夫盛氏和伊达左京大夫晴宗。

永禄十年（公元1567年），会津发生了大饥荒，苇名盛氏发布《德政令》。这份文件出台的表面原因是天灾，实际上是为了救济因为频繁出战常陆佐竹氏而濒临破产的武士阶层。可是，讨好武士阶层的金钱物资从何而来呢？当然得要拼命压榨领民啦。《德政令》的结果，是苇名氏配下家臣更为忠诚、团结，但百姓却怨声载道，一揆纷起不休。

不久后，苇名盛氏退隐，把家督的位置让给嫡子盛兴。天正三年（公元1575年），苇名盛兴病死，其子尚幼，于是还老而不死的盛氏做主，把盛兴的妻子伊达御前改嫁给自己的养子盛隆，并由盛隆继任家督。他的本意，是趁此继续维持和两大诸侯的和平友好关系，一是伊达氏，二是盛隆出身的二阶堂氏。然而，他放着大批本家亲戚不照顾（如同族的猪苗代、荒井、富田、针生等氏），却传位给外人，这便种下了家族内乱的苦果。五年后，六十岁的苇名盛氏终于走到了人生的终点，而苇名氏最后的动乱也开始了——

苇名盛氏才死，苇名氏家主盛隆及其子、三岁的龟若丸就被家臣刺杀了，宗家家系断绝。于是，对应不同的继承人选，家族开始分裂，佐竹派推举佐竹义重的次子义广，伊达派推举伊达政宗的幼弟小次郎竺丸，两派争斗不休。最终，佐竹派占了上风，迎来佐竹义广为苇名氏当主，改名为苇名盛重，时年仅十三岁。

伊达政宗对这种结果当然不能满意，他煽动苇名氏家臣造反。心慌的苇名盛重急忙跑去参觐丰臣秀吉，想为自己找个稳固的靠山，而把家中事务都交给了重臣金上盛备。可是此时，秀吉的宝刀尚未指向关东，遥远的靠山根本不起作用，近在眼前的"独眼龙"伊达政宗却已经开始了他疾风烈火般的奥州统一战。当时，政宗长驱直入，杀到阿武隈川边，芦名军与战大败，盛重只好向亲爹佐竹义重求救。

"鬼义重"趁机伸手陆奥，与芦名氏合兵三万，包围了伊达氏的郡山城，而丰臣秀吉也千里迢迢送来了百支铁砲作为支援。攻防战打得非常激烈，胜负难分，最后因为大名岩城氏的调停才暂时休战。既然提到了，就顺便说说岩城氏。同为平氏后裔的岩城氏，前此一直在伊达氏和芦名氏中间左右摇摆，此战后完全倒向芦名、佐竹一边，导致遭受伊达政宗的猛攻，幸亏时机从天而降，当主岩城常隆匆匆忙忙小田原参阵，才算勉强保住了家系。

"伊达幕府"的幻梦

天正十七年（公元1589年），芦名盛重再度出兵须贺川，正在恶战之时，重臣猪苗代盛国突然谋叛，引导伊达军直插主城黑川。盛重急忙挥兵赶回，六月五日，他在磐梯山的摺上原撞上伊达军，于是展开大战——这就是著名的"摺上原合战"，乃是继人取桥以后，伊达政宗一生中第二场关键性战役。

"摺上原合战"，参战的芦名军约七千人，伊达军则为五千人，战斗首先在芦名方大将富田将监和刚投顺伊达方的猪苗代盛国之间展开。恶战良久，因为芦名军背着西风朝前猛冲，猪苗代盛国大败后退，伊达方二番队片仓景纲急往支援，依然处于下风。正在危急关头，风向突然反转，东风强烈，吹得芦名军士卒很难睁开双眼，伊达政宗趁机亲率铁砲队于侧面射击，挽回了败局。芦名军中一部分不满主家倒向常陆佐竹氏的部队首先败走，终于导致全面崩溃。

此战，芦名氏死伤两千五百人，当主盛重带着十三骑逃回主城会津黑川城，并于十日晚又逃出黑川城，往佐竹氏控制的常陆国遁走。次日，伊达政宗进入黑川城，获得了战役的最后胜利。

南陆奥百年强藩芦名氏就此灭亡了，距离丰臣秀吉小田原之阵只差一年，芦名盛重要是多抵抗一阵子，或许还能使家族苟延残喘下去……

芦名氏的灭亡，触怒了他的总后台丰臣秀吉，于是第二年，秀吉向上杉和佐竹等东国大名下达了讨伐伊达氏的命令。伊达政宗一方面派遣使者上京，解释说并无与关白为敌之念，灭亡芦名乃是为父报仇，另方面却暗中联络小田原北条氏，准备先攻破常陆佐竹氏，再谋求更大的发展。

所谓"报仇"这种话，在政治斗争中，从来都不过是借口而已。在中国，努尔哈赤书"七大恨"告天，对明朝掀起反旗，其中最重要的一条，就是明人窝藏他的杀父仇人尼堪外兰。可是等到他在奉天称汗，基本吞并了整个东北地区，终于捉到尼堪外兰的时候，却不过鞭打一顿就放他走路。两相对照，伊达政宗将曾经帮助过大内氏和二本松畠山氏的芦名氏称为杀父仇敌，意图是一样的吧。

但是，虽然有伊达成实等主战派一力撺掇，伊达政宗终于还是认清了丰臣秀吉的强势，并且认为，战则必亡，降则或有机会。然而，因为他在一段时间内，就战降两道犹豫不决，竟然导致了伊达家中的分裂——

前面说过，伊达政宗的母亲乃是羽州山形城大名最上义守的女儿，辉宗死后称为保春院。保春院一直不喜欢长子政宗，却偏爱次子小次郎竺丸，再加上其兄最上义光也将政宗看作眼中钉肉中刺，就更增加了母子、兄弟间的矛盾。最上氏对伊达氏早有吞并之心，但更重要的是，在最上义守和其子义光的争斗中，政宗站在义守一边。义守失败了，一代枭雄最上义光继承了家督之位，便因此深深地痛恨着政宗，暗中撺掇其妹发动政变，废黜政宗一门总领之位。丰臣秀吉的关东攻略，成为保春院和政宗间矛盾激化的导火索。因为政宗的犹豫，保春院认为他定会毁了伊达家，甚至还可能会牵累到舅家最上氏，因此想暗杀政宗，代之以次子竺丸。

天正十七年（公元1589年）六月，伊达政宗进入会津黑川城，并准备将居城从米泽移至此处，做出向南大举侵攻的势头。其后，他又臣服了白河、石川、岩城等豪族，灭亡二阶堂氏，势力继续膨胀。十一月，丰臣秀吉发布小田原征伐令。

次年元月，丰臣秀吉命令奥羽诸侯小田原参阵，想趁着扫荡关东的机会也一举平定东北地区。伊达政宗口头上答应，却一再拖延动身的时间，自然引起保春院的担忧。三、四月间，保春院以送行为名，带着竺丸从米泽城来到黑川城，居住在西馆中。四月五日，政宗来到西馆向母亲辞行，准备次日即动身前往觐见秀吉。

据说，从西馆归来以后，伊达政宗突然腹痛不止，几乎毙命。经过调查，证实是保春院和竺丸在食物中下了毒，想要害死政宗。于是政宗雷厉风行地处死了兄弟，并将母亲送回娘家山形城。如此人伦惨剧，发生得太仓促，处理得也太干脆，总给人带来无尽疑惑。或许是政宗怕自己离开黑川城以后，保春院和竺丸会趁机抢班夺权，所以才编造个借口，先下手为强……

因为家中分裂而耽搁了行程，伊达政宗迟至五月九日才离开黑川城。此时，关东各地正在激战，他被迫绕道越后、信浓，兜了个大圈子，才在六月五日来到小田原附近的秀吉本阵。此时，后北条氏河越、江户诸城已降，钵形、八王子等城也即将陷落，胜负大势已定，这时候再来表示恭顺，不嫌太晚了吗？于是丰臣秀吉大怒，准备杀掉政宗，灭亡小田原北条氏后便挥胜利之师北上，完全吞并伊达领。

伊达政宗的一生中，有两次身着纯白色的死者之服觐见丰臣秀吉。一次就是在小田原参阵的时候，他以必死的觉悟，再加上通过浅野长政、前田利家等秀吉亲信的斡旋，终于获得了谅解，仅没收其会津三郡聊作薄惩。七月，政宗交出黑川城，回归旧日主城米泽。

第二次，是在翌年，也即天正十八年（公元1590年）的二月。且说伊达政宗才回到米泽城不久，丰臣秀吉就攻灭后北条氏，开始奥羽领国势力重新分配，剥夺未能及时参阵的大崎、葛西等大名全部领土。是年十月，这些家族的遗臣发动一揆。次年年初，讨伐军总大将蒲生氏乡向秀吉密报，说一揆中有人使用政宗的旗帜和指物，并且他还搜获政宗煽动一揆的一封书信。为此，政宗将涂以金箔的磔刑柱置于队列之首，自己再度穿上死人的服装，上洛向秀吉申诉，表明自己和这件事丝毫也没有关系。政宗的理由是，虽然那封书信上的笔迹和他的亲笔颇为相似，但是花押完全不同，定是伪造无疑。

据说，德川家康对此事的分析和评价是："大将要在许多文件上描上花押，既然能够伪造笔迹，岂有花押完全不似的道理？定是政宗为了事败后便于撇清，故意描了假的花押——他不愧是一位多智的大将啊！"

此后，伊达政宗使用与早年间完全不同的阴柔功夫，周旋于丰臣秀吉及其他图谋天下的人们中间。"独眼龙"政宗有统一日本之志，却没有扫平日本之能，更不用说，他根本就没有获得上天眷顾的时机。时势创造英雄，没有时势的推动，一个人想在乱世中劈砍出一片光明来，完全是不切实际的臆想。而政宗最高明之处，大概就在于他终于及时看清了形势，甘居下位，从而得保威名不堕。否则，大概会是北条氏政一般的下场吧。

据说伊达政宗常慨叹自己晚生了二十年，否则便可以和武田信玄、上杉谦信、织田信长等人一较短长，争霸天下。当然，这只是一厢情愿的迷梦而已。政宗不能得到天下，不是因为他的年龄，而是因其所处的环境：偏远贫瘠的奥羽之地，根本不可能憾动天下大局，前代的藤原秀衡不行，后来的奥羽越列藩同盟、虾夷共和国不行，此刻的伊达政宗当然也不行。

伊达政宗有一位重臣名叫铃木元信，乃是构筑了伊达家完整财政体系的名臣。据说元信曾经认定政宗终将成为"天下人"，还为此拟就了所谓的《伊达幕府条目》，但他在临终前终于认识到梦想无法实现，于是流着泪将这些文件付之一炬。

枭雄义光

日本的东北地区，古代除陆奥国外，还有出羽国，两国之间有奥羽山脉相阻隔。陆奥是日本古代最大的"国"，出羽的面积也很不小，但弱于陆奥，并且土地更为寒冷和贫瘠，开发较晚，地广人稀。除此以外，北海道岛的大部分地区仍被虾夷土著所控制，只有南端有部分和人的根据地。

出羽国北部主要的割据势力有浅利氏、安东氏、户泽氏和小野寺氏。其中浅利氏领地位置最靠北，是甲斐源氏庶流，南北朝时代进入羽州，领有比内郡。永禄五年（公元1562年），其主城上冈被南方的安东爱季率兵重重围困，当主浅利则祐自杀，其弟胜赖降伏，成为安东氏在比内郡的代官。浅利胜赖在天正年间还谋图独立，被安东爱季招往主城桧山杀死，其子赖平逃奔津轻为信，浅利氏遂亡。

户泽氏，出自桓武平氏，原为雫石氏，后从陆中迁至羽州。传至十八代户泽盛安，有"夜叉九郎"之名，豪勇无双，户泽氏在他的领导下，军力急速强化，一方面与安东氏恶斗，同时南下大曲平野，联合羽南的最上氏，攻击小野寺氏，最盛时基本控制了整个仙北郡。小田原参阵之时，户泽盛安不幸战殁，以其一死换来家族延续，所领四万四千石领地得以安堵。

安东氏本是奥州津轻郡的豪族，后遭南部氏攻入津轻郡，于是逃往羽州和虾夷地。逃往羽州的一支主城在桧山，逃往虾夷地的一支，后来又南下羽州秋田郡，主城在凑，又称秋田氏。两支安东氏最终归并为一，到安东爱季为当主时成为战国大名。

安东爱季是著名的勇将，曾征服浅利氏统治的比内郡，并且东与南部氏争夺奥州鹿角郡，一度完全攻取，但随即受挫而退。此后，爱季又与户泽氏、小野寺氏争夺仙北地区，在"唐松野合战"中被户泽盛安所败，野望破灭。爱季死后，桧山和凑两系再度分裂，当主安东实季依靠由利氏的支持，击败叔父道季后重新统一。然而这次动乱被丰臣秀吉目为"私战"，打算趁机处分安东氏，安东实季匆忙上洛向秀吉称臣，大表忠心，才终于保证了所领安堵。其后安东宗家改称秋田氏。

小野寺氏出自藤原氏首藤氏族，本据在下野国都贺郡，分支进入羽州，战国以前基本领有雄胜、平贺、仙北三郡，主城在横手。南部氏曾试图进入羽州，与小野寺氏反复激战，终被击退。到小野寺辉道时，家族势力达到全盛，其子义道小田原参阵，获得三万一千石知行的宛行朱印状。

上述均为羽北诸侯，此外北海道南部最大的势力是蛎崎氏。蛎崎氏来源不详，一说出自武田氏。传说长禄元年（公元1457年），虾夷酋长考西亚马因起兵反抗和人的残暴统治，攻击南部虾夷各地的和人豪族居馆，连战皆下，只剩下茂别、花泽二馆无法攻克。是时，武田信广恰在花泽做客，亲手射杀了考西亚马因父子而取得胜利。战后，信广迎娶了茂别馆主下国家政的女儿，并改了花泽馆主蛎崎季繁的苗字，统合两个家族，开始在虾夷地站稳脚跟。

花泽蛎崎氏本出南部氏，而下国氏则是安东氏的分支，战国时代的蛎崎氏通字和安东氏一样都是"季"，因此也很有可能是下国氏篡夺了蛎崎苗字。总之，这个家族传到四代蛎崎季广的时候，获得了"虾夷奉行"一职，基本统一南部虾夷地和人领。季广子庆广接近德川家康，后来筑松前城，改苗字为松前，一直维持着南部虾夷地的统治权。

这些大大小小的豪族，虽然纷争不断，但因为羽州地域广大却户口稀少，因此他们很少能有较大的发展，唯有南方的最上氏脱颖而出。最上氏出自奥州探题大崎氏，南北朝的时候，大崎家兼因为羽州的南朝势力过于强盛，因此派次子兼赖统军杀入，最终在最上地方构筑山形城，站稳了脚跟，即以地名为苗字，称为最上氏。为了扩展势力，最上氏历代都将庶子分封出去，如天童、黑川、蟹泽、楯冈、中野等等，本意是要建立一族的强大家臣团，但结果强枝弱干，动乱便由此而生。

永正十一年（公元1514年），奥州的伊达稙宗通过楢下口和小洀口进攻最上领的上山城、长谷堂城，最上氏家督义定与战大败，阵亡逾千人。于是义定被迫于次年娶了稙宗的妹妹，等于承认伊达氏的宗主权。六年后，义定嗣子去世，因为继承人问题引发纠纷，领内反伊达氏诸势力趁时而起，伊达稙宗率兵进入山形城，镇压了各地的反乱。大永二年（公元1522年），在伊达势的支持下，旁支中野义清次子、年仅二岁的最上义守继承了最上氏一门总领之位——最上氏的兴盛之主，便是这位最上义守的儿子义光。

最上义守的嫡长子源五郎义光，可称一代枭雄。当时最上氏家督义守无能，并且宠爱幼子义时，内有诸支系作乱，外仰伊达家的鼻息，几乎濒临灭亡。天正二年（公元1574年），二十九岁的最上义光威逼其父义守退位隐居，继任为最上氏第十一代当主。此时，旧领内除主城山形、清水义氏的清水城，以及长谷堂城外，几乎全部本家和外样领地，全都纷起拥护其弟中野义时，反抗义光的统治。义光花了整整十三年的时间，利用罕见的谋略手段，才将其逐一讨平——

首先，最上义光讨杀兄弟中野义时；然后，将女儿嫁给延泽满延之子右五郎，离间包括天童、延泽、饭田、尾花泽、楯冈、六田、成生等在内的所谓"最上八楯"。天正五年（公元1577年），义光攻克天童、东根二城，驱逐天童氏。翌年，他进攻上山城，煽动敌方重臣里见越后守反乱，刺杀城主上山满兼。天正九年（公元1581年），义光派遣重臣氏家守栋进攻鲑延城，逼降了猛将鲑延秀纲。

天正十一年（公元1583年），最上义光又进攻武藤氏的尾浦城，前森藏人内应，谋杀当主武藤义氏。四年后再攻尾浦城，武藤义氏之弟义兴自杀，城池陷落。天正十二年（公元1584年），义光暗杀白鸟长久，趁机攻克白鸟氏的谷地城。如此频繁并且成功地运用煽动、内应和暗杀手段取人城池，即便在战国时代亦是非常罕见的。

最上义光重整最上氏旧领，将各国人领主收为直属家臣，逐步加强领国一元化统治。同时，他还进行了一系列的内政开发和改革，力图把落后的羽南地区发展为不逊于关东、近畿的大粮仓。这些政策主要包括：关闭最上川的关卡，便利通商；增建山形城，整备城下町；开发野边泽银矿和永松铜山；构筑因幡堰和北楯堰，治理赤川和青龙寺川；领内大检地……

由此可以看出，最上义光并非仅靠武力和谋略扩展领土，他的内政之才，亦可谓东北第一大名。相较之下，其武功之盛，倒往往被成功的内政和谋略所掩盖，显得无足轻重了。尤其是在争夺庄内地区的统治权失败以后——

出羽国西南部、临近越后的庄内地区，世代都由武藤氏统治，因为主城在大宝寺，故亦称大宝寺氏。大宝寺氏当主义氏、义兴兄弟被最上义光或派人谋杀，或逼其自杀以后，义兴养子义胜逃往越后国，往依其亲生父亲、上杉氏麾下大将、扬北豪族本庄繁长。繁长立发大兵杀入出羽，就此爆发了"十五原合战"。越后兵勇悍能战，最上义光因此吃了毕生的第一次大败仗，被迫后撤，武藤义胜重新入主大宝寺城。

这次战争，违反了丰臣秀吉的《关东·奥两国总无事令》，因此最上氏和上杉氏到秀吉跟前打起了官司。上杉氏本是世代名门，秀吉又正倚重上杉景胜，东北乡下的最上氏又算什么东西？这场官司的结果，其实不用打就已经胜负分明了。于是最上义光被迫吐出了田川、栉引、饱海三郡，基本丧失了庄内地区的统治权。

最上义光深知天下大局已定，想要保持家族延续便只能仰"天下人"丰臣秀吉的鼻息，于是在天正十八年（公元1590年）秀吉小田原出阵的时候，义光及时参阵，受到秀吉的嘉奖。不仅如此，他还想趁机除掉宿敌同时也是自己的外甥伊达政宗，可惜政宗这只小狐狸耍尽手腕，虽然姗姗来迟却并没有受到太严厉的处罚。

在看清天下形势，依傍大树方面，最上义光一点也不比伊达政宗差，他先后把女儿驹姬嫁给丰臣秀次，二男家亲送到德川家康处做人质，三男义亲送到丰臣秀吉的亲生儿子秀赖处做人质，到处展开笑脸，终于保住了领地不失。

番外篇

浅谈兵农分离

织田·丰臣政权逐步实行的"兵农分离"政策，为他们统一整个日本打下了坚实的基础。所谓兵，指的就是武士，而农是指农民，但在绝大多数战国大名辖下，这两者并不是能够截然加以区分的，大量中低层武士本身也从事农业生产，和富农、中农无异，而多数农民在领主发出动员令以后也必须抬枪上阵，变成了最低级武士也就是足轻。这种非常备军制度所引发的弊病是显而易见的：首先，兵源质量得不到保证，农民兵士气偏低，所以很多战场上都会发生数十骑冲散数千人的奇特现象；其次，因为绝大多数的兵役负担者本身也从事农业生产，所以发动战争的同时必然会耽误耕种，破坏领内经济；其三，领主用减免年贡和劳役的方法来要求兵役，这就使得发动战争的经济负担加倍，而长期远征更是非常破费的事情，因此绝大多数战争都只能发生在农闲时候；其四，大批农民握有武器，随时可能结合起来发动一揆，反抗领主的统治。

虽然兵农不分对封建领主可能造成相当大的损害，但因为战国时代战争数量增多，规模扩大，使得大名们为了可以动员起庞大兵力以应付内外之敌而不得不饮鸩止渴，不仅无法打破这种旧模式，甚至还更加推波助澜。长宗我部氏家中实行所谓"一领具足制"，即除了被称为马迴众的领主亲卫外，主要军事力量来源于半农半兵的所谓"在乡武士"，很多在乡武士只要拿得出一套铠甲（具足），便能在战争中成为中坚将领。岛津氏也有类似政策，拥有一町以上土地的中农、富农被称为"有足（具足）众"，是经常的兵役对象，而那些"无足众"在爆发大规模战斗时也都跑不了，必须抬枪上阵。

在这种背景下，还没有统一小小的备中国的三村氏为了讨伐宇喜多直家，尽搜领内，竟然能够组织起两万大军，也就不奇怪了，而直家的祖父能家竟能用七十骑突破敌军近万农兵，也不算是什么奇迹。

织田信长初始也维持兵农合一的政策，等到消灭浅井氏和朝仓氏，压制本愿寺，基本上撕破了"信长包围网"以后，其领地日益扩大，军事实力天下无双，为了提升兵源质量，遂开始实行"兵农分离"政策。兵农分离有一个很大的前提，那就是大名的一元化改革初步完成，对其属下将领拥有转移封地的绝对权力，从而使相当多武士与他们世代居住的土地剥离开来。信长进而在入住安土城以后，要求大量武士离开封地，统一居住在安土城下町中。从此以后，武士逐渐地不再从事农业生产，终于变成了职业军人或者封建官僚。

丰臣秀吉继承织田信长的政策，不仅如此，他还将信长时代开始的"刀狩令"扩大到日本全国，在使武士成为职业军人以后，更解除了广大农民的兵役负担，把他们牢固束缚在土地上，只要为领主生产耕种、服劳役即可。天正十九年（公元1591年）八月，秀吉正式发布了区分武士和百姓的相关条例，禁止相互间的身份转职。

然而这样却又出现了新的问题，大批在乡武士不甘于只以耕种为生，他们以其世代跟随领主出征的功勋为名，强要挤进武士阶层中去，武士数目既多，却又无仗可打，没有更多的俸禄可给，没有新的知行地可分，很多统一政权下的大名藩主为此捉襟见肘，濒临破产边缘。最终的解决办法是，他们给相当多的在乡武士以武士名份，却又要求他们继续回乡耕种，从而武士就形成了常备兵和预备兵两个阶层。

因此，彻底的"兵农分离"，只在织田·丰臣政权直接统治下的领地中才真正实行过。

战国群雄概略（七）

所在地	家名	结局
陆奥北部	南部氏	江户幕府盛冈藩
	浪冈北畠氏	1578年为津轻氏所灭
	津轻（大浦）氏	初附南部氏，后独立，江户幕府弘前藩
	葛西氏	1590年因未能小田原参阵而被丰臣秀吉改易
陆奥南部	伊达氏	江户幕府仙台藩
	小野寺氏	1600年关原之战后改易
	陆奥黑川氏	1590年因未能小田原参阵而被丰臣秀吉改易
	大崎氏	1590年因未能小田原参阵而被丰臣秀吉改易
	二本松畠山氏	1586年为伊达政宗所灭
	芦名（苇名）氏	1589年为伊达政宗所灭
	陆奥相马氏	关原合战后一度遭改易，后复藩，为江户幕府中村藩
	岩城氏	关原合战后领地被削减，后转为江户幕府龟田藩
出羽北部	桧山安东氏	后改苗字为秋田，江户幕府宍户藩，再移为三春藩
	凑安东氏	1589年被桧山安东氏合并
	浅利氏	1590年为桧山安东氏所灭
	户泽氏	江户幕府新庄藩
出羽南部	武藤（大宝寺）氏	1583年为最上氏所灭，复兴后实为上杉氏家臣
	最上氏	1622年因继嗣之争而被江户幕府改易
	砂越氏	1537年归降于大宝寺氏
	寒河江大江氏	1584年为最上义光所灭
虾夷地	蛎崎氏	后改苗字为松前，江户幕府松前藩

十一章　文禄之役

关于丰臣秀吉的侵朝之战,存在着两个千古之谜。其一,这究竟是秀吉的个人行为,还是乱世初终、余波未息的形势所必然引发的结果?其二,秀吉的最终目的,是不是真如他狂妄的宣称那样,不但要吞并朝鲜,还想侵入中国,更进一步染指天竺和"南蛮"(所指应为欧洲列强在东南亚的殖民地,而非其本土)?

桃山时代大名配置

丰臣秀吉灭亡小田原北条氏以后,随即兵指东北,奥羽诸侯纷纷卸甲归降,就这样,延续了百余年的乱世终于画上一个休止符。秀吉重新划分诸大名的领地,为了后事的叙述方便,咱们在这里先把当时全日本最主要的大名及其领地位置开列一番(天正十八年的格局)——

首先从东北地区算起:虾夷地是蛎崎庆广;出羽是秋田实季、户泽盛安、小野寺义道、最上义光,基本都是原有势力;陆奥除津轻为信、南部信直、伊达政宗、相马义胤、岩城贞隆等旧势力外,还插入一个蒲生氏乡。氏乡原名忠三郎赋秀,乃是南近江豪族、日野江城主蒲生贤秀之子。织田信长上洛之际,蒲生氏背六角而降织田,此时的氏乡还叫鹤千代,年仅十三岁,尚未元服,即被信长相中,不但做了这少年的乌帽子亲,还将次女冬姬下嫁。蒲生氏乡于文武两道皆有不凡的才能,还是当时的茶道名家,亦深受丰臣秀吉器重——所以把他安排在奥州,实授监视东北诸侯之重责。

关东地区：常陆国分给佐竹义重、来自上野的由良国繁，以及被伊达氏灭亡而由丰臣秀吉扶持复兴的奥州大名苇名义广；下野有旧豪族那须资景、大关高增、成田氏长、宇都宫国纲、佐野房纲等等；上野有沼田的真田信之（真田昌幸之子）；安房是里见义康。

广袤的关东平原，当然不会就这几家分封势力，事实上在讨灭小田原北条氏以后，丰臣秀吉便将德川家康转封到关东地区，家康及其部下拥有上总、下总、武藏、相模、伊豆的全部和上野、信浓的一部分。家康本人的直辖领地多达二百四十二万石，加上麾下重臣本多忠胜、内藤信成、大久保忠世等人的封地，总石高超过三百五十万。秀吉的本意，大概是想把家康从他原有的控制稳固的骏远三、甲信等地驱逐出去吧，但没想到从此关东地区反倒变成了德川家觊觎天下的本钱。家康将主城定在江户，也就是战国中期扇谷上杉氏家宰、名将太田道灌所盖的那座海边小城，因此后来他开设幕府，夺取天下以后，德川氏幕府也被称为江户幕府。

骏河国内受封的大名有中村一氏；远江有堀尾吉晴和山内一丰等人；三河封给池田辉政（池田恒兴之子）、田中吉政等人——这些都是丰臣秀吉的嫡系。尾张最大的大名是丰臣秀次，乃是秀吉的外甥兼养子，一度成为秀吉的继承人。

美浓有织田秀信（即三法师）、稻叶重通、贞通兄弟（稻叶一铁之子）等；飞驒是金森长近；甲斐是加藤光泰——这些都是原出织田氏的丰臣秀吉的部下。信浓封给仙石秀久、真田昌幸等人。仙石秀久出身美浓国人，很早便追随秀吉，战功卓著，"贱岳合战"后受封淡路洲本五万石。但他在"九州征伐"中举止失措，大败亏输，遂遭改易，并被流放至高野山。"小田原之阵"的时候，秀久在德川家康的保举下得到宽赦，集结美浓浪人参战，战后受封信浓小诸五万石。

越后仍是上杉家的，当主上杉景胜。越中、能登、加贺的大片领地封给了丰臣秀吉的好友，在贱岳合战中不战而走从而使柴田军全面崩溃的前田利家。此外，这一地区还有不破广纲、沟口秀胜、丹羽长重（丹羽长秀之子）等诸侯。越前主要封给织田·丰臣两代的宠臣堀秀政、丹羽长秀另外一个儿子长正，以及蜂屋赖隆、大谷吉继（吉隆）、丰臣秀胜（织田信长之子，丰臣秀吉的养子）等人；若狭封给秀吉的连襟浅野长政（长吉）。

靠近京都的近江国，地理位置非常重要，因此秀吉主要安排了亲信石田三成、京极高次等人。石田三成幼名佐吉，为近江土豪石田正继的次男，据说他很小的时候就被送进某寺院出家。此时丰臣秀吉还在织田氏麾下做长滨城主，一次出门狩猎，跑得累了，便气喘吁吁地停留在这家寺庙之中，身为小沙弥的三成为秀吉先后上了三碗茶：第一碗量大而温，秀吉一饮而尽，觉得甚为解渴；第二碗量较少，热度也高一点，秀吉几口喝干，觉得身体暖融融的，很是惬意；第三碗量很少，温度很烫，秀吉小口啜饮，心情随即平静下来。通过"三碗茶"之事，秀吉觉得这个小沙弥非常有头脑，便命其还俗，收在身边做了侍卫，后来主要负责民政事务，算无遗策，可谓是天才的民政家。至于京极高次，他乃是浅井长政的女婿，长政和市姬共生了三个女儿，长女茶茶（淀姬）被秀吉扯入后宫，二女小初嫁给京极高次，三女小督则是德川家康的继承人秀忠的夫人——因此高次也可以算是秀吉的连襟。

伊贺国封给大和豪族筒井定次（筒井顺庆之子）；伊势封给氏家行广（氏家卜全之子）、泷川雄利（泷川一益之子）、织田信包（织田信长之弟）等人；志摩还是给了本地出身的水军大将九鬼嘉隆；纪伊留给杂贺众杉若无心、铃木重朝等人。

秀吉把大和国交给了亲兄弟丰臣秀长；和泉国封给了家臣小出秀政、吉政父子；摄津国给了织田长益（即织田信长之弟、著名的茶人有乐斋）。畿内五国是丰臣秀吉的统治中心，因此分封的诸侯很少，绝大多数领地都由秀吉直辖。

丹波国安置了亲信前田玄以等人；丹后仍是细川藤孝、忠兴父子；但马国有川筋众出身的老臣前野长康等；播磨有家臣木下家定等；因幡有原近江豪族、秀吉大为倚重的宫部继润；备前、美作、备中的大片土地给了养子宇喜多秀家。西中国的最大诸侯仍是毛利氏，领有出云、石见、安艺、周防、长门等国，并备后和四国赞岐的一部分。天正十九年（公元1591年）四月，毛利辉元把主城从安艺国东北部的吉田郡山迁移到西南部海边的广岛。

淡路配置了亲信加藤嘉明、胁坂安治（"贱岳七本枪"中的人物）；阿波给了川筋众出身的老臣蜂须贺正胜之子家政；赞岐在十河存保战死后，封给生驹亲正、一正父子；伊予较大的诸侯有毛利氏家臣来岛通总、安国寺惠琼，宇喜多氏家臣户田胜隆，以及"贱岳七本枪"中的福岛正则；土佐一国则是长宗我部元亲。

九州地区：筑前封给小早川隆景及其养子秀秋（也是丰臣秀吉妻子的外甥）；筑后是毛利元就的九男小早川秀包，以及大友氏名将立花宗茂；丰前封给了丰臣秀吉的军师、原出播磨的黑田如水（孝高）及其子长政；丰后是大友吉统等人；肥前是锅岛直茂、有马晴信、大村喜前等人，基本都是当地豪族；肥后如前所述，给了亲信加藤亲正和小西行长，此外还有个当地豪族相良赖房；日向北部是秋月种长等人，南部及萨摩、大隅仍为岛津义弘；对马给了世代镇守于此的宗氏，当主为宗义智。

从各地诸侯的配置上可以看得出来，丰臣秀吉的"天下"，基本还是继承了织田信长的格局，信长在近畿地区鏖战数年，六角、三好、浅井、朝仓等强力大名都已被扫除干净，因此秀吉才可以将这些土地分封给自己的部下和旧日同僚。除此以外，东中国、东四国、北九州都是秀吉亲自打下来的，他也可以放心大胆安插亲信。至于用外交手段解决的上杉、毛利等豪强，以及壮志未酬便被压缩回去的岛津、长宗我部、伊达等边远势力，秀吉没有能力将其一口吞下，只好给张所领安堵状，保证了他们的基本利益不受剥夺。

只有德川家康是个例外，丰臣秀吉绞尽脑汁把他从老根据地里赶出去，可是被迫又封给了更为广袤富庶的关东平原。没有办法，家康在小牧·长久手之战中打败了秀吉，人气飙升到顶点，秀吉当时为了及早从一场可能旷日持久的战争中抽出身来，被迫纯以外交压服，而没机会再打一仗来挽回面子。在这种情况下，他肯定要转封德川氏，以免家康坐大，但表面上还必须做出重赏家康的姿态，不能让别人看出来自己想给家康穿小鞋。后人不能责难秀吉将家康转封关东是给自己家族安排好了掘墓人，他当时并没有第二条道路可走……

壬辰倭乱

通过诸侯配置情况可以得出结论，丰臣秀吉的统一是很粗略的，国内依旧危机四伏，各方仍有庞大的诸侯势力虎视眈眈，秀吉本人只是一位诸侯霸主，而不像是一位真正意义上的全日本最高统治者。正因如此，秀吉不得不将很多外样大名吸纳入决策中心，以保证诸侯们的权益。

丰臣政权的最高决策机构是"五大老"（当时的正式称呼为"御奉行众"），即德川家康、前田利家、宇喜多秀家、毛利辉元和小早川隆景（隆景死后，由上杉景胜继任），都是拥有一国甚至数国领地的强横大名。后来又设置了"三中老"（当时的正式称呼为"小年寄"）和"五奉行"（当时的正式称呼为"年寄共"）处理具体事务。"三中老"分别为堀尾吉晴、生驹亲正和中村一氏，"五奉行"则是浅野长政、石田三成、前田玄以、长束正家和增田长盛——这些人基本都是秀吉的亲信。

虽然只是草创的统治班底，但假以时日，相信局面可以逐渐稳定下来吧，可惜丰臣秀吉却并不敢长久地等待下去。天正十九年（公元1591

年）八月，也就是下令武士和百姓不得互相转职的同一个月，他好不容易盼到的嫡子鹤松夭折了，年仅三岁。秀吉虽然颇好女色，妻妾无数，儿子却少，生了也总养不大。天正四年（公元1576年），他唯一的儿子石松丸秀胜去世，为了纪念这孩子，便从织田信长那里过继了一个儿子，也起名为秀胜。从那以后，秀吉再也没得到过一个亲生儿子，一直到年逾五十，已经快要绝望了的时候，侍妾淀姬——故主织田信长的外甥女茶茶（浅井长政和市姬的长女）——才为他生下鹤松，可是鹤松也还没长大就病死了，这怎能不使他捶胸顿足，痛不欲生呢？

虽然日本传统并不很注重血缘传承，可是白手起家的丰臣秀吉却似乎对此看得很重。一般没有子嗣者，都会优先考虑同族继承，再考虑养子或婿养子，但丰臣家族人丁单薄，他的兄弟、重要助手丰臣秀长已先在当年一月过世了，秀吉把自己的天下交给谁都不放心。

丰臣秀吉这一年已经五十六岁了，古代人的寿命普遍不长，虽然有七十九岁还能提刀上阵的朝仓宗滴、活到九十七岁才咽气的北条幻庵（北条早云的末子），那终究是特例中的特例，秀吉年逾五十，随时都可能长眠不起。天下粗定，很多割据势力都只是暂时被压服而已，一旦自己撒手西去，那么丰臣氏的天下很可能一代就要灭亡了。

在这种心理因素下，再加上大环境的制约，丰臣秀吉走了他毕生最大的一招昏棋。鹤松是八月夭折的，到了九月，秀吉突然下令，悍然发动了对外侵略战争。他想要向朝鲜借路，进攻明朝，因为朝鲜人根本就不理会他的通牒，于是准备首先渡海进攻朝鲜。

对于丰臣秀吉的侵略政策，当时便有很多人提出反对意见，奥州会津的大名蒲生氏乡怒骂说："这猴子简直是不死找死！"

蒲生氏乡的愤怒代表了相当多的希求稳定的诸侯的意愿，这些诸侯大多是织田信长的家臣，原本势力并不庞大，厮杀终生，好不容易可以安享太平了，却要再度被硬拉上战场，而且一旦战败，恐怕多年积蓄将毁于一旦，这是他们所异常恐惧的。然而更多数量的大名却并不这样想，首先，跟随秀吉起家的那些将领，很多人年岁并不大，还想拼搏一番，以获取更大的功名，他们希望战争可以延续下去。

还有很多外样大名，尤以岛津氏和长宗我部氏为最，如果不对外发动战争，他们几乎就要活不下去了。曾以疾风之势席卷九州和四国的这两个家族，领地一下子就被压缩了回去，原本征召起来的大量农兵无俸可发，无地可封，要在短时间内复员是不可能的。日本已经被丰臣氏统一了，他们希望可以到日本以外的地方去抢掠更多的土地和资源，来维持家族的稳定，并寻求更多的发展机会。

所以丰臣秀吉之对外发动侵略战争，事实上并非他个人头脑发热，而是时势使然。如果没有大批封建诸侯和武士在背后撑腰，虽然名为"天下人"，他一个人想要逆潮流而行，也是走不通的，日本国内立刻便会叛乱四起，把他碾成齑粉。然而，对外发动侵略战争真的是一个好的发泄口吗？丰臣政权因此便能渡过不稳定期吗？且让咱们拭目以待……

其实丰臣秀吉的对外侵略之心，早在天文十四年（公元1586年）前后便已经成形了。那一年岛津军开始疾风烈火般的北九州攻略，秀吉被迫调用四国和中国地区的外样大名联军前往征讨，他在下令给毛利辉元之时，便写明要辉元在进入九州以后，还必须相应做好渡海前往朝鲜的准备。

到了天文二十年（公元1592年）正月，侵朝远征军开始编组，三月，诸将齐集北九州的名护屋，开始渡海进攻朝鲜。因为本年十二月改元文禄，所以这场战争在日本历史上被称为"文禄之役"。这一年农历是壬辰年，所以中国和朝鲜的史书则称之为"壬辰倭乱"。

丰臣秀吉将各地诸侯分为两个梯队，关西大名出兵员主攻，关东大名出粮饷并负责运输。正因如此，他派安插在九州肥后地方的两名亲信——小西行长和加藤清正——以及丰前的黑田长政等人担任先锋。天文二十年四月，日本用千余条战舰载着总共十五万陆军，从名护屋出发，浩浩荡荡杀向朝鲜半岛。

日本西北方的对马岛，距离朝鲜东南方的巨济岛直线距离还不到七十公里，渡海本是很容易的事情。四月十三日，日军在巨济岛更东北方的半岛港口釜山登陆，朝鲜军猝不及防，稍一接触便全线溃败。

暹罗兵何在

丰臣秀吉发动侵略战争的时候，明朝正当万历年间，朝政虽没腐烂到极点，也已持续在走下坡路，军备还说不上废弛，但可战之兵对照如此大的一个帝国，数量也根本是不够用的。朝鲜李氏王朝的情况比之明朝更为糟糕，因为一直蜷伏在中原王朝的羽翼之下，"人不知兵二百余年"，基本上就没有什么国防能力。更重要的是，自从一千年前的白村江水战以后，日本就没往大陆地区正式派过兵，在中朝两国的国民和朝臣心里，从来只有小股倭寇，而没有真正的日本大军。

照理说，丰臣秀吉曾经派遣对马大名宗义智等人前往朝鲜，要求借道伐明，中朝两国应该有所警惕才对。然而在朝鲜人看来，这只不过是日本的外交措辞，想要示之以威，从而在边贸上占得更多便宜而已，根本就没当一回事，更没有及时通知明朝。更有甚者，日本还派遣使节前往琉球，要求琉球国王称臣纳贡，琉球国王将此事上奏明朝，明朝一调查，打听到了日使抵达朝鲜的事情，便派人去责问朝鲜国王李昖，李昖茫然无措，干脆矢口否认。

明朝万历二十年（公元1592年）二月，致仕副总兵哱拜在宁夏起兵造反，朝廷派大将李如松前往征伐。正当西北用兵之际，朝廷无暇东顾，既然朝鲜国王说根本不清楚日本想侵略中国之事，文恬武嬉的明朝廷也便因此放下了心，丝毫不做防备了。

据说日军大舰队航近釜山，恰逢釜山守将郑拨出猎，立马高阜之上远远望见了，竟然丝毫不以为意，还当是日本使节前来朝贡——朝贡会随行那么大的舰队吗？于是釜山几乎不战而落，郑拨战死。小西行长所部近两万人首先在朝鲜登陆，四月十八日，加藤清正率第二军两万余、黑田长政率第三军一万余也踏上了朝鲜半岛。在日军的猛烈进攻下，仅仅四天时间，朝鲜东南梁山、东莱等要隘也尽皆失守。

朝鲜全国分为八道，京城（即今天的首尔）所在京畿道以南共有三道，东为庆尚道，西为全罗道和忠清道。日军分路直进，气势汹汹地北上，所到之处无不望风披靡。二十四日，庆尚道重要城池尚州失守，消息传来，朝鲜国王李昖惊惶失措，虽然下令整兵防御，自己却已经做好了出逃的打算。

朝鲜仓促间组织起号称八千精锐，集结在京城东南方的乌岭山，想要据险而守，然而还没等完成布防，就被小西行长快速突破了。第二道防线设在乌岭东北方的重镇忠州，忠州背靠汉江，倘若失守，则京城南面便再无可以设防的要隘了。将军申砬受命整兵一万扼守忠州，结果遭到三万日军的猛攻，最终全军覆没。

面对虎狼之师，如申砬般还敢打上一仗的将领在朝鲜竟然也是少数，据说备边使李镒看到日本大军，竟然惊呼道："今日之敌，似如神兵！"四月二十九日，李昖携其妻妾子女放弃京城北逃，由大将李阳元担任留守，然而李阳元竟然把兵器沉入汉江，然后也步了国王的后尘，逃得不知所踪。五月二日，日军不发一弹就开入了毫无抵抗的京城。

朝鲜共有三京，京城以北还有陪都开城，再北面的平安道还有平壤。日军攻陷京城后直趋开城，在开城南方的临津江初次受阻。日军伪作后退之势，引诱朝鲜军队追击，然后突然转身将其击溃，就此渡过临津江，又攻陷了开城。此后日军兵分两路，小西行长的第一军继续北上，占领了平壤，加藤清正的第二军则转向东北，攻克元山后即沿朝鲜半岛的东海岸前进，一直杀到鸭绿江边。

仅仅两个月的时间，朝鲜"三都失守，八方瓦解"，日军几乎占据了朝鲜全境。国王李昖一直逃到半岛西北方靠近中国边境的义州，然后频繁派出使节请求明朝出兵增援，而他的两个儿子——第二子临海君李珒、第三子光海君李珲——则在逃到咸镜道后被加藤清正所俘。

日军所到之处烧杀抢掠，给朝鲜人民带来了深重的灾难。五月中旬，日军各部将领在京城会商，将朝鲜八道分由八将平定：京城以南的庆尚、全罗、忠清三道交给毛利辉元、小早川隆景和福岛正则，宇喜多秀家负责京畿道，毛利吉成（又名毛利胜信，为美浓森氏在尾张的分家，吉成是秀吉旧臣）负责京畿道以东的江源道，北方三道黄海、平安、咸镜则交给黑田长政、小西行长和加藤清正负责。

捷报传来，丰臣秀吉大为兴奋，狂妄地制定了继续进攻的计划，他打算先彻底吞并朝鲜，然后以朝鲜为跳板进攻明朝，把天皇迁到北京去，以周围十国（县）之地作为御用，让自己的养子丰臣秀次担任中国关白，封给百国（县）。此外，养子丰臣秀胜或宇喜多秀家统治朝鲜，另一个养子丰臣（小早川）秀秋管理九州地区。日本本土，则由良仁亲王或智仁亲王接任天皇，在丰臣秀长的婿养子秀保或者宇喜多秀家两人中选择其一担任关白。等到真能攻灭明朝，统治中国，秀吉还打算继续进军天竺（印度）和南蛮——此人的白日梦已经做到了匪夷所思的地步！

日军基本占领朝鲜全境后，朝鲜人民奋起抵抗，以郭在佑、郑仁弘等儒生、官吏为首，各地义军纷起，给予日本侵略军以沉重打击。日军在埋葬义军阵亡将士尸体的时候，也不得不为敌人的勇斗而胆寒，并且由衷钦佩，题字"朝鲜国军忠心赤胆"。然而这些缺乏统一指挥的义军只能迟滞侵略者的进攻，是无法真正把日本人赶出朝鲜半岛的，况且以国王李昖为首的腐朽的统治者，也不会把希望寄托在义军将士们身上，他们认为唯一的救星只有宗主国大明朝。

明朝对于丰臣秀吉的真实意图是有所警惕的，多名大臣指出："关白之图朝鲜，意全在中国，朝鲜为国藩蔽，在所必争。"然而又该怎么争呢？这时候不但哱拜在宁夏作乱，播州还有土司杨应龙造反，一在西北，一在西南，牵制了大量兵力，更消耗了大量财源，朝廷实在是很难打得起第三场大仗了呀！

部分官员上书，因为日本国孤悬于东海之外，故而应当集合南直隶、浙江、福建、广东各处的兵马，驾大海船去直捣倭巢。这个表面看起来似乎有理，却完全不考虑财政压力的主意，其实在当时还算比较靠谱的，更荒诞的是，据说直隶有一男子名叫程鹏起，竟然上书兵部尚书石星，建议往海外去求取暹罗国的兵马进攻日本。

石星一时轻信，竟然真的给了程鹏起一个参将头衔，让他去联络暹罗国。谏官们听闻此事，纷纷上疏表示反对，但理由竟然是——"恐暹罗入境窥我虚实，且蹂践中华"。

礼部尚书于慎行更搞笑，直接对石星说，茫茫大海，也不知道暹罗在哪里，且待真的请来其兵，再考虑是否允其入境的问题吧。石星闻言，不禁瞠目结舌，暹罗也即古代泰国，地接云南，曾经向明朝上表称过臣，还曾经跟明朝打过仗，而身为礼部主官的于慎行竟然不知道这个国家是否存在,究竟在海外哪个地方?!

明朝之自我封闭,由此可见一斑。

沈惟敬赴朝

石星是嘉靖朝的进士,素有刚直之名,曾因得罪权臣张居正而被罢官返乡,直到张居正去世,万历亲政,才将其召回,先任户部尚书,再转兵部尚书。石星在户部的时候,进行大刀阔斧的改革,清理积弊、节约开支,如果没他的努力,恐怕宁夏和播州两战将很难最终取胜吧。

所以石星是最了解国家财政压力的,轻易不愿意再度开启战端,为朝鲜李朝去火中取栗——他认为日本蕞尔小邦,根本无力在占据朝鲜后更图西进,所以应该讲和为上。于是经过反复筹谋,他先从国库中拨出二万银子来犒赏还在和日军作战的朝鲜将士,允许李昖在万分危急的时候可以逃入中国境内,同时调辽东副总兵祖承训率五千兵马开赴朝鲜——这是他现在能拿得出手的最多数量的机动兵力了。

此外,石星还招募了一个名叫沈惟敬的平民,派他入朝去和小西行长等日将谈判。

沈惟敬是名极其奇特的人物。当时明朝上下对日本并没有什么认识,甚至连日本国主究竟是谁,关白是多大的官,关白秀吉真实的姓氏是什么(因为秀吉在给朝鲜的国书中,曾自称平秀吉),全都一头雾水。而这个沈惟敬,不但通晓日语,还自称深明日本内情,他有个仆人曾经流落日本，做过"宇土侯"小西行长的家奴，因小西行长所言得知，"关白之意，只在封贡。"

所谓"封贡"，就是如同当年足利义满那样向明朝称臣，即以进贡为名，开展勘合贸易。这时候沈惟敬年届七十，因为擅长"烧炼"，也就是炼丹以求长生，与石星某妾之父交好，于是通过这层关系，他被介绍进了石星府中。石星面会之下，只见此人身高体健，面色红润，翩然有神仙之态，加之所言似乎有理，于是当即给了他一个神机三营游击将军的虚衔，遣赴朝鲜。

根据野史记载，沈惟敬本是嘉兴府平湖县人。嘉兴位于海边，沈氏又是当地大族，所以很可能参与过对日本的走私贸易，甚至伪装过倭寇——明朝中后期频繁侵扰沿海地区的倭寇，其实首脑往往是中国私商，日本浪人在其中不过是雇佣兵的角色罢了，以此推论，沈惟敬年轻时代或许也做过倭寇吧，那么通晓日语也就不奇怪了。至于他那名叫做沈嘉旺的仆人，则可能是年轻一代的倭寇，确实曾经入日，甚至确实侍奉过小西行长。

因而石星便遣沈惟敬主从赴朝去接触小西行长，探查清楚丰臣秀吉之意是否仅在"封贡"？是否有和平解决争端的可能性？

沈惟敬顺利地在平壤以北的乾福山阵地见到了小西行长，据说通过反复磋商，双方大致达成如下协议：

一，日本请求明朝封贡；二，朝鲜八道，割让南四道于日本；三，日军全面撤退；四，在上述三项获得双方执政者通过之前，以五十日为期限，停止一切军事行动，双方在平壤以北十里处立下栅栏为界，日军不得越界北上，朝鲜军队也不得越界南下。

随即沈惟敬返回北京向石星汇报初步接触的成果，在途经义州的时候，受到了朝鲜国王李昖的盛情款待。虽然对于出卖朝鲜利益，作为明朝使节的沈惟敬毫无心理负担，但他依然隐瞒了割地之议，仅将双方休战的结果通知李昖。李昖大喜，赠以良马。

可是等沈惟敬返回北京的时候，局面却又发生了戏剧性的变化。如前所述，石星为了敷衍那些主战派，曾派辽东副总兵祖承训率军援朝。当时明朝上下对于日军的战斗力并无明确认知，甚至存在着一定的误区，以为朝鲜军队之所以一溃千里，那是因为其本身素质太差，打败这种弱旅的日本人也并没有什么了不起的。就在这种轻敌观念的指导下，当年七月，祖承训遣麾下游击史儒率领两千兵马出征朝鲜，自己则率三千军随后跟进。

朝鲜多山地，地形状况和日本非常接近，利于步战而不利于骑战，明朝派出的五千援军几乎全是骑兵，扔到高山、丘陵密布的朝鲜，其结果也就可想而知了。且说史儒快速挺进，直趋平壤，因为道路不熟而误中埋伏，被迫对战日本步兵大军，又遭逢大雨，火器发射困难，竟然全军覆没。跟在他后面的祖承训丝毫也不接受教训，绕过日军主力，一度突入平壤城内——然而拿骑兵巷战本身就是很可笑的事情，结果他被七百名日本铁砲手给赶了出来，伤亡惨重，被迫逃回鸭绿江北岸。

第一支援朝明军几乎全灭，消息传来，朝野震动，明朝再不敢把侵朝日军当作倭寇一般有组织无纪律的流贼了。朝议汹汹，请发大军增援，就连石星也无法再以财穷兵寡而拖延了，只得任命兵部右侍郎宋应昌为经略备倭军务，调集兵马，准备再度入朝参战。正好这个时候，提督陕西军务、大将李如松攻破宁夏城，平定了哱拜的叛乱，于是当年十月，诏李如松提督蓟、辽、保定、山东军务，任为防海御倭总兵官，其弟如柏、如梅为副总兵官，共同前往救援朝鲜。

如此一来，援朝抗倭已成主流，与日军的谈判只能退居第二位。当然啦，石星深知，倘若战事拖延，将会对国家财政造成非常严重的损害，因此在接到沈惟敬的禀报以后，就指出封贡不难，割地不易，要他再度入朝去与小西行长磋商。

可是沈惟敬跟宋应昌、李如松所统率的大军前后脚进入朝鲜半岛，随即就被宋应昌给扣了下来——按照宋应昌的想法，尚未接战，即欲言和，未免太堕天朝的威风；况且，若能在战场上取得胜果，也能在谈判桌上获取更多利益。日方不是想要割取朝鲜南部四道吗？我直接把你们赶下海，看你们还敢索要什么？！

平壤大捷

李如松、如柏、如梅兄弟，本是辽东总兵李成梁的儿子，将门世家，能征惯战，可有一点，因为无论是在辽东打女真人，还是调到宁夏打哱拜，全都是平原作战，利于骑兵驰骋，他们对山地步兵战根本就缺乏经验。宋应昌多次写信给李如松，介绍江浙等地与倭寇步战所获得的经验，但李如松自视甚高，根本听不进去。

明朝从全国范围内调集精锐，包括辽东兵一万，宣大兵一万六千，蓟和保定兵一万——这些都是惯于平原作战的军队，真正有御倭经验的江浙兵只有三千，擅长山地作战的五千川军也仅作为后续而已。明军武器精良，骑兵众多，倘若放在国内大平原上，即便日本步兵再多，也根本不是对手，然而开赴朝鲜，论起在复杂地形作战的经验，明军全然落在下风。

李如松就率领这支明军开入了朝鲜。因为小西行长与沈惟敬达成了休战协议，主动放弃乾福山阵地，退守平壤，所以明军在一万朝鲜残兵的协助下，一开始进展颇为顺利，翌年一月五日即杀至平壤城下。

当然啦，小西行长虽然退守平壤，但他与沈惟敬的休战协议并没有得到其余日军将领的普遍认同，别将可未必肯主动后撤。日军之所以被李如松所败，很大原因是前期挺进速度太快，终于导致粮草不继。

且说去年四月，日军在釜山登陆的时候，朝鲜水军高级将领、庆尚道右水使元均吓得屁滚尿流，竟然把军舰、武器全都沉入海底，并且解散部下，狼狈而逃。正因为这样，日军才能毫无阻碍地将后续兵员和武器物资源源不断地运送到朝鲜战场。好在朝鲜水军将领并不全都象元均那样无用，全罗道左水使李舜臣就在这个时候站了出来，成为中流砥柱，他也是壬辰倭乱中朝鲜方面唯一值得一提的名将。

当年五月四日，李舜臣、全罗道右水使李亿祺在巨济岛与元均会合，商讨战斗方略。七日在玉浦、八日在赤珍浦、二十九日在泗川海面、六月二日在唐浦,李舜臣都打败了日本水军,甚至连鼎鼎大名的"海贼大名"九鬼嘉隆都差点成为他刀下之鬼。李舜臣用兵机动灵活,神出鬼没,经常集中力量以多击少,日军的海上运输线路因为他的骚扰几乎瘫痪。

五月二十九日的泗川海面之战,朝鲜水军所遭遇的乃是丰臣秀吉的爱将龟井兹矩,担任水军先锋之职。这个龟井兹矩原是尼子氏的遗臣,后来归附秀吉,他听说敌将乃是李舜臣,不敢在水面上硬拼,被迫弃舟登岸,展开半月形阵势引诱朝鲜军进攻。李舜臣不为所动,掉转船头退去,兹矩以为有隙可乘,再度登船追击,结果被李舜臣杀了个回马枪,日军大败亏输,兹矩带箭而逃。

六月二日在唐浦,这两个对头再次相遇,结果龟井兹矩所率的二十一艘军舰全数覆没,李舜臣还缴获了丰臣秀吉赐给兹矩的金扇,以及军队花名册和编制表。七月八日在闲山岛附近,李舜臣再获大胜,击沉日舰七十三艘,丰臣秀吉的亲信、"贱之岳七本枪"之一的胁坂安治仅以身免。

朝鲜水军越战越勇,尤其李舜臣根据传统舰式所改进的"龟船",更在战斗中发挥了重要作用。这种龟船吃水深,下置两排桨手,上面包有铁皮,乍一看像大海龟似的。龟船最利于近海作战,装甲防护高,移动灵活,速度也很快,日本的大安宅船在龟船面前仿佛行动笨拙的巨兽一般,被无数海龟碰撞撕咬,很快便丧失了战斗力。

日军海上运输线路被李舜臣卡断,七月十五日,丰臣秀吉被迫派增田长盛、石田三成、大谷吉继三位奉行（事务官）下令给仍在北九州集结的各诸侯军队，准许延期渡海。他这一延期不要紧，前方的小西行长、加藤清正等人不由得叫苦连天，他们粮草日益不济，后备兵员又得不到补充，很快便陷入朝鲜义军的包围，处处挨打，应接不暇。

十月四日，细川忠兴率领两万日军包围了庆尚道南部被朝鲜军夺回的晋州。城内只有三千二百兵马，城外应援的也只有两千义军，竟然打得两万日军损失惨重，被迫于十日撤围而退。加藤清正、细川忠兴等人因此对石田三成这些待在后方的奉行恨得牙痒痒的，认为是他们在丰臣秀吉面前进了谗言，这才导致后援不继——这一事件，越发加深了丰臣家中文治、武断两派的矛盾，并最终导致丰臣氏的灭亡。后话暂且不提。

且说文禄元年（公元1592年）七月以后，日军便已经彻底陷入了朝鲜这个泥沼中无法自拔。小西行长肯与沈惟敬接触，不说全吞朝鲜、侵入明朝，只以割让朝鲜南方四道为条件，也正是因为对战争的前景开始有所失望了。

拉回来再说李如松，他顺利突破了本就防备力很弱的日本北线兵马，顺利抵达平壤城下。当时驻守平壤的小西行长第一军，所部一万五千人，虽为精锐，此际却已疲乏不堪了。

在宋应昌的建议下，李如松猛攻平壤的南、西、北三个方向，留下东路任由日军撤退，但在沿途设下埋伏，想要一举歼灭小西行长所部。明朝军队中配备有虎蹲炮、佛朗机等重型武器，一声令下，炮声震天动地响起，这是日军所从来没有遇见过的——在日本战国时代，铁砲本是昂贵的兵器，大筒（大炮）更非寻常诸侯所能购买得起，如此规模的大炮齐鸣，使日军瞬间胆落。

然而终究是在战国乱世中厮杀出来的军队，日本武士人人奋勇，冒着满天乱飞的炮弹、枪子和箭矢，仍然坚守了整整两天。激战中，李如松的坐骑被日军铁砲击中毙命，其弟如柏的头盔也中了一弹。对战到一月七日，平壤南面的芦门首先被明军攻破，日军这才全面崩溃。

且说负责攻打芦门的乃是去年的败将祖承训，他让部下都打着朝鲜人的旗帜，伪装成朝鲜官兵。日军素来轻视朝鲜军，因此没有在芦门附近部署主力，等到发现那乃是战斗力很强的明军的时候，已经被明军的火力压制得抬不起头来了。随着芦门被破，含谈、普通、七星等各处城门也都陆续被攻克，小西行长被迫于当夜率残部出城东走。

按照宋应昌的计划，在日军东退的沿途布下了朝鲜伏兵，足以将败逃的日军全歼，并且捉住或者击毙小西行长。然而因为明军硬攻平壤城损失很大，李如松就临时把这些伏兵调回来协助进攻，结果小西行长快速渡过结冰的大同江，李如松仗着骑兵众多于后掩杀，却只多杀伤了数百人而已。

喋血晋州城

平壤一役，明军以强攻弱，获得了辉煌的胜利，但从此李如松便滋长了骄傲情绪，认为日军不过如此，我天兵所到之处，他们全都会望风而逃，不堪一战。而日本方面因为损失惨重（据说小西行长所部减员接近七成），各路兵马遂都陆续后退，齐会京城，无形中分散的主力凝聚起来，准备再打一次大规模会战。就当时在朝鲜的双方兵数来看，明军四万余，日军经过将近一年的战斗，还剩十余万，几乎是明军的三倍。

李如松对于日军的兵力集结似乎毫无警觉，虽然经过激烈的攻城战，明军损失很大，但他在平壤才休整了十天便匆匆南进，朝鲜官兵和各路义军与明军配合，很快即收复了开城及其以北被侵占的领土。元月二十四日，明军先锋查大受所部三千精骑南下京城，在京城西北方突然遭遇日军，展开激战。

当时日军在京城聚集了五万余人，随即以宇喜多秀家为总大将，统率四万三千兵马北上，准备复夺开城。查大受所遇到的，乃是加藤光泰所率领的日军前锋，很快就被明军击退了。小早川隆景部两万余人闻讯而来，查大受撤退不及，被日军团团包围在一处名叫碧蹄馆的地方。

据说当时李如松正在勘查前往京城的道路，身边兵马本就不多，闻听查大受被围，竟然仅带着一千亲卫赶来救援——真是一员悍将，他应该做先锋，不该当主帅。结果李如松所部也很快陷入了碧蹄馆之围，日军望见他的旗号，纷纷绕开查大受所部，直奔李如松而来。明军奋勇抵抗，但骑兵射出的火箭因为下雨的影响威力减小，相反日军的铁砲倒因为装备了防雨装置而仍能反复鸣响。李如松且战且走，数度被日军冲到马前，裨将李有升为了保护他而英勇战死。

激战至夜，中军官杨元率一千步兵赶来增援。日军不知虚实，因为害怕明军主力将要陆续开到，被迫停止追击，朝京城方向退却。从这场四千对两万还打了一整天的恶仗来看，明军的战斗力实在顽强，然而以少击多终究不是兵法的正道，将帅无能，轻敌冒进，这才导致援朝抗倭战争旷日持久，竟然前后打了整整六年。

碧蹄馆之战双方的伤亡比率众说纷纭，但能肯定的是，明朝的精锐骑兵受到重挫，李如松被迫暂时放弃南进的打算，退到开城休整。不久后，他听说日军有绕路袭击平壤，切断明军后路的打算，便又匆匆退往平壤。正在各处收复失地的朝鲜官军闻听此讯，吓得也都拨马北逃，很多眼看即将收复的城池全都被放弃了。

丰臣秀吉就曾经说过，朝鲜最麻烦的不是"大明奴"（指朝鲜官军），而是一揆（指朝鲜义军）。然而不管是"一揆"还是明军，都没能彻底打垮日军，打垮日军的是粮草不继。本来李舜臣率领朝鲜水军骚扰日方的运输船团，已经使日军捉襟见肘了，当年二月间，京畿、庆尚等道又闹起了罕见的大饥荒。李如松撤退前也还玩了一招狠的，他探听到日军的军粮大多存放在龙山大仓，便密遣查大受和李如梅率军奇袭龙山大仓，将数十万石粮草一把火烧了个干净。日军乏食，再也没有力量北进去夺取开城了。

日军军心涣散，很多人偷偷逃离前线，渡海回去日本老家，而国内也纷纷爆发一揆，尤以侵朝的急先锋岛津氏为最。早在去年侵略战争开始后不久，岛津家臣梅北国兼、田尻但马守、伊集院三河等人便率军两千，进攻肥后的八代城和佐敷城，叫嚷着要讨伐丰臣秀吉，史称"梅北一揆"。虽然这次暴乱很快就被平息了,但使留在北九州名护屋的岛津义久和已经前往朝鲜的岛津义弘大为惊愕的是,两千一揆中竟然有三百名都是兄弟岁久的家臣!

丰臣秀吉因此下达了岁久讨伐令,岛津义久无奈之下,只得亲自领兵进攻岁久。七月十八日,岛津岁久战败,在龙之水自杀。岛津氏因为岁久之死而暂时避过了危机,但他们对丰臣氏的仇恨却更为强烈了。

就在这种背景下,丰臣秀吉被迫于文禄二年(公元1593年)四月九日下令主力火速从京城后撤,为了确保仍然占有朝鲜南部领土,以便卷土重来,日军连新登陆增援的部队在内,总共集合了九万三千大军,进攻前此细川忠兴拿不下来的庆尚道重镇晋州。晋州守军包括朝鲜官兵和义军才不过七千人而已,守将金千镒急派使者,请求明军南下增援。然而远水难救近火,别说李如松此时根本没有实力快速南下,就算他真的派骑兵南下了,也是根本赶不及的。

六月二十二日,激烈的攻防战开始,一直打到二十九日,晋州城破,日军进行了野蛮的大屠杀,不管是官军、义军还是普通百姓,城内数万军民全都倒卧在血泊之中……

应该说,通过平壤和碧蹄馆两战,无论明军还是日军,全都难以维持前进的态势而被迫退守,就此形成了一段协议外的休战期,因此日军才能腾出手来,剿除朝鲜义军。

日军方面,损失最为惨重的是小西行长,他从肥后半国带出来的子弟兵大多折损。在行长想来,倘若再战下去,自己的实力只有丧失得更多,如果再来两场败仗,即便最后打赢了,论功行赏也未必有自己的份儿,既然如此,不如议和。而在明朝方面,李如松在碧蹄馆吃了败仗不算,此后一直后退,放弃开城退回平壤,这一举动引起中朝双方的舆论大哗。普通朝臣和百姓不知兵事,并不清楚明军究竟遭到了多大损失,光看李如松退兵的举动,就以为仗已经打不下去了,议和之声此起彼伏。

于是在石星的授意下,在此前的三月十五日,经略宋应昌再派沈惟敬到京城去和小西行长等人商谈和平退兵事宜。最后双方达成四点协议:一,明军撤出朝鲜;二,日军从京城后退;三,日方释放俘虏的朝鲜二王子和官吏;四,明朝派使节去名护屋会见丰臣秀吉,开始正式和谈。

——关于割地、朝贡等问题,非你我所能决也,咱先罢兵休战,然后再说其他。

册封闹剧

通过主和态度最坚决的小西行长的大力游说,日方绝大多数将领,包括曾经坚决主战的小早川隆景和加藤清正也被迫认清了现实。于是四月八日,明朝参将谢用梓、游击徐一贯和沈惟敬等人组成的讲和使团进入京城,催促日军撤离,加藤清正、立花宗茂等将态度突然大变,又跳起来怒骂,小西行长好不容易才把他们压制下去了。

丰臣秀吉的亲信将领主要分为三个集团,即跟他从尾张出来的子弟、受封长滨后招收的近江人,以及征伐中国地区时招收的东中国豪族们,这三个集团互相争功,早有矛盾。其中加藤清正是尾张系的代表人物,他本是秀吉正妻北政所(浅野祢祢)的亲戚,从小如同养子一般被抚育长大。小西行长则是堺的豪商小西隆佐之子,后来出仕备前大名宇喜多直家,转从丰臣秀吉,是东中国系的代表人物,和近江系的石田三成等人也一贯交好。在朝鲜战场上,清正和行长两人各自统兵前进的时候便摩擦不断,矛盾很深,此刻行长既然一立主和,清正当然要跳出来坚决主战,以表明与对方的不同。然而事实上,清正早就通过沈惟敬与宋应昌有所联络,主动表示愿意退出京城——反正关白也已经下达了弃城而退的命令了嘛,只是明朝人不知道而已。

四月十八日,在丰臣秀吉的命令下,日军全部撤离京城,次日李如松率中朝联军进城接收。五月十五日,李如松渡过汉江进至庆尚道东南部的庆州,在这里对朝鲜军做了一番防御部署后便又退返京城。此时,除全罗、庆尚两道的南部地区外,中朝联军已经收复了全部失地。当年七月,李如松如约撤出朝鲜,明朝只留下四川参将刘綎和游击吴惟忠率七千六百人分驻要隘,防备日军背信进攻。

五月八日,明朝使团在增田长盛、石田三成、大谷吉继三奉行和小西行长的陪同下,从釜山出海,于十五日到达九州名护屋。虽然中方的正式讲和使乃是谢用梓和徐一贯,但因为语言不通,直接商谈相关事宜的还是沈惟敬和小西行长。丰臣秀吉狂妄地提出了"大明、日本和平条件"七条,命令行长传达给明使——

一,迎明朝公主为日本皇后;二,恢复勘合贸易;三,明日两国武官永誓盟好（因为日本是武人掌权的）；四，京城及四道归还朝鲜，另外四道割让给日本；五，朝鲜送一王子到日本作人质；六、日军交还俘获的朝鲜二王子及其他朝鲜官吏；七，朝鲜大臣发誓永不背叛日本。

如此苛刻的条件，即便小西行长也很难向明使开口。在明朝使节想来，蕞尔小国的日本所以发兵打一下朝鲜，不过为了引起明朝的注意，想要发展双边贸易，多得些钱财罢了，天朝上国，有谁不倾慕吗？因此明使谈判的前提就是"封贡"，即日本承认明朝名义上的宗主国地位，明朝给予赏赐和允许通商，让他们大发一笔横财，仅此而已。小西行长本人也是希望封贡的，封不关他事，贡则可以给他这个九州大名带来莫大利益，何乐而不为呢？

反正明朝讲和使听不懂日本话，急于停战的小西行长和急于立功的沈惟敬便串通起来，开始欺上瞒下，大耍阴谋手段。行长对秀吉说，明使已经同意了他提出的条件，但必须回去北京交皇帝最后批准，明朝人最爱面子，皇帝可能会提出要日本称臣，咱们挂个空名却得实利，没什么不好。沈惟敬则对谢用梓和徐一贯说，日本人已经答应了向明朝称臣，请求封贡。

丰臣秀吉不愧老奸巨猾，他怕事情还有反复，就命令在朝日本军队部分撤兵，留下九州大名们在朝鲜沿海筑城固守，以等待谈判协议的正式签署。不仅如此，他还下达了进攻晋州的命令，这才发生了六月二十九日的晋州大屠杀。小西行长陪同明朝讲和使回到朝鲜以后，以自己必须留下来勒束部下为名，派家臣内藤如安为使者，随同明使前往北京。内藤如安,中国史书上记载为小西飞,他本是丹波内藤家的家督,也就是继承内藤苗字的松永长赖的儿子。

就此,在朝鲜战场上,中日双方停战一年多,到了万历二十二年,也即日本文禄三年(公元1594年)十二月,内藤如安等人经过反复交涉,才终于进了北京城,据说胆大包天的沈惟敬竟然伪造了日本称臣的表章呈递上去。石星另外派人与内藤如安谈判,提出三项条款:一,日军立刻撤出朝鲜全境,甚至撤出对马岛;二、只册封而不准求贡;三、日本、朝鲜从此修好,互不侵犯。倘若换了别人,沈惟敬的西洋镜立刻就要拆穿,但内藤如安秉持着家主小西行长教授的原则,一概点头,全盘答应下来。

十二月二十九日,万历皇帝下旨,派李宗城为正使,杨方亨为副使,前往日本册封丰臣秀吉为"日本国王"。内藤如安请求封丰臣秀次为都督关白(此时秀吉已将关白之位让给养子秀次),封小西行长、宇喜多秀家、增田长盛、石田三成、大谷吉继等人为都督,这种惠而不费的事情,明朝都一一答应了。内藤如安唯独没提加藤清正、锅岛直茂等人的名字,日军内部的派系之争由此可见一斑。

第二年正月三十日,明朝册封使团从北京出发,四月二十七日到达朝鲜京城,随后南下釜山。小西行长看内藤如安一切搞定,大为兴奋,于是请求丰臣秀吉下达归国命令,想要把撤兵变成既成事实。秀吉一开始欣然同意,但随后又有所犹豫,下令诸将暂缓撤兵,小西行长的如意算盘就此落了空。

这时候又发生了一个小插曲,翌年四月,明朝册封正使李宗城因为贪淫女色，遭到日本人的驱逐，悄悄惶惶从釜山跑出来，逃回京城，随即就被明廷下诏捕拿入狱，于是小西行长只好陪同副使杨方亨前往日本。此时秀吉早便已经离开了九州的名护屋，并且大坂城也不待了，他在京都附近开始营建更为豪华的伏见城。六月，沈惟敬在伏见城见到了秀吉，秀吉本想在伏见城会见明使，但因为畿内地区最近地震频繁，所以最终还是敲定了大坂城。

九月一日，以毛利辉元为向导，引领杨方亨等一行人来到大坂城接见所。日本诸将四十人列座观礼，杨方亨、沈惟敬等人捧着金印、诏书站立。等到丰臣秀吉穿戴着明朝送去的册封衣冠，满脸笑容地出现的时候，沈惟敬竟然跪拜在地，使随员们无不感到愤慨。册封秀吉为日本国王的典礼顺利完成了，秀吉还盛宴款待了来使，在他想来，我答应做你大明王朝属下的日本国王，用这个空头衔换来朝鲜一半疆土，就此面子里子都有了，也可对出征诸侯有个交代，真是事事称心如意。

然而，西洋镜终究是要拆穿的……

番外篇

倭寇的问题

人们一般认为在明朝中后期，日本因为战乱频繁，有大量失去主家的流浪武士流向海外，靠抢掠为生，就此形成了倭寇；倭寇多次侵扰中国东南沿海，最终被戚继光、俞大猷等抗倭名将剿灭。然而真实的情况并没有那么简单。

首先，倭寇之祸始于元朝，而不是明朝中后期。忽必烈攻打日本失败以后，两国的官方往来断绝，走私贸易却更为频繁，而既然走私是被元朝所严禁的，日本私商们为了避免被逮捕，就必然要招募武装，携带武器。史书记载：元世祖至元二十九年（公元1292年），日本船开到四明，请求贸易，船上兵器齐备，元人恐惧；大德十一年（公元1307年），倭人焚烧庆元；至大二年（公元1309年），倭人以所带硫磺等物焚毁明州都元帅府、录事司及官署，附近居民几乎都被烧死和杀光。

倭寇开端于元朝初期或者中期，到了末期，因为天下大乱，倭寇的侵扰就更加肆无忌惮了。明朝建立以后，太祖朱元璋曾经派遣使者前往日本，要求严禁倭寇，可是当时正值南北朝乱世，室町幕府和吉野朝廷谁都没精力管海外的事情，最终气得朱元璋干脆和日本断交。其后日本国内渐趋和平，足利义满向明朝称臣，双方开始了勘合贸易。不过勘合贸易限制太大，得利虽多，能摊上这种利益的人却少，于是很多大名、寺社仍然支持走私，甚至假打勘合贸易的旗帜，并在得不到贸易机会的时候，干脆大肆抢掠，免得白跑一趟，赔了本钱。这种情况在进入战国时代后日趋频繁和激烈，一方面大名和寺社因为打仗而更需要用钱，另方面也有大量无主的浪人可供他们雇佣。所以说倭寇都是浪人，那是不确切的，其实浪人背后都有封建势力做靠山。

更进一步来说，其实明朝中后期骚扰江苏、浙江、福建、广东四省沿海的所谓"倭寇"，其中占主体的往往不是日本人，而是中国人。因为明朝严禁出海贸易，使得很多私商假冒倭寇走私甚至抢劫，其中最有名的便是"五峰船主"王直。

王直在日本是个传奇人物，被称为"净海王"，因为他势雄财大，相当长时间内主导了中日间的走私贸易，连日本人也都畏之如虎。说王直，还有徐海、陈东、麻叶等人勾结倭寇是不确切的，因为他们本身就是倭寇，说他们是汉奸也是不确切的，因为他们不是勾结日本人，而是雇佣了大群日本浪人甚至封建大名的武装为之效力，"八幡海贼"之类，其实都曾经当过这些人的下属，是帮他们咬人的恶狗。

倭寇所侵扰的区域，其实并不仅仅中国东南沿海，也包括朝鲜半岛和东南亚各地，这是一个真正的国际问题。对于这种国际问题，戚继光、俞大猷等人是无法彻底解决的，即便最终王直等人被明朝政府或剿杀或诱捕，也只能使东南沿海略微太平一段时间而已。这个问题必须从内部去解决，一方面日本结束战国乱世，迈入了和平的江户幕府时代，无主无业的浪人越来越少，另方面中国经过明末大乱以后，在清朝前中期国力达到鼎盛，在这两个条件的影响下，倭寇之祸才算最终得以平息。

倭奴和平秀吉

明朝人喜欢叫日本人为倭奴，其实这个词汇最初并不含有贬义。大家都知道，日本列岛上最早和中国取得联系的很多国家中，有"倭国"也有"奴国"，到了南朝范晔写《后汉书》，就记载说："东夷倭奴国王遣使贡献。"按照当时人的看法，是倭国降服了奴国，两国归并为一。

从此以后，"倭奴"一词就变成了倭国也即日本国的代名词。然而可怜的是，这两个字在中国古文中含义都不大好，倭最早的意思是低垂，而奴就是奴隶，两者结合起来，似乎是指一个奴才垂首听命。元朝以后，因为倭寇多次侵扰我国东南沿海，老百姓都对日本人恨之入骨，倭奴一词就理所当然地变成了贬义词。

然而事实上，以"奴"来贬称一个国家，一个民族，除叫日本为"倭奴"外，在中国古代是根本没有过的。唯一的例外是《旧唐书》里有"啖狗肠高丽奴，啖狗屎高丽奴"的话，不过那是用来骂高句丽出身的将领高仙芝的，所指是个体而非群体。明人曾经写道："倭奴夷亦曰日本，东海外之夷也。

谓之奴，奴之也。奴必有主，吾中国是已。"实际日本向中国称臣的次数不多，时间也都不长，说中国是倭奴之主，未免是自欺欺人的狂妄之语。

中国很长一段时间内对日本的了解都很浅薄，明朝中期闭关锁国以后，对于远在东海外的日本更是知之寥寥。清人所编的《明史》中对日本的相关记载就错讹百出，读之非常可笑。比如关于丰臣秀吉的出身，《明史》上是这样记述的：

"日本原本有国王，国王下面称关白者最尊贵，当时以山城州首领信长担任关白。信长某次出猎，碰到一个人躺在树底下，惊了信长的坐骑，于是捉住此人，详加审问。这人自称叫作平秀吉，是萨摩州的奴隶，身体灵活，能言善辩。信长很喜欢此人，让他给自己放马，并且起名叫做木下人……"

丰臣秀吉之变为平秀吉，其实是秀吉自己搞的花样，他在给朝鲜国王写信的时候，正想冒充平氏，于是在国书中署名为"关白秀吉"或者"平秀吉"，既然知道关白是官名不是姓氏，那么大家理所当然地以为他姓平了。后来明朝给秀吉的册封诏书中，就封他为"日本国王平秀吉"。不过说他因为在树下被信长撞见，就起名"木下"，未免太想当然了。

《明史》后面还说：

"秀吉后来逐渐受到重用，为信长谋划，夺取吞并了二十余个州，于是被拜为摄津镇守大将（秀吉的主城大坂确实在摄津国内）。信长有个参谋名叫阿奇支（即"明智"的音译），得罪了信长，信长派秀吉前往讨伐。时隔不久，信长被其部下明智所杀，秀吉才刚攻灭了阿奇支，听闻此事后，就统率所部乘胜回师，杀死了明智，威名大盛。于是不久后秀吉废黜了信长的三个儿子，僭称关白，吞并了信长的部众。"

竟然把明智光秀拆分为两个人，如此不实之言堂而皇之地载入史书之中，也说明中国古代，尤其是明朝以后，有多么的封闭，对外国情况和事务有多么不了解了。

十二章　庆长之役

丰臣秀吉所发动的侵朝战争，不但给两国人民都带来沉重的灾难，同时也一手埋葬了他自己创建的新的太平之世，导致丰臣一族的覆灭。在统一全日本的过程中，秀吉曾经表现出来的宽厚、仁慈的一面，也最终被他晚年的极端忌刻和残暴所彻底掩盖……

疯狂

公元1596年，也即明朝万历二十四年，日本文禄五年，九月一日，明朝册封使团进入大坂城。在四十多名诸侯的围观下，丰臣秀吉穿戴好明朝下赐的藩王衣冠，头顶折角乌纱，身披大红蟒袍，满面春风地前来接受明史杨方亨等人的册封。

杨方亨手捧诏旨，以中文宣读，册封丰臣秀吉为日本国王，下赐金印。在座的日本大名们根本就听不懂，而就算两国文字基本相通，那些骈四俪六的深奥句子，也不是丰臣秀吉这类武人所能够理解的。等到第二天，秀吉让僧人西笑承兑以日语翻译诏书，并且加以解说，虽然小西行长事先关照承兑要改动一些句子，但承兑仓促间无法完成如此繁难之事，还是原样照读了。

秀吉听到诏书中全然不提割让朝鲜一半领土和派朝鲜王子赴日为质等问题，不禁勃然大怒，于是在恭送明使离开以后，骤然翻脸，下令再伐朝鲜。当年十月二十七日，后阳成天皇改年号为庆长，则本年既是文禄五年，又是庆长元年，侵朝战争开始了第二个阶段，日本史称"庆长之役"。

小西行长分辩说是明朝违约，不干自己的事情，舌绽莲花，好不容易才逃过了制裁，却被丰臣秀吉再度扔回朝鲜战场。至于那位居中联络的明人沈惟敬先生，据说他返回朝鲜后还假造了一道丰臣秀吉的谢恩表章，派人送回北京。然而花样不可一玩再玩，西洋镜终于被拆穿了，万历皇帝大怒，先把主和的兵部尚书石星下了大牢（最后死于狱中），然后传令驻朝明军捕拿沈惟敬，并于三年后斩首正法。

历来都以为此番谈判的破裂，都应归咎于小西行长和沈惟敬，行长急于停战，惟敬想立大功，于是欺上瞒下，甚至假造文件，最终阴谋败露。然而行长为秀吉爱将，或敢背主行事，沈惟敬又有什么倚仗，竟敢如此肆意妄为呢？他应该知道，一旦真相大白，行长或可免罪，他是必定会身首异处的呀。况且，惟敬原不过一介平民而已，如今所挂也不过是虚职，就算他有胆量伪造往来文书，甚至诏旨，但他有这份写伪书的才能吗？

所以很有可能，沈惟敬所作所为并没有史书上记载的那么不堪，也没有那么荒诞无稽，他或许搞了一些小动作，力促和议达成，但那也都是受到石星的指使。等到战事重开，石星下狱，失去靠山的沈惟敬也便只得成为替罪羔羊，遗臭万年了。

且说明朝使团离开日本，先乘船来到釜山。杨方亨察觉到了釜山日军不但不做退兵的准备，反似有秘密增兵的迹象，因此匆忙驰返北京，向朝廷汇报。沈惟敬则暂时滞留釜山，以监督日军的撤退行动。就在这种情况下，丰臣秀吉谢恩的表章递到了北京，随即战事重开。明朝当时并没有指斥此表为假，只是鸡蛋里挑骨头地斥以三罪：一，"不奉正朔"，也就是说没有使用明朝的年号；二，"无人臣礼"，行文用语不够恭敬；三，"用丰臣图书"，即加盖的是秀吉私章，而不是朝廷才刚下赐的日本国王金印。

朝廷不能明白承认自己上当受骗了，而必须找一个合适的台阶来下。

那么，丰臣秀吉确实是因为受到小西行长的欺骗才勃然大怒，再度下令侵朝的吗？恐怕未必。所谓先伐朝而后侵明，再攻天竺、南蛮等语，固然狂悖，也可能只是一时的妄语而已。秀吉在继承了信长的事业，大踏步地进军统一日本的同时，为了提高声望，积聚财富，曾经遣使朝鲜，就如同当年足利义满和今川了俊那般，想要通过朝鲜为中介，联络明朝，重开勘合贸易。然而朝鲜君臣贪婪颟顸，一方面恐怕中日之间的贸易复兴，将会削弱朝鲜的财源，另一方面也多一事不如少一事，不肯居中说项。秀吉为此大怒，这才发兵侵朝。

当然，秀吉很清楚，明朝为朝鲜的宗主国，不可能不派兵援救，打朝鲜，其实就等于打明朝，因此才有了借道伐明的花招，实乃假途灭虢之计也。以秀吉想来，朝鲜文恬武嬉，明朝也好不了多少，以我百战之兵，想要取胜还不容易吗？即便明朝大军前来，我照样有机会吃掉朝鲜。

然而战事的发展却并不如意，因此他才起了和谈之念——若无秀吉的暗示，小西行长断不敢自行其是。然而此际已与平安时代不同，日朝野上下皆以向明朝称臣为耻，足利义满当年便是顶着强大压力才得以与明朝进行勘合贸易的，其子足利义持顶不住压力，干脆跟明朝一刀两断。丰臣秀吉逐渐意识到，成为明朝所册封的"日本国王"，不但无法提升自己的威望，反倒可能使自己成为众矢之的，而朝廷也不愿意再有一位足利义满般强势的武家领袖出现，因而才找借口突然翻脸。

若说丰臣秀吉疯狂，其实"文禄之役"初期还仅仅表现在伐朝侵明的言辞上，而到了这个时候，从某种意义上来说，他已经彻底丧失理智了。因为丰臣政权的内部斗争不但没有因为对外作战而得到缓解，反而愈演愈烈，丰臣秀吉也几乎威信扫地——倘若得不到足够的好处，他是断然不肯从朝鲜撤兵的。

太刀向天抛去

丰臣秀吉的侵朝战争给朝鲜人民带去了深重的灾难，而日本人也没能从中得到丝毫益处。被驱赶上前线的武士们陷身在朝鲜这个大泥沼中，缺衣少粮，而又必须成天提防朝鲜义军的袭击；留在后方的百姓、町人则被迫缴纳高额贡赋，担当劳役以支撑不义的并且看不到前途的战争继续打下去。当前线战事明显不利于己以后，连秀吉本人也开始悲观丧气，为了散心，他的生活更为奢靡腐化，放着好好的大坂城不待，还要修建更为宏伟的伏见城，便是一个例证。

就在"文禄之役"爆发的前一年，也即天正十九年（公元1591年）

元月，丰臣政权的最大栋梁、秀吉的弟弟丰臣秀长病逝了。秀长是丰臣政权的核心人物，他是著名的内政家，并且拥有很强的统合能力，在年轻的谱代众和老奸巨猾的外样中间一直扮演着调停人的角色。秀长去世以后，石田三成等秀吉亲信与德川家康等有力大名间的矛盾愈发突出，并且逐渐滑向不可调和的深渊。

丰臣秀吉在他最后的统治期间，先后杀死了两个人，这两个人的死亡，给他的政权造成了难以弥补的裂痕，同时也使他的威信遭到极大损害——一个是茶道宗师千宗易，还有一个是他的养嗣子丰臣秀次。

先说千宗易，他本是堺市的豪商，师从武野绍鸥学习茶道，号抛筌斋、利休居士——故此俗称"千利秀"。天正十一年（公元1583年），也就是本能寺之变的次年，宗易被丰臣秀吉聘请为家中茶头，负责茶事。在当时，茶道并不仅仅是一门艺术，因为很多知名武将都醉心于茶道，故此茶人也经常会扮演外交使节的角色，利用主持茶道仪式来折冲于诸侯之间。千宗易成为丰臣家的茶头，也就等同于进入了丰臣政权的统治核心，对秀吉协调与朝廷、大名乃至于豪商们的关系，都做出了卓越的贡献。

然而号称"天下第一茶人"的千宗易，最终却被秀吉勒令自杀，此事发生于天正十九年（公元1591年）的二月，也即丰臣秀长去世后的次月。事实上，秀吉和宗易的和睦关系早就已经破裂了，当可以保护宗易的最后一道墙垣秀长倒塌后，宗易也便终于无可避免地迎来了他的死期。

从表面上来看，有两件事促成了千宗易的死亡。首先是大德寺山门事件，天正十七年（公元1589年），宗易资助修建了大德寺山门的金毛阁，大德寺住持古溪宗陈感念其恩，便在阁上安置了宗易的木像，此事引起了丰臣秀吉的嫉恨。另外一件事据说是因为宗易倒卖茶器，他早已出家为僧，如此贪图财富的恶性使秀吉异常愤怒。当然，这些都不过是借口和导火索而已，宗易与秀吉在茶道方面的认知全然不同，才是导致两人反目的重要原因。

千宗易开创了"千家流"的茶道流派，他主张"幽、寂"的茶道精髓，崇尚古朴简约；与此相反，丰臣秀吉则追求奢华绚丽的风格。天正十三年（公元1585年），秀吉开放了自己苦心设计的"黄金茶室"，这座茶室规模很小，这点可以说和宗易所追求的风格相通；然而茶室及其中布置的各种器物都由黄金铸造，并且可以拆卸运输，造价昂贵，恐怕除了"天下人"秀吉外谁都无法仿效，这却是使宗易瞠目结舌，并且大摇其头的。

在茶道方面的理念不同，其实正体现了千宗易和丰臣秀吉两人对世间的认知，以及对自身定位的不同。在宗易看来，茶道是超脱了世俗的、直指人心的艺术，更是支撑宇宙间的大道的体现，古朴简约，正是大道所规定的社会道德规范。而在秀吉看来，茶道是显示他所开创的太平盛世的工具，也是他个人权威的体现，宗易的茶道理论势必将超凡的艺术凌驾于世俗权威之上，势必导致天意掌握在艺术家们手中而不是掌握在统治者手中的社会认同。

大德寺山门金毛阁的塑像，本身就是千宗易茶道思想的体现。这座木像所描绘的宗易的外貌是安详而平和的，他穿着木屐，拄着拐杖，有如儒家思想中的"玄圣"，有如道家传说中的"真人"，是完全超脱于世俗之外更脱离于世俗统治者所管辖的道德代表。如果不是因为如此，掌握整个日本的丰臣秀吉为何会对一座茶人的塑像而如此嫉恨和恼怒呢？

千宗易并不仅仅在茶道思想，更根本的是在社会道德教化思想上与丰臣秀吉背道而驰，他与反对侵略战争的蒲生氏乡等人站在同一立场上，甚至还预言侵朝战争必将失败，这更使丰臣秀吉忍无可忍。丰臣秀吉原本继承了织田信长在近畿的势力，对于近畿最大的贸易港口堺依赖甚深，等到他以九州为基地图谋侵略中国和朝鲜的时候，逐渐倾向于利用北九州地区尤其是博多的豪商们，而把堺抛到了脑后。天正十五年（公元1587年），秀吉在征伐九州的过程中于箱崎召开了盛大的茶会，邀请了博多的豪商神谷宗湛和岛井宗室等人——对比千宗易"幽、寂"的茶道，神谷和岛井等人的茶道更温和，与秀吉的茶道风格并不那么格格不入。

天正十七年（公元1589年）四月，曾经继千宗易成为丰臣家茶头的、宗易最有天分的弟子山上宗二，因为屡屡忤逆丰臣秀吉，在小田原之阵中被秀吉处死了，这件事给宗易的刺激是非常巨大的。宗二为人执拗，他更明确地认识到，并且着意体现艺术家是无冕之王，不应屈从于世俗统治者，因此才会被杀。可以说，正是宗易本人的思想教导出了宗二，也导致了宗二的死亡。

就这样，山上宗二被杀后才过了不到两年，丰臣秀吉便以大德寺山门事件和倒卖茶器为借口，于天正十九年（公元1591年）二月十三日，下令将千宗易幽禁在堺，并于二十五日将他召回京都，勒令自杀。宗易本是商人出身，商人总是要赚钱的，况且茶人养家之道，本就是鉴定和出售茶器，这就叫"欲加之罪，何患无辞"吧。

二月二十八日，千宗易在上杉武士的监督下，于聚乐第葭屋町的宅邸内切腹自尽，死前留下一偈："人世七十，力围希咄，吾这宝剑，祖佛共杀。我着具足而提一太刀，即于今日向天抛去！"

杀生关白

相比千宗易之死来说，丰臣秀次的死亡其实更具有悲剧性，并且对丰臣政权的损害更为沉重。秀次本是丰臣秀吉的姐姐瑞龙院日秀之子，是秀吉的亲外甥。秀吉出身寒微，所以一般认为他的姐姐嫁给了一个农民，然而既然咱们已经分析过秀吉也并非普通农民出身，那么他的姐夫起码该是个低级的乡下武士吧。总之，因为瑞龙院早死，秀吉便把外甥领过来自己抚养，不过从某种意义上来说，秀次与其说是秀吉的亲戚，倒不如说是被亲舅舅频繁耍弄的一件政治道具。

丰臣秀吉还在织田信长麾下为将的时候，跟随信长鏖战江州，对抗浅井氏和北面的朝仓氏。为了立功，秀吉前往拉拢原属浅井氏的豪族宫部继润，为了证明自己的诚意，便把亲外甥送去宫部家做了养子兼人质——那是元龟二年（公元1571年）间的事情，这可怜的孩子年仅三岁。

灭亡浅井氏以后，宫部继润便将小人质送了回来。等到秀吉继承织田信长的事业，掌控了天下，还没有获赐"丰臣"之姓之时，为了抬高自己家族的地位，他首先要为穷亲戚们都找个高贵的靠山。想来想去，他让自己的姐夫去做名门三好氏的养子，改名为三好吉房，而吉房之子，也就是秀吉的那个亲外甥，就起名为三好信吉，又被送去了三好家。其后因为秀吉没有子嗣，便把信吉接回来做了自己的养子，赐以上字，这才被称为羽柴秀次，后改丰臣秀次。

丰臣秀次初次上阵，即为著名的"小牧·长久手合战"，这个年仅十六岁的小孩子虽然名为总大将，但根本不具备军事指挥才能，更不具备总大将应有的威信，从而导致失败，也是理所当然的事吧，不能因此就否定他的成长价值。事实上，秀次此后屡次跟随丰臣秀长和丰臣秀吉南征北讨，先后参加过四国之阵和小田原之阵，表现也还算中规中矩。

据说丰臣秀次受其养祖父三好笑岩入道的影响很深。笑岩入道原名三好康长，是三好长庆的叔祖父，本为河内高屋城主，后归降织田信长而受封阿波一国。笑岩是著名的文化人，秀次十多岁的时候生活在三好家中，围绕在笑岩膝下，这对他性格和才能的养成具有决定性的影响。天正十三年（公元1585年），因为从征四国有功，秀次受封近江四十三万石的领地，主城在八幡山，对于八幡山的内政建设，这个年轻人终于显示出了与众不同的才能。

据说丰臣秀次很有商业头脑，他规划了八幡山城下町的格局，并且颁布《八幡山下町中掟书十三条》，包括乐市乐座、免税等举措，使市场变得非常繁荣。此外，他还开掘八幡堀，便利水路交通，在城下町设置了日本最早的排水道。他因为治理得法，加上从征小田原北条氏的功劳，天正十八年（公元1590年）被加封尾张国，主城移到清洲，领地年贡超过了一百万石。

天正十九年（公元1591年）八月，丰臣秀吉唯一的儿子鹤松夭折了，秀吉考虑到自己年事已高，恐怕很难再有子嗣，便于十二月将关白之位让给了秀次，自己名义上退居二线——因为退位的关白习惯上被尊称为"太阁"，故而此后人们就尊称秀吉为"丰太阁"。这等于是确定了秀次的继承人地位，并且朝廷也下诏任命秀次为正二位内大臣。

当丰臣秀吉前往北九州名护屋，遥控侵朝战事的时候，丰臣秀次就留在大坂和京都处理政事，虽然国家的大政方针往往还要秀吉点头认同，秀次从某种意义上来说只是一具傀儡而已，但大家都知道，这个傀儡只是暂时的，只要秀吉一咽气，秀次便将是新的"天下人"。这种格局本来很利于长治久安，然而变数终于出现了——

文禄二年（公元1593年），就在朝鲜战场上中日双方暂时停战，准备开始和谈的时候，丰臣秀吉竟然意外地又得到了一个嫡子——鹤松的母亲淀姬再度生产，孩子起名拾儿，也就是后来的丰臣秀赖。秀赖的诞生，使丰臣秀次的地位变得非常微妙，他虽然仍冠有关白的头衔，但很可能随时都会失去继承人的宝座。

日本历史上，仅室町晚期和战国时代，类似事件便屡有发生，一般情况下都是臣子们分裂为二，一派拥护嫡子，一派拥护养子，从此大打出手——"应仁之乱"即肇端于此。当然，丰臣秀吉非足利义政可比，他是不会让这种变乱真的在眼皮底下发生的，为此睁大了眼睛，紧盯着秀次究竟何去何从。

据说丰臣秀次对和歌、茶道、书法、将棋等艺术门类都深有研究，他还下令保护逐渐衰退的官学，将在战乱中遗失的书籍重新整理起来——作为深受三好笑岩熏陶的文化人秀次来说，做这些事情本是理所当然的吧，况且国家大政仍然控制在秀吉手中，他也有很多闲空可以做这些琐事。然而在秀吉看来，秀次这般举动，是想麻痹自己呢，还是想提升威望，收买人心呢？

况且，因为关白丰臣秀次即将成为下一位"天下人"，各地诸侯纷纷趋势逢迎，羽州的大名最上义光就把十五岁的爱女驹姬献给秀次为妾——秀次和他的亲舅舅丰臣秀吉只有一事相像，那便是极好女色，各处搜罗妻妾无数。然而大名们这种拍马屁的举动，反而更使秀次遭到秀吉的猜忌。

应该说，秀次对此也并非毫无察觉，但他天性软弱，并非斋藤义龙、大友宗麟、最上义光、伊达晴宗那般敢于向父亲挥舞刀剑的枭雄。秀次预感到自己终将身首异处，却又毫无办法禳解，愤懑之下，开始疏忽政事，耽于享乐，过一天就算一天。

当时的日本人，因为佛教氛围非常浓厚，因此人们普遍不肯食用飞禽和牲畜，即便贵族、武士，日常肉食也只有水产而已。武士们为了训练自己作战的技能，往往沉溺于狩猎，但除了偶尔烤些野味来开荤以外，多数猎获全都抛掷荒野。秀次同样醉心于狩猎，据说他曾在正亲町院驾崩之时，公然闯入禁止杀生的比睿山中院的领地去猎鹿，就此得到一个外号，叫"杀生关白"。

传言越来越邪，有说秀次把杀得的鹿带入寺中烧烤、食用，并且还把鹿肉投入僧侣的饭食中去，更有甚者，说秀次以铁砲射杀田间农夫、逮捕京中盲人处死、每夜徘徊街上袭击行人、剖开孕妇的肚腹并取出胎儿……

总之，秀次的恶名越传越广，但对照其过往的所作所为，和一贯的个性，猎鹿、食肉尚有可能，残杀平民之事，除非疯了，否则应该是做不出来的吧。这很可能是秀吉的阴谋，为了除去秀次而预造舆论。

文禄四年（公元1595年）七月，丰臣秀吉终于以莫须有的谋反罪名，下令将关白秀次流放到高野山中。十五日，正当秀次在青岩寺和僧人隆西堂下将棋的时候，突然接到石田三成、增田长盛等人带来的罪状书，被勒令自杀——享年仅二十八岁。

丰臣秀吉的刻毒残暴，在杀死养子秀次一事上表现得尤其明显。秀次虽然切腹了，他仍下令将其首级割回，放在京都附近处决犯人的三条河原曝晒示众，不仅如此，还将秀次的妻妾子女三十余人也都押往彼处斩首。最上义光的爱女驹姬当然名列其中，据说义光请托了包括德川家康在内的很多人，还是未能救下女儿的性命。

驹姬临终前作绝命诗一首，大意是："无罪之身，无辜受斩，前往彼世。弥陀之剑，慈悲为怀，指引往生。此身罪业、深重五障，随之消解。"年仅十九岁——丰臣秀吉此时残忍疯狂的行为，不亚于织田信长晚年，因此丰臣政权的末日，也便随之很快到来了。

手书退倭兵

庆长二年（公元1597年）二月，丰臣秀吉调集了十四万大军，第二次大规模侵略朝鲜，这在日本历史上被称为"庆长之役"。

因为"文禄之役"实际上的失败，日本人吸取了部分教训，重新调整战略部署。首先，丰臣秀吉实施反间计，运用散播谣言等方法，使朝鲜李朝解除了李舜臣的职务，并将其逮捕下狱——这种自毁长城的做法，历史上也是屡见不鲜的，朝鲜君臣一定会为这种愚蠢行为付出代价，然而可怜的是，无辜的朝鲜人民也被迫要遭到同绑连坐。

七月十五日，以"海贼大名"九鬼嘉隆为首，庞大的日本舰队偷袭了停泊在漆川岛的朝鲜水军。此时双方仍处于停战状态，加上接替李舜臣指挥舰队的又是元均那个彻底的无能之辈，竟然误以为远远驶来的是日本的运输船团，等遭到猛烈攻击之时，再想抵抗已经来不及了。战斗很快落下终幕，朝鲜水军几乎全部覆没，日军就此掌握了制海权，随即运送大量物资和兵源在半岛登陆。

在明朝方面，自从去年谈判破裂以后，对于日军随时可能发动突然袭击便已经做好了心理准备。当年元月，朝鲜国王遣使入明，因为日军长期占据朝鲜沿海釜山等地，而请求明朝再次出兵，将其彻底驱逐出去。于是二月间，明朝再起援朝之议，任命麻贵为备倭总兵官，开始集合人马，整备物资。三月，又任命山东右参政杨镐为佥都御史，经略朝鲜军务，以侍郎邢玠代替石星为兵部尚书，总督蓟、辽、保定军务，协同御倭。

从这些人事安排来看，明朝并没有汲取第一次援朝战争获得惨胜的教训，邢玠等人的能力比宋应昌要差很多，而麻贵无论经验还是威望，也都比不上李如松，更重要的是，主要准备调动的仍是蓟辽等地善于平原作战的部队。

不过杨镐上任以后，立刻便给丰臣秀吉发了一道咨文，就其内容来看，明朝对日本的内情比过去已经有了较为详细的了解。咨文中嘲笑并且警告秀吉说："你已经六十多岁了，还能再活几年？你的儿子还不到十岁，要靠谁来辅佐？听说日本列岛的酋长们都在等待时机，好趁机起兵报仇，一旦祸起萧墙，加藤清正等人也会个个都想当国王，谁肯屈居于你之下？将来又有谁肯屈居你儿子之下？"

然而这时候，丧心病狂的丰臣秀吉已经没有回头路可走了，他只能孤注一掷。朝鲜水军覆没以后，日本陆军立刻分兵两路北侵。左路由宇喜多秀家为主将，以小西行长为先锋，率四万九千人沿宜宁、晋州一线向全罗道挺进，目标是重镇南原；右路军由毛利辉元为主将，以加藤清正为先锋，率六万四千人沿密阳、大丘一线指向全州。日军步步为营，到处构筑日本式的城砦，以扼杀各地层出不穷的朝鲜义军。

日军的目标是稳固地占领朝鲜南部四道，然后左右两路大军合围京城。听闻日军开始行动的消息，朝鲜君臣这才慌了手脚，匆忙于七月二十二日把李舜臣从狱中放了出来，但仍不让他官复原职，而要其"白衣从军"，戴"罪"立功。李舜臣集合漆川岛海战中残留的舰船，只剩下十二艘而已，于是他暂时蛰伏，重新整合扩充兵力，寻找时机再次进攻日本水军。

日本陆军进展顺利,左路军先后攻克泗川、南海、光州,一直杀到南原城下。此时防守南原的只有明军和朝鲜官军各三千人,主将为明朝副总兵杨元,坚守数日后,杨元见损失惨重,遂弃城而走。南原西北方便是重镇全州,守备全州的明将陈愚衷见南原失陷,也立刻向北撤退。此后不久,日军又攻陷了忠清道的金州、公州等城。

就这样,开战仅两个月,朝鲜南方的全罗、庆尚、忠清三道就全部丢失了,京城再度裸露在日本侵略者面前。然而就在这一危急时刻,扭转战局的仍是天神般的朝鲜水军大将李舜臣,还有已为阶下囚的沈惟敬。

先说李舜臣,他重整朝鲜水军的基地,是在半岛最西南端的右水营,由此地再往西南,通过一道狭窄而水流湍急的海峡,便是珍岛,这道海峡就称为"鸣梁"。日军在得知这一情报后,于九月初派出以藤堂高虎为主将的三百三十余艘战船,并两万陆军,准备趁鸣梁涨潮的时候快速突入,全歼朝鲜水军。

李舜臣早趁退潮的时候,派人在海峡中设置了铁索和木桩,以迟滞侵入敌军的进退速度。等到十六日日军攻来,他先将许多民船伪装成战船,排列在水营后面以迷惑敌军,然后亲率那十二条战船出而诱敌。一番大战,两艘日舰被击沉,日军主力直到退潮时候也没能靠近朝鲜水营。潮水向东退去的时候,日舰无法前进,原地打转,李舜臣趁机发起猛攻,先后击沉被铁索和木桩拦住的三十多艘日舰,击毙日军四千余人。连三岛水军的大将得居通年、来岛通总兄弟也中箭而亡——通总是这场战争中唯一被击毙的日本大名。

再说沈惟敬，他此前一直待在釜山日军军营之中，小西行长、加藤清正等人仍然希望可以通过和谈而顺利归国，因而盛情款待，惟敬在明朝已成过街老鼠，在日军中却威望日益高涨。杨镐在进入朝鲜，抵达釜山以后，即以手书召惟敬来见，趁机派杨元将其在丹溪诱捕。

日军北上的时候，明军尚未聚齐，京城只有麻贵的一万七千兵马而已，杨镐、麻贵仓皇之下，想要放弃京城，撤退到鸭绿江边。海防使萧应宫闻讯，匆忙从平壤兼程驰至王京拦阻，人心才逐渐安定下来。随即杨镐向参军李应试问计，李应试就问他朝廷究竟有何方略，杨镐凑在他耳边说："阳战阴和，阳剿阴抚，此为政府八字方略，慎勿泄露。"

李应试说那就好办了，沈惟敬与倭人大将素有往来，你只要以活命为饵，让他去劝说，即可迟滞倭军。杨镐果然因此向沈惟敬索得手书，劝退小西行长、加藤清正等人，但是随即就变了脸，直接把沈惟敬押回北京定罪，麻贵也趁机上报说青山、稷山大捷。萧应宫查明内清以后，大怒道："倭人是因为沈惟敬的书信才暂时退却的，青山、稷山并未接仗，怎敢论功？！"他上疏弹劾杨镐、麻贵，为沈惟敬鸣冤——这封书信在朝鲜史料上有所记载，大意是：

"沈惟敬之事，根据下官的调查，错不在他。朝鲜早就与日本有所勾结，开战之前，关白就向朝鲜索要王子和陪臣做人质，但朝鲜的臣僚有如妇人一般胆怯，就连陪臣都不敢前往日本，愚弄其主以求告中国，又愚弄中国以斗倭寇。开战以后，他们还隐匿粮饷、囤积货物，使我国千里迢迢运送粮草，三军饥寒，这才使战争久拖不决。你们想想这些事情,不觉得朝鲜人可恨,而沈惟敬可怜吗?我愿意以身家性命担保沈惟敬,他虽有疏失,却并无大罪。"

然而萧应宫并未能救下沈惟敬的性命,不仅如此,他本人反倒被诬陷为"诓怯",被逮捕下狱了。

海岸边的厮杀

因为鸣梁海战的败北,加上沈惟敬手书给画的和谈大饼,日军遂放弃了合围京城的计划,收缩防线,退至朝鲜南部沿海,凭借预先构筑的日式城砦,打算严密防守,积聚物资,熬至明春再发动新的攻势。当时其基本部署是,由西向东,小西行长在顺天,岛津义弘在泗川,黑田长政在梁山,加藤清正在蔚山。

而此时明朝大军已经陆续进入朝鲜,会聚京城,于是为了打破对峙的僵局,明军策划发动了蔚山战役,准备先击垮位于最东北方的加藤清正,然后再将剩余敌军各个击破。这一策略本来颇有道理,然而入朝的明军总兵力不过七万余,要对付超过十万的日本陆军,必须集中兵力击其一部,争取快速将其吃掉,可惜杨镐用兵却并没有那样雷厉风行。

当时杨镐、李如梅率左路军,麻贵、李芳春率右路军,高策明率中路军,三路合围蔚山,总兵力三万余。蔚山守敌兵力不过五千上下,大概杨镐认为以三万对五千,便可以稳操胜券了吧。

十二月二十三日,战斗正式打响。明游击摆砦首先率三千精骑前往诱敌，随即斩杀四百余敌，突进攻克了蔚山。加藤清正被迫后退到地势更为险要的岛山，连夜筑就三砦，以抵挡明军的进攻。此时日军后无退路，抵抗得极为顽强，相反，杨镐则分明显得决心不足，生怕损失过大，于是打打停停，迁延日久。仗打到翌年一月四日，小西行长、黑田长政、岛津义弘等将均率援兵赶到，前部一万三千人绕至明军侧后方，杨镐大惊失色，首先拨马落荒而逃，麻贵看到主将撤离，也立刻退兵，牵动全军，败得难看无比。

蔚山之战，日军损失近万，明军则估计在两万上下，辎重物资全都抛散。杨镐一口气逃回京城，越想越是担心，竟然和邢玠合谋串通，向北京发了大捷的伪报，并且声称明军损失只有百余人。

杨镐麾下的赞画主事丁应泰听说吃了败仗，跑去找杨镐，问他该怎样处理善后事宜，杨镐不但不自责，还拿出宰辅张位、沈一贯写来的信给丁应泰看，神情非常得意。原来杨镐在出征前父亲死了，按礼法本该回家守丧，但朝廷正当用人之际，就"夺情"派他来朝鲜指挥战斗。宰辅们都觉得对不起杨镐，准备颁旨奖勉，旨意还没有下，张位、沈一贯等人先写信来通知他这件事。杨镐的这副嘴脸使丁应泰恶心透了，于是愤而上书，把明军战败的真实情况汇报给朝廷。万历皇帝怒不可遏，当场就要下旨砍杨镐的脑袋，多亏首辅赵志皋的保护，才暂时免去杨镐职务，改由天津巡抚万世德代为经略朝鲜军务。

万世德还没上任，此时身在朝鲜的明朝最高统帅是兵部尚书邢玠，此人还算有些头脑，他知道兵力不足是无法打垮日军的，于是急忙从江南招募水军，通过水路又运来了大批兵马。明万历二十六年（公元1598年）二月，都督陈璘率广东兵、刘綎率四川兵、邓子龙率浙江兵，陆续赶赴朝鲜战场——这些都是惯于山地作战的步兵劲旅。

这个时候，日军的部署是分为三路，东路为蔚山的加藤清正，中路为岛津义弘据泗川，西路为小西行长，占据粟林、曳桥等地，行长配下水军往来三处联络支援。相应日军的三地拒防，邢玠也将明军分为三路，东路麻贵、西路刘綎、中路李如梅（后以董一元代之），加上陈璘所率水军，各守防区，相机进剿。

从蔚山之战以后，日明双方都暂时丧失了发动大举进攻的能力，因此一直对峙了大半年。直到当年九月，邢玠认为部队休整得差不多了，于是指挥水陆大军全面挺进。他的计划是各部齐头并进，使得日军不能互相支援，认为这样便可以避免蔚山之败的悲剧重演。然而明军总数此时仍比不上日军，再分兵而进，还有机会对敌军任何一部造成重大打击甚至是歼灭吗？

咱们分路来说，首先是西路军的刘綎所部两万余人逼近小西行长的营垒，首次进攻便斩敌九十二人。陈璘率领水军也来协攻，击沉行长部下舰船百余艘，打了个大胜仗。然而行长随即暗派千余精锐从侧翼攻击明军，刘綎吃了大亏，朝后败退，陈璘受他的连累也被迫弃舟登岸而走。

东路麻贵所部三万，杀至蔚山。加藤清正还未从年初的大战中缓过劲来，一开始被明军打得左支右绌，但他随即假装退却，引诱麻贵进入预先布设了伏兵的空砦，一声号响，伏兵四起，麻贵也只得掉头而逃。

中路董一元打得最好，他所部一万五千人攻克晋州，随即乘胜渡过南江，连续取下两座日砦，直插岛津义弘的大本营泗川。经过一番激战，义弘在泗川构筑的城砦也被明军攻克了，他被迫退至海边，凭借新砦艰苦防守。"岛津"的发音为"西妈兹"，当时写作"石曼子"，因为义弘能征善战，所以中朝军民都称其为"鬼石曼子"——这位鬼石曼子，这一日险些便真的成了明军刀下之鬼。

岛津义弘的新砦三面临江，一面通往陆地，就算这一面也挖了深深的战壕，并且灌入海水，可谓是金城汤池一般。此外，砦子周围的水面上塞满了战船，并且左右各筑一砦，名为金海、固城，以为掎角之势。

十月，董一元对新砦发起总攻，首先发射大炮打碎砦门，明军奋勇冲上，拔起周边的栅栏，眼看便要攻进砦去。可是就在这个时候，董一元的本营中突然不慎失火，点着了贮藏的火药，立刻火光冲天，烟焰腾起。岛津义弘抓住这个大好机会，亲自领兵冲杀出去，同时固城的援兵也从侧翼杀到，明军大溃，一路逃回晋州。

营中失火云云，应该不是董一元战败的主要原因，明军数量本就不如日军，开始靠着锐气连战连胜，但锐气是不可能过于持久的，一旦锐气受挫，同时遭受到正面和侧翼的敌军两面夹击，董一元就算是千古名将也很难再挽回败局了。这便是邢玠三路分兵的弊端所在，倘若只以两路牵制敌军，而将主力聚于一路，尤其是聚于董一元这一路，大概早就把日军的一部给彻底吃掉了。终究蔚山之败不是败在日军的增援，而是败在杨镐的攻势太缓，明明占据绝对优势，竟然一连十日都拿不下岛山，师老兵疲，敌军增援一到，自然溃退——邢玠却根本没有意识到这一点。

败报传到北京，万历皇帝大怒，命令当场斩杀两名游击以正军法，让董一元等人戴罪立功——其实董一元本人倒是颇为冤枉的。就在这个时候，福建都御史金学曾通过特殊渠道得到了一条惊天动地的情报，他立刻上奏朝廷说："丰臣秀吉已经去世，各部日军正打算从朝鲜撤退，倘若不趁此机会予以重创，恐怕等其国内稳定后还会再来。"于是明廷立刻下令邢玠火速进兵，不得迟误。

最后的露梁

丰臣秀吉死于庆长三年（公元1598年）八月十八日凌晨，地点是在伏见城本丸的内室之中。死因不详，根据后人分析，有说是痢疾的，也有说是脚气病、尿毒症、肾病的，莫衷一是，最荒诞的传说是，他是被沈惟敬下毒害死的——开玩笑，沈惟敬离开日本都已经整整三年了⋯⋯

临终前，秀吉召来德川家康等"五大老"，并前田玄以等"五奉行"，留下遗言共十一条，要他们签下血书，表态维持丰臣氏的固有秩序，善加辅佐其幼子丰臣秀赖。

秀吉的辞世句是："如露降生，如露消逝，此即吾身。难波（指大坂城）之事，梦中之梦。"虽为人生无常的慨叹，却态度平和，并无张皇颓唐之感——虽然生前有来自朝鲜的败战消息，生后儿子尚幼，不知终将如何结局，但身为茶人的秀吉在其最后一刻，心态或许从一名独裁者回归为一位艺术家了吧。他若能以如此心态以对千宗易，宗易不会死，而秀吉也不会落到这般下场，真是可叹，更复可鄙。

此时朝鲜半岛上的日军虽然两次惨胜，却已疲惫不堪，加上德川家康等人实际上全都反对对外战争，因而秀吉才一咽气，"五大老"立刻会商拍板，派遣德永寿昌、宫木丰盛等人渡海前往朝鲜的泗川，下令各路日军即刻撤退归国。

而这时候，明朝已经通过民间途径得知了丰臣秀吉去世的消息，于是当年十一月，各路明军再度南下，果然发现日军正在陆续上船撤回国内。邢玠急命陈璘等将配合李舜臣的朝鲜水军遏阻日军撤退之路，陆军麻贵等部从后追击。日军的原计划是全都后撤至巨济岛，然后陆续登船归国，然而被中朝水师所阻，退得艰难无比——就在这种情况下，爆发了最后的露梁海战。

当时岛津义弘、立花宗茂、宗义智等人统率一万余兵马，乘坐舰船五百余艘，进入连通朝鲜中南部大陆和南海岛的海峡——露梁，准备前往增援巨济岛，协助撤离。中朝水军事先得到情报，于是在此地设伏，先锋是陈璘的副将邓子龙。这位邓子龙年逾七旬，却性格豪迈，武艺娴熟，一点也不弱于少年人，他率三艘巨舰首先对日军发起进攻，并且亲将三百壮士跃入日船，奋勇杀敌，所向披靡。

战斗是在十一月十二日午夜时分打响的，正在恶战的重要关头，突然友舰误发火器，点燃了邓子龙所跃入的日舰，眼看船中火起，李舜臣急忙乘船来救，却不幸被日军的流弹打中，慷慨殉国——顺便提一句，李舜臣真是死得其所,他如果活到战后,那个专会自毁长城、鸟尽弓藏的朝鲜李氏王朝,还不知道会怎样对待他呢!

随着李舜臣的战死,老将邓子龙也终于倒下了。此时陈璘主力舰船已到,副将陈蚕、季金从侧翼夹击,杀得日军大败亏输。岛津义弘最后只率五十艘战船突围而去,其余日舰全被击沉,兵将死伤大半,残余逃到岸上的,也都被从陆路杀来的刘綎等部歼灭。此次援朝抗日战争中,可以称得上真正大捷的,也便只有李舜臣的鸣梁海战与这次露梁海战了,惨胜的平壤大捷等等,根本都排不上号。

战争在十二月份正式结束,日军败兵陆续突围遁回国内,小股残余藏入乙山,因为崖深道窄,明军不敢入内搜索。还是陈璘胆大,半夜潜入布置好火器,等天亮了枪炮齐发,日军吓得落荒而逃,陈璘从后追击,没有放走一个。

纵观整个抗倭援朝战争,敌我双方的实力对比大致为一比一。明军胜在装备精良,败在主帅无能,将骄兵惰;日军胜在数量较多,素质较高,虽然缺乏统一指挥,但矛盾重重的各部间配合也还没出什么大问题,败在后勤运输跟不上。

当然,最主要的问题,还在于日本发动的是非正义的战争,不得天时、地利、人和。这不是老生常谈的空话,李朝虽然烂到了极点,日军的残暴却更使朝鲜百姓深恶痛绝,日军所到之处,老百姓都持不合作态度,甚至义军蜂起,搞得日军四下扑火,焦头烂额,应接不暇。本来后方的粮草便已经运不上来了,在占领区征粮又是千难万难,空着肚子可怎么打仗呀？日军被迫到处抢掠，所造成的后果是朝鲜百姓都把粮食藏了起来，并且义军的势头燃烧得更为旺盛，就这样恶性循环下去，日军不败，当真是没有天理了。

而对抗这样一支虽然悍勇顽强，却不得天时、地利、人和，仿佛一个陷足泥沼之中，无法闪展腾挪的彪形大汉般的军队，明朝大军竟然屡次战败，就算获胜也多是惨胜，这实在是很丢脸的事情。抗倭援朝战争最终是中朝联军取得了胜利，但并不能因此便吹嘘说我天朝军队如何强大，真正强大的军队不会打得那么难看。

明军所起的作用，其实仅仅能够保住朝鲜北方四道，以及竭力阻止日军向北挺进而已，只要不改变基本战略，不替换有能力的主帅，或者不继续增兵，明军根本就没有实力把日军彻底击垮。最终打垮日军的是日军自己，是丰臣秀吉的骤然辞世，以及李舜臣将军所部朝鲜水军的力量——在李将军面前，什么八幡海贼，什么三岛水军，什么铁甲船，都如同草芥一般。

侵朝战争使得本就还处在草创期的丰臣政权千疮百孔，秀吉一死，各方面矛盾立刻激化起来。首先是文治派和武断派的斗争，前者以石田三成、小西行长等人为代表，后者以加藤清正、福岛正则等人为代表。

这一切，老奸巨猾的德川家康全都看在眼中，乐在心头。家康乃因天下大势而被迫臣服于秀吉，倘若当日与后北条、伊达结成牢固同盟，与秀吉相抗，即便无法取胜，亦足割地自雄。如今秀吉既然已经不在了，家康放眼而望，自觉得天下无人是自己的对手，于是立刻便展开了下克上的阴谋盘算。

丰臣秀吉最后的主城是在伏见，彼处密植桃树，故此俗称"桃山"——"桃山时代"的称谓便因此而来。但是随着秀吉的去世，桃山时代也很快走向落幕，就像织田信长一亡，安土时代立刻终结一般。最终德川家康篡夺了日本的权柄，受封征夷大将军，日本迈入了江户幕府时期——在日本史学上，称平安后期到战国时代为"中世"，从织田信长进京到明治维新为"近世"，而"近世"的第一个小阶段，即为"织丰时代"，或称"安土桃山时代"。

番外篇

武士的切腹

日本武士在战败后习惯"自刃"，这里所谓的"自刃"并非以剑刎颈，而是指切腹。切腹又名割腹、剖腹，是日本古代所独有的一种自杀方式。这种方式并非古已有之，最早的记载是在永祚元年（公元989年），传说大盗藤原保辅在被捕前，用刀将自己的腹部割开，然后用刀尖挑出内脏，抛向搜捕他的官军。

切腹的开始盛行是在镰仓幕府以后，武士因丢失阵地而引咎切腹，或耻于被擒而阵前切腹，占了绝大多数，一直延续到战国时代——但在江户时代以前，还不能算是武士自杀的主流方式。德川家康江户开幕以后，社会秩序相对平稳，因殉死而切腹，和作为刑罚的"诘腹"，这两种方式逐渐占据主流。虽然幕府严令禁止殉死，但是根本无法阻止这一历史性的趋势。

至于为什么选择切腹作为武士最崇高的死亡方式，现在普遍认为：古代许多国家和民族均主张人的灵魂是寄宿于肚腹中的，因此，武士便在有必要将自己的灵魂向外展示的时候，采取切腹以示众人的方法和仪式。

切腹最常用的工具是胁差，即长约一尺的短刀。武士在从容切腹的时候，都会脱卸铠甲，身着代表死志的白衣，然后跪坐在整洁的坐席上，解开衣襟，露出肚腹，再将胁差插入腹中。切腹有多种形式，最常见的是"一字形腹"，即用右手执胁差深刺入左侧肋骨下，然后刀刃稍微上翻，一字状横拉到右侧腹。还有所谓"二字形腹"和"三字形腹"，则是在一字形腹的伤口上方或下方，再横拉一刀或两刀。最罕见的是"十字形腹"，即在一字形腹的基础上，不拔出胁差，而直接将其抽回到靠近脐部处，先向脐下豁开，再从脐下向咽喉方向上划。

武士切腹，有很多经验和技巧。首先，为了表现自己的英勇气概，切腹的时候不能闭上眼睛；其次，身体倾倒的方向应该是正前方，因此整个切腹过程中，膝盖要并拢，身体要略微前倾，并且为了保证向前伏倒，可以将衣襟下摆压在双腿底下。胁差上一般也都裹以吸水性强的白纸，以免鲜血污秽了尸体。

然而割开腹部并不一定会死，更不会立刻就死，据说如果切腹不得法，人要长达七十二小时后才会断气。因此武士在完成整个切腹过程后，会将胁差从腹腔内拔出，然后直刺心脏。为了防止切腹后即脱力，没有能力再刺心脏，一般情况下都会配一名"介错"，在武士完成切腹动作后，从后挥刀斩断其头。介错的技术要求很高，首先，必须在武士切腹后前倾的一瞬间出刀，其次，虽说一刀断头，却不能全断，要在咽喉部位留下一点皮肉相连，以免头颅滚远。

切腹是非常痛苦并且很讲究技巧的自杀方式，因此非武士阶层都没有切腹的资格。而武家的女性、儿童自杀，一般是以胁差自刺咽喉，也不会采用甚至不被允许采用切腹的方式。

至于现代的日本法西斯作家三岛由纪夫切腹，用的竟然是长长的军刀，那实在是太不专业，也太可笑了……

年表

年号	具体年份	事件
天正	1583年	羽柴秀吉进攻泷川一益；贱岳合战，柴田胜家败归北庄城后自杀
	1584年	羽柴秀吉与德川家康、织田信雄在尾张对峙，旋爆发小牧·长久手之战；岛原合战，隆造寺隆信败死；秀吉先后与信雄、家康讲和
	1585年	羽柴秀吉镇压杂贺；秀吉就任关白，降服四国的长宗我部氏；佐佐成政归降于秀吉
	1586年	羽柴秀吉将其妹朝日姬嫁于德川家康为继室，促使家康上洛觐见；岛津义久开始进攻大友领；秀吉就任太政大臣，发布《关东、奥两国总无事令》；秀吉获得丰臣赐姓
	1587年	丰臣秀吉发动九州平定战，岛津氏降伏；秀吉勒令传教士离开日本；肥后国众爆发一揆
	1588年	后阳成天皇行幸聚乐第；镇压肥后一揆，丰臣秀吉勒令佐佐成政自杀；秀吉发布《刀狩令》和《海贼停止令》
	1589年	伊达政宗攻灭苇名氏；琉球国王尚宁被迫与岛津义久一起上洛觐见；建造方广寺大佛
	1590年	丰臣秀吉发动小田原之阵，灭亡后北条氏；伊达政宗前往小田原城下觐见秀吉；德川家康移镇后北条氏故地；"奥州置仕"，旋爆发葛西·大崎一揆
	1591年	丰臣秀吉命令千利休自杀；秀吉发布出兵朝鲜的命令；丰臣秀次就任关白
文禄	1592年	丰臣秀吉前往名护屋；侵朝战争正式爆发，小西行长、加藤清正等登陆朝鲜，并很快占领京城（文禄之役）；肥后爆发梅北一揆；小西行长和沈惟敬商定最初的和谈协议
	1593年	明军入朝参战，收复平壤；日军退出京城；丰臣秀吉向明朝提出七项和议条件；丰臣秀赖诞生
	1594年	开始建造伏见城；小西行长派内藤如安赴北京觐见明神宗
	1595年	明朝使团从北京出发，前往釜山；丰臣秀次被迫自尽
庆长	1596年	庆长大地震；丰臣秀吉在大坂城中接见明使，接受册封；旋撕毁协议，再度下令进攻朝鲜；秀吉下令在长崎处死天主教徒（二十六圣人之殉教）
	1597年	日军再次侵朝（庆长之役）；《长宗我部元亲百个条》发布
	1598年	丰臣秀吉向诸大名要求向其子秀赖效忠的誓书，旋去世；日军全面从朝鲜撤退，露梁海战爆发